이종원의 역학골프 3

골프는 임팩트 경기

Dr. Lee's Mechanical Golf (Book 3):
The Game of Golf is to Learn Impact Mechanics

골프는 임팩트 경기

초판 1쇄 발행 2021년 3월 22일
    2쇄 발행 2023년 7월 25일

지은이   이종원
펴낸이   이기봉
편집   좋은땅 편집팀
펴낸곳   도서출판 좋은땅
주소   서울특별시 마포구 양화로12길 26 지월드빌딩 (서교동 395-7)
전화   02)374-8616~7
팩스   02)374-8614
이메일   gworldbook@naver.com
홈페이지 www.g-world.co.kr

ISBN   979-11-6649-452-9 (03690)

이종원의 역학골프 3

골프는 임팩트 경기

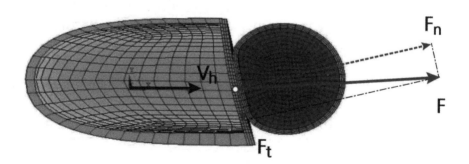

THE GAME OF GOLF IS TO LEARN IMPACT MECHANICS

좋은땅

서문

·
·
·

이 책의 주제로 제목에도 쓴 임팩트(impact)는 클럽 헤드와 골프공의 충돌(collision)을 의미하는 영어 용어로 우리 골프 분야에 이미 정착되어 쓰이고 있는 외래어이다. 하지만 되도록 우리말 용어를 애용하려는 뜻에서 -오히려 생소하게 느껴질지 모르지만- 이 책에서는 우리말로 대체할 수 있는 용어로 임팩트를 '충격'으로 번역했다. 또한, 비슷한 취지에서 샷(shot)은 '타구'로, 히트(hit/strike)는 '타격'으로 번역했다.

스윙은 충격(impact)으로 마무리되고, 탄도나 구질 특성은 충격 직후 골프공의 발사 초기 조건에 따라 정해진다. 역스윙 끝(back swing top)에서 내리스윙(down swing)을 시작할 때부터 충격까지 걸리는 시간은 0.25~0.35초로 내리스윙이 일단 시작되면 중간에 충격 조건을 바꾸기 위해서 스윙을 교정할 짬이 없다. 따라서 충격은 내리스윙 전에 이미 계획되어야 하고 충격이 제대로 되었는지는 계획한 대로 실제 스윙이 이루어졌느냐에 따라 결정된다. 충격 구역(impact zone)은 클럽 헤드가 공과 충돌 전 약 5cm 지점부터 충돌 후 약 10cm 이동할 때까지의 약 15cm 구간으로[1] 타구된 공의 탄도 특성은 대부분 이 구간에서의 클럽 헤드와 공의 거동에 따라 결정

---

[1] B. Clampett and A. Brumer, The Impact Zone: Mastering Golf's Moment of Truth, Thomas Dunne Books, New York, 2007, p.1.

된다. 시간으로 환산하면 충격 전후 대략 1,000분의 3 내지 4초에 해당한다.

골프는 대략 2,000분의 1초 동안 클럽 헤드를 정지한 공에 충돌 시켜 다양한 공의 탄도(궤도)를 만드는 경기이다. 2,000분의 1초는 경기자가 인지할 수도, 제어할 수도 없는 찰나에 해당하므로 경기 중 상황에 따라 원하는 구질을 일관성 있게 재현하려면 오랜 세월 체계적인 스윙 연습이 필요하다. 야구에서도 중앙 안타 기준 100분의 1초 타격 시점(timing)이 빠르거나 늦으면 좌우 파울 볼이 되듯이 골프에서의 드라이버 타구에서 1,500분의 1초 충격 시점(timing)을 놓치면 페어웨이에 안착시키기 어렵다.

그런데 골프 스윙을 할 때 2,000분의 1초 동안 클럽 헤드와 공 사이에서 일어나는 충격 현상에 대해서 제대로 이해하는 경기자는 몇이나 될까? 물론 어려운 충격 이론을 따로 배우지 않아도 수많은 스윙 연습과 실전 경기 경험에서 원하는 구질과 탄도를 어떻게 만드는지를 자연 몸으로 체득할 수도 있다. 하지만 이를 터득하기 위해서는 오랜 시행착오를 거치는 경우가 많고 경험만으로 얻은 어설프고 근거가 미약한 이론으로 많은 시간과 노력과 비용을 낭비하기도 한다.

한편 학술적으로 충격 이론은 비교적 잘 정립되어 있어서 클럽 헤드와 공의 충돌 조건으로부터 공의 구질과 탄도를 결정하는 초기 조건, 즉 공의 발사각, 선 속도, 회전 속도를 구할 수 있다. 여기서 충돌 조건은 우드, 아이언, 웨지, 퍼터, 공 등 장비의 명세뿐 아니라 타구 때 스윙 진로(경로)나 타면(face) 위의 충격점(impact point) 위치에 따라 복잡하게 달라진다.

이 책에서는 충격을 잘하기 위한 다양하고 구체적인 타구자세나 스윙 방법에 대해서는 논외로 한다. 대신 주어진 상황에서 원하는 구질을 구사하려면 어떤 충격이 이루어져야 하는가, 예상외의 구질이 나왔을 때 구질을 분석하여 실제로 충격에 어떤 문제가 생겼나를 파악하고 이를 추후의 구질 교정에 이용하도록 하는 지식 기반 데이터 구축에 관해서 설명한다. 이를 위해서는 충격 현상에 대한 올바른 이해가 필요하다. 단 복잡하고 난해한 충격 이론을 소개하는 대신, 골프 지도자나 상급자 등 골프에서의 충격 현상에 대해 진지한 관심과 호기심을 갖는 독자를 대상으로 골프에서의 충격 관련 오해하기 쉬운 소재를 중심으로 그 원리를 쉽고 명확하게 설명하고자 했다.

이 책의 제2장에서는 골프에서의 기본적인 충격 현상을, 제3장에서는 충격 효율을 높이고 구질 향상과 실수 관용성을 높이기 위한 클럽 설계를, 제4장에서는 스위트 스폿에 정상 타격 때뿐 아니라 일부러 또는 실수로 빗맞은 타격에서의 탄도 특성을 다룬다. 제5장에서는 스윙 형태가 충격에 미치는 영향에 대해서 다룬다. 또한, 스윙감과 충격 현상을 이해하고 이를 응용하여 장타 치는 법 등 드라이버 타구 법에 대해서도 다룬다. 딱딱한 충격 관련 내용을 재미있게 재조명하고자 곳곳에 일러스트와 만화를 첨가하여 설명하였다. 그리고, 일반 독자가 이해하기 어려운 충격 이론 관련 전문적인 설명이나 관련 수식은 따로 부록에 정리했다.

이 책은 내가 수년 전부터 구상해온 〈이종원의 역학골프〉 시리즈의 제3편이다. "역학골프(Mechanical Golf)"는 2009년 내가 창안한 신조어로 역학으로 배우는 골프, 즉 역학 원리를 이용하여 골프를 새롭게 이해하고 제대로 배우는 방법을 일컫는다. 2011년 출판한 제1편 『각도 알고 타수 줄이기』는 골프공의 탄도 특성을 결정짓는 타구 때 골프 클럽에서 중요시되는 4개의 각도, 즉 로프트각, 페이스각, 라이각, 바운스각의 상호 연성 관계를 역학 원리를 이용하여 설명하고 이를 바탕으로 각종 트러블 샷을 비롯한 실전에서 어떻게 응용하여 타수를 줄일 수 있는가에 대한 이론과 방법을 전개하였다. 2016년 출판한 제2편 『생각하는 퍼팅』은 퍼터의 기술명세를 이해하는 방법을 배움으로써 각자의 퍼팅 습관이나 취향에 맞는 퍼터를 잘 "생각하고" 고를 수 있게 하였고 골퍼 스스로 그린 빠르기나 경사도를 읽고 그린에서의 골프공의 운동역학 이해로부터 퍼트선(putt line)을 상상하고 조준점을 찾는 "생각하는 퍼팅"에 대해서 여러 사례를 통해서 설명했다.

이 책에서 다루는 골프에서의 충격 관련 주요 내용은 제1편 『각도 알고 타수 줄이기』와 제2편 『생각하는 퍼팅』을 완성하기 훨씬 전에 구상했던 것으로 2011~2012년에 〈골프조선〉 인터넷판에 게재했던 칼럼과 2015년 4월부터 2016년 3월까지 〈오토 저널〉에[2] 〈골프로 배우는 역학〉 제목으로 게재했던 총 12편의 칼럼을 보완하고 재구성했다. 특히 2010년대 들어서 찰나에 이루어지는 클럽과 골프공의 충돌 관련 이론과 실험적 증명에 관한 새로운 연구가 활발히 이루어지면서 전보다 실제 충격 현상을 잘 설명할 수 있게 됨에 따라 앞서 게재한 충격 관련 칼럼도 더 정교하게 다듬을 수 있게 되었다. 이 책에서 소개하는 내용은 물론 골프에서의 충격에 대한 최신의 지식을 요약하여 정리한 부분도 있지만, 내가 독자적으로 터득하여 보완한 내용도 적지 않다. 따라서 일부 검증되지 않은 독자적 해석에 대한 오류가 있을 수 있으며, 이에 대한 전문가의 조언과 비판을 겸허히 받고자 한다.

끝으로 2007년 KAIST 기계과 석사 학위 논문인 노우진의 〈유한요소법에 의한 골프공의 충격 시 스핀 메커니즘 해석〉이 이 책의 부록 C '골프공

---

2)   오토저널(Auto Journal)은 한국자동차공학회의 월간 학회지이다.

의 회전 원리'를 정리하는 데 큰 영감과 동기를 부여했음을 밝힌다. 또 벌써 오랜 시간이 지났지만 일러스트를 도와준 임수혁과 이정민, 표지 디자인과 일러스트 작업을 도와준 딸 보라미에게 고마운 마음을 전한다.

2021년 1월
분당에서

차례

제3장 충격과 클럽 설계

제4장 정상 타격과 빗맞은 타격의 탄도

제5장 스윙과 충격

부록 역학 원리

제1장

서론

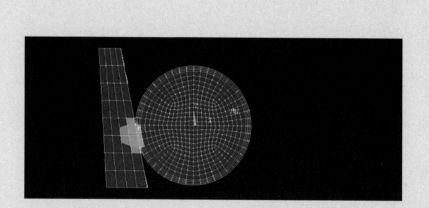

1.1 기본 장비 용어

이 절에서는 이 책을 이해하는 데 도움이 될 장비 관련 기본 용어를 소개한다.[1]

클럽의 구성 요소

그림 1.1.1 클럽의 구성 요소

클럽은, 그림 1.1.1에 보였듯이, 경기자의 힘을 양손을 통해서 클럽에 전달하도록 고안된 손잡이(grip), 공에 타격을 가하기 위해 설계된 헤드(head), 이 둘을 연결하는 샤프트(shaft)의 3부분으로 이루어진다.

그림 1.1.2는 조립된 클럽의 라이각(lie angle)과 클럽 길이, 샤프트의 양 끝을 각각 표시한다.

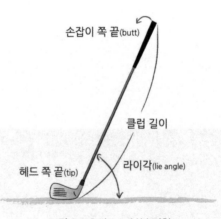

그림 1.1.2 샤프트 부분 명칭

---

1) 이종원의 역학골프 1: 각도 알고 타수 줄이기, 좋은땅, 2011, 제1.3절 '기본 장비 용어'와 거의 동일한 내용임.

클럽 헤드 명명

클럽 헤드의 영어 명칭 관습은 통일되지 못하고 주로 인체에 비유한 두 가지가 혼용되고 있다.

1. 머리 비유법: 그림 1.1.3처럼 인체의 머리 부분에 비유한 명명법

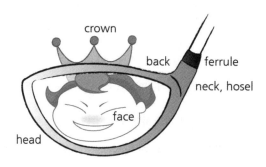

그림 1.1.3 인체의 머리에 비유한 클럽 부분 명명 예

2. 발 비유법: 그림 1.1.4처럼 인체의 발 부분에 비유한 명명법

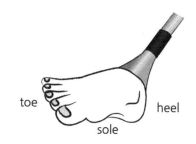

그림 1.1.4 인체의 발에 비유한 클럽 부분 명명 예

클럽 부분 명칭을 어떤 때는 인체의 머리를 기준으로, 어떤 때는 발을 기준으로 명명함에 따라 혼동이 오는 이외에 우리말로 번역할 때 엄지발가락(toe), 발바닥(sole), 발뒤꿈치(heel), 발등(back) 등의 어색한 번역을 피하고

자 이 책에서는 되도록 인체의 머리를 기준으로 통일하고, 그림 1.1.5처럼 클럽 헤드의 각 부분에 우리말 명칭을 부여하였다.

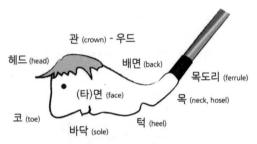

그림 1.1.5 인체 머리 기준으로 통일한 클럽 부분 명칭

헤드는 충격 중 공과 직접 접촉하는 타면(打面, face), 충격과 직접 관계없는 배면(背面, back), 지면과 접촉하는 바닥(sole), 샤프트와 연결하도록 설계된 목(hosel), 샤프트와 목의 틈새를 보호하는 목도리(ferrule)로 구성되며, 헤드의 먼 끝쪽을 코(toe), 가까운 쪽을 턱(heel)으로 의역하여 부른다. 특히 코는 버선코, 빨간 코 오색꽃신, 구두코 등 매우 친근한 우리말 용어이다. '턱(heel)' 대신 버선, 신발의 우리말 용어인 '굽' 또는 '뒤축'을 쓰는 것도 좋을 듯싶다.

그림 1.1.6은 아이언 헤드의 측면도로, 타면(face), 배면(back), 바닥(sole)과 함께 헤드의 예리한 앞날과 뒷날의 위치를 보인다.

그림 1.1.7은 웨지의 측면도로, 로프트각(loft angle)과 바운스각(bounce angle)을 보인다. 일반적으

그림 1.1.6 아이언 부분 명칭

로 우드나 아이언의 바운스각은 없거나 작다. 지면에서 헤드 앞날이 떠 있

는 높이를 간단히 바운스라고도 한다.

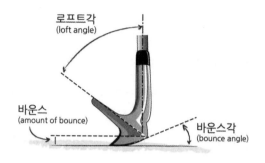

그림 1.1.7 웨지 부분 명칭

공칭과 유효 각도

로프트각, 페이스각, 바운스각 및 라이각 등 클럽의 각도를 정의하는 방법은 다음 2가지가 있다.

A. 공칭(公稱, nominal) 각도 – '공칭'은 공학에서 흔히 쓰이는 전문용어로 '명목상', '표시된', '액면' 등의 뜻이 있다. 클럽 설계 및 제조 시 결정되는 표준 각도이다. 대개는 제조사가 제공하는 기술명세서에 표시된 각도와 일치한다.

B. 유효(有效, effective) 각도 – 헤드가 공과 충돌하는 순간 탄도를 결정짓는 클럽의 실제 각도로 경기자의 타구자세나 스윙 형태에 따라 공칭 각도와 달라진다. 유효 로프트각과 유효 라이각은 늘 수평면에 대해서, 유효 페이스각은 스윙 진로에 대해서, 그리고 유효 바운스각은 지면 경사에 대해서 정의된다.

1.2 단위 환산

참고로 USGA(미국골프협회)와 R&A(영국골프협회)의[2] 전통에 따라 영미권 골프 관련 기술자료에서도 질량, 힘, 부피, MOI 등은 주로 국제 표준인 SI 단위를 사용하면서도 골프공의 발사 속도, 클럽 헤드 속도 등 속도를 표시할 때는 관습적으로 mph, m/s, fps 등을 혼용한다. 이 책에서 자주 언급되는 속도에 대한 단위 환산표는 표 1.2.1과 같다. 쉽게 기억하는 방법으로는 남성 중급자의 드라이버 타구에서 헤드 속도 90mph는 40m/s, 남자 프로선수의 드라이버 타구에서 헤드 속도 110mph는 50m/s로 대충 환산하는 식이다.

표 1.2.1 속도 단위 환산표

속도 단위	부록 C (FEM 해석)				클럽 COR 시험	골프공 COR 시험		클럽 COR 시험	장타자 헤드 속도
1mph = 2.237xm/s	67	80	90	89.5	90.6	98.6	100	110	140
1m/s = 0.447xmph	30	35.8	40.2	40	40.5	44.1	44.7	49.2	62.6
1fps = 3.28xm/s	98.4	117.5	131.9	131.2	133	144.7	146.7	161.4	205.4

영미권에서는 길이 단위로는 거리를 나타낼 때는 yd, ft를 쓰지만 짧은 길이 단위로는 인치와 함께 m, cm, mm 등을 혼용한다. 국내 골프장도 아직은 거리 단위로 m와 yd를, 그린 빠르기인 스팀프 지수도 m와 ft를 혼용하고 있지만, PGA나 LPGA 등 골프 종주국인 미국이 주도하는 투어 경기에서는 아직도 yd와 ft가 거리 단위로 주로 쓰인다. 이 책에서는 되도록 SI 단위를 쓰려고 했지만, 대부분의 영미권 참고 자료가 야드-파운드 단

---

2) United States Golf Association과 The Royal and Ancient Golf Club of St. Andrews의 약자이다.

위로 쓰여 있어서 때에 따라서는 이를 직접 인용하거나 국제 표준인 SI 단위와 함께 적었다. 표 1.2.2는 이 책에 자주 언급되는 길이 단위에 대한 환산표이다.

표 1.2.2 길이 단위 환산표

길이 단위	빗맞은 타구	헤드 크기	빗맞은 타구	곡률 반지름	곡률 반지름	샤프트 길이	스팀프 지수	거리	거리
인치 = 0.39x cm	0.5	2.8	1	12	13	45			
cm = 2.54x 인치	1.27	7.11	2.54	**30.5**	**33**				
ft = 0.305x m								12	
m = 0.328x ft						1.14	3.66		
yd = 1.094x m								200	109
m = 0.914x yd								182.9	100

골프와 과학 – 런치 모니터의 등장

골프의 과학적 연구의 시초라고 해도 과언이 아닌, 영국골프학회의 대대적 지원으로 1968년에 코크란(Cochran)과 스톱스(Stobbs)가 엮어서 출판한 『Search for the Perfect Swing』의 후기를 보면 이런 얘기가 나온다.[3]

거의 본능적으로 수행하는 신체적 행동을 세세하게 분석하고 설명하고 의식적으로 사고할 때 오히려 혼동을 일으킬 위험이 있다. 이러한 경우를 빙자하여 자주 인용하는 예로 지네의 얘기를 들 수 있다. 다리가 수십 개인 지네에게 어떻게 그렇게 잘 걷는지를 묻자, 다리가 서로 엉켜서 제대로 걷지 못하더라는 우화다. 이러한 위험에도 불구하고 과학적인 원리 분석을 통한 골프의 이해는 결국 경기력 향상에도 도움이 된다. 예로서 우리는 자동차의 원리에 대해서 잘 몰라도 페달의 역할, 변속 방식, 운전대의 조작만 알면 보닛이나 차체 밑에 무슨 장치가 있는지 알 필요 없이 자동차를 잘 운전할 수 있다. 하지만, 운전자가 자동차의 기계적, 전기적 장치에 대한 해박한 지식과 운전 방식에 따른 차의 반응에 대해 정확히 이해한다면 전보다 더 자신 있고 더 안전한 방법으로 여유 있게 즐기며 운전을 할 수 있다. 특히 예비 되지 않은 비상 상황, 예를 들어 미끄러운 눈밭이나 푹푹 빠지는 진흙 등에서의 대처 능력이 훨씬 좋아진다. 물론 이에 대한 대가도 만만치 않다. 그저 운전만 할 줄 알면 되는 것이 아니고 자동차의 기계적, 전기적 작동 원리에 대해서 많은 시간과 돈을 투자해서 배워야 한다.

골프도 마찬가지다. 그저 골프를 운동으로 취미로 즐기는 데는 골프의 과학적 원리에 대한 깊은 이해가 필요하지 않다. 어느 호사가는 경기 중 페

---

3) A. Cochran and J. Stobbs, Search for the Perfect Swing, The Golf Society of Great Britain, 1968, p.219.

어웨이에 떨어진 공을 다시 티 위에 올려놓고 치거나, 풀숲이나 모래 구덩이에 들어간 공은 꺼내놓고 치고, 그린에 올라가기만 하면 퍼팅을 생략하고-퍼팅 때 긴장감이 심장에 해롭다는 핑계로- 공을 그냥 집어 들기도 한다. 이런 경우라면 골프의 과학적 원리에 대한 이해가 필요 없다. 하지만, 이건 스포츠가 아니고 사치스러운 놀이이다.

요즘 우리나라의 한류 문화가 세계적으로 대유행을 하면서 우리나라에 대한 외국인의 관심도 여러 분야에서 높아지고 있다. 그중 한국 사람의 특징에 대한 경험칙으로 빨리빨리 문화와 성과 우선주의를 대변하는 한국인의 조급한 성격을 든다. 골프에서도 마찬가지로 지난 20여 년 동안 LPGA 투어나 올림픽 경기 등을 통해서 꾸준히 우리나라가 여자골프 최강국으로 군림할 정도의 우수한 성과를 내고 있지만, 아직도 미국이나 영국 등 골프 선진국과 비교해서 과학적이고 체계적인 선수 훈련 시스템이 없어서, 세계적인 K-pop 가수가 되기 위해 한국으로 유학 오는 외국인은 많은데, 골프를 배우러 외국 선수가 한국에 유학 온다는 얘기는 아직 들어본 적이 없다. 골프 장비도 마찬가지로 대부분 수입에 의존하고 있고 자체 개발하는 장비는 희소하다. 그러나 다행히 우리의 전통적인 놀이 문화와 골프가 결합하여 스크린 골프 시장을 우리나라가 선도하면서 디지털 골프 시대를 연 것은 그나마 퍽 다행이다. 그러나 스크린 골프의 핵심은 런치 모니터(launch monitor)임에도 불구하고 성능보다는 상업적 성과에 매달린 탓에 런치 모니터의 성능 개량에서 골프 선진국보다 뒤떨어진 것은 못내 아쉽다. 그런데도 IT 강국답게 우리나라 골프 시장에도 휴대용 또는 스마트폰 앱을 이용한 GPS나 레이저 거리 측정기와 원격 경기 운영 및 스코어 관리 등에서는 괄목할 만한 성과를 이루고 있다. 비록 런치 모니터 시장에서는 아직 선진국에 밀리고 있지만, 국내에서 자체 개발한 제품을 설치한 실내외 골프 연습장이 늘어나는 추세에 있고 일부 레슨 프로도 골프 채널이나 유튜브를 통해 런치 모니터로부터 쏟아져 나오는 스윙, 충격과 탄도에 대한 다양한 수치를 활용하여 스윙 교정 및 탄도 최적화를 통한 훈련을 시도하는 것은 시대의 흐름이라고 느껴진다.

골프에서 활용되는 런치 모니터는 측정 방법에 따라 레이다 방식과 카메라 방식으로 나뉜다.

레이다 방식은 움직이는 클럽이나 공을 향해 수십 GHz 주파수 대역의 극초단파(microwave)를 발사하고, 반사되어 돌아오는 반사파를 2차원 배열 센서(array sensor)로 감지한다. 이때 도플러 효과(Doppler effect)에 의한 반사파의 주파수 변동과 배열 센서 사이의 위상 차이를 이용하여 발사 순간 클럽과 공의 이동 속도와 방향을 측정하고 비행 중 공의 탄도를 추적하는데, 항공기나 미사일 등 고속 이동 물체 추적 등 주로 군용이나 항공우주 분야에서 널리 쓰이던 원격 발사체 추적 기술을 저속 근거리용으로 민영화한 기술이다. 일례로 고속도로에 설치된 과속 차량 속도 측정용 레이다 센서도 같은 원리를 활용한 것이다. 이 장치는 야외에서도 기상 조건과 관계없이 비행 중 골프공의 탄도를 완전히 추적할 수 있는 장점이 있지만, 측정 정밀도가 높은 사업용은 가격이 비싼 것이 흠이다. 실내에서 사용할 때는 충격 전후의 측정 자료와 탄도 계산용 S/W를 이용하여 측정범위 밖의 가상 탄도를 간접적으로 추정한다.

본격적인 카메라 방식은 경기자의 신체와 클럽의 중요 측정점에 인식표(marker)를 부착한 후, 여러 대의 마주 배치된 카메라를 이용하여 제한된 공간에서의 스윙 중 신체와 클럽, 충격 시 골프공의 이동 영상을 고속 촬영한다. 이때 영상 인식 S/W를 이용하여 측정점들의 3차원 공간에서의 위치를 측정하는데, 충돌 직후 골프공의 초기조건과 탄도 계산용 S/W를 이용해서 탄도를 간접적으로 추정한다. 장점은 충격 전후의 클럽 헤드와 골프공뿐 아니라 신체 부분의 운동과 클럽 샤프트의 휨도 측정할 수 있으나 단점은 고가이고 설치가 어렵고 8대까지 동원되는 카메라의 사전 보정 작업이 쉽지 않고 측정점을 인식하는 데 요구되는 조명과 표면의 반사 조건이 매우 까다롭다는 점이다.

카메라 방식 중 가장 실용적인 구성에서는 2~3개만의 소형 카메라를 이용한 근접 촬영으로 영상의 해상도를 높여서 인식표 없이도 주로 클럽 헤드와 공의 충격 전후 운동을 상세히 측정한다. 골프공 발사 후 탄도 추정은 앞서와 마찬가지로 S/W로 계산한다. 또 장치 주변에 별도로 2~3개의 카메라를 설치하여 스윙 영상을 동시에 촬영한 후 스윙 평면에 관한 정보를 얻는다. 최근에는 레이다 방식과 카메라 방식을 혼합하여 서로의 단점을 보완한 융합(fusion) 제품도 선보인다.

요즘에는 트랙맨(TrackMan)이나 포사이트(Foresight)와 같은 사업용 (enterprise solution) 이외에 휴대하기 편리하고 스마트폰 앱도 쉽게 활용할 수 있는 저가의 개인용 런치 모니터도 많이 출시되고 있다. 다만, 측정 가능 변수의 개수와 정확도에 한계가 있을 수 있어서 연구용으로 사용하기는 어렵다.

사업용이든지 개인용이든지 런치 모니터가 범용화되면서 그림 1.3.1처럼 온갖 측정 수치가 범람하게 됨에 따라, 이전과는 달리 이러한 다양한

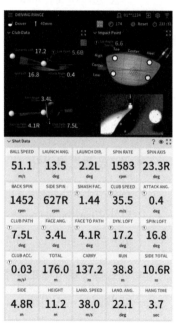

그림 1.3.1
RangeX 런치 모니터 출력 데이터 예

수치가 무엇을 의미하는지를 제대로 이해해야 하는 시대가 왔다. 따라서, 싫든 좋든 과학적이고 체계적인 골프 훈련 프로그램에 관심 있는 골프 지도자나 레슨 프로, 프로 선수나 일반 경기자 모두 이제는 충격 현상이나 탄도 특성에 대한 근본적 이해가 없으면 이러한 데이터 베이스를 제대로 활용하기 어렵다.

이제는 런치 모니터가 주변에 널리 퍼짐에 따라 단순한 스윙 자세 교정에서 벗어나 충격과 탄도에 대한 구체적인 자료를 분석하여 탄도를 최적화하는 스윙을 찾을 수도 있다. 사업용 장비가 최대로 제공하는 자료는 다음과 같다.

- **클럽 헤드 관련 측정치:**
  - 스윙 진로(swing/club path), 영각(attack angle)
  - 회전 로프트(spin loft), 페이스각(face to path), 유효 라이각(dynamic lie angle)
  - 헤드 속도(head speed)
  - 헤드 닫힘 속도(closure rate)
  - 충격점(impact point) 위치(offset/height)

- **골프공 관련 측정치:**
  - 발사 속도(ball speed), 수직 발사각(vertical launch angle), 수평 발사각(horizontal launch angle)
  - 회전 속도(spin rate), 회전축 경사각(spin axis tilt)

- **탄도 특성 측정치 또는 추정치:**
  - 비거리(carry), 사거리(total distance), 표적 이탈거리(side distance), 정점 높이(apex/maximum height)
  - 비행 시간(flight/hang time)

– 착지각(landing angle)

– 퍼팅 관련: 미끄럼 거리(skid distance), 구름 거리(roll distance)

● **측정치로부터 단순 계산한 수치:**

– 충돌 효율(smash factor)

– 유효 로프트(dynamic loft), 표적선 기준 페이스각(face angle)

● **스윙 모션 관련 측정치:**

– 스윙 궤도 관련: 스윙 평면 기울기와 방향(swing plane/direction), 스윙 원호 하사점(low point) 기준 충격점 위치

– 샤프트 관련: 샤프트 반동 속도(shaft kick velocity), 샤프트 비틀림각(shaft twist), 전진-지연 휨(lead-lag bend)과 고개처듦-고개숙임(toe up-toe down/droop), 전방 샤프트 기울기(forward shaft lean angle)

– 손잡이(grip)/손목 속도 관련: 손잡이/손목 전진 속도(grip speed), 헤드 속도 대비 손목 속도비(ratio to grip)

즉, 이전에는 상상조차 하지 못했던 골프에 응용되는 이러한 측정 기술의 발달과 함께, 스윙 모션, 충격 현상, 탄도 특성을 포함한 골프과학 관련 이론과 경험칙(empirical rule/law)에도 상당한 진전이 이루어졌다. 이 중에서도 두드러진 분야는

1. 스윙 시 힘과 토크 이력
2. 충격 시 골프공의 속도와 회전
3. 스윙 중 샤프트의 휨과 반동
4. 비행 중 골프공의 공기역학

이 중에서 마지막 탄도 계산을 위한 골프공의 공기역학에 대한 상세한

해석을 제외하고 이 책에서는 주로 충격 시 골프공의 회전 원리 및 샤프트 휨과 반동에 대한 새로운 이론을 깊이 있게 다루었고 스윙 시 힘과 토크의 안배에 대해서도 언급했다.

끝으로 앞서 언급한 다리가 서로 엉켜서 제대로 걷지 못하는 지네의 우화처럼 이러한 과학적 접근 방법이 구전심수(口傳心授) 식 훈련 프로그램에 익숙한 기존의 골프 지도자나 경기자에게 일시적으로 거부감을 줄 수는 있지만, 장기적으로는, 세계적으로 찬사를 받는 K-pop 아이돌 양성 프로그램처럼, 국내에 더 체계적이고 효율적인 골프 훈련 시스템을 구축하는 지름길이라고 믿는다.

PGA/LPGA 투어 선수 평균 데이터

트랙맨(TrackMan)은 레이다 방식 런치 모니터의 선두 주자로 PGA와 LPGA 투어 선수를 대상으로 충격 전후 클럽 헤드와 골프공의 선 속도, 회전 속도, 발사각과 탄도 특성 등 측정한 방대한 데이터 베이스를 축적하고 보완하면서 이들의 평균 데이터를 수시로 공개한다. 표 1.4.1과 표 1.4.2에 보인 트랙맨이 공개한 PGA와 LPGA 투어 선수 평균 데이터는 측정 장소, 고도와 날씨의 영향을 고려하지 않은 단순 평균값이지만 방대한 데이터로부터 추출했다는 점에서 매우 의미 있는 숫자를 제공한다.

표 1.4.3은 트랙맨 런치 모니터에서 제공하는 측정 변수의 오차 범위로 앞서 표 1.4.1과 표 1.4.2에 보인 수치의 정밀도를 이해하는 데 도움이 된다.

표 1.4.3 트랙맨 런치 모니터 측정 오차[4]

변수	측정오차	변수	측정오차	변수	측정오차
헤드속도	±1.5mph	영각	±1°	비거리	±0.5%
공 속도	±1.6mph	페이스각	±0.6°	사거리	±5yd
회전 속도	±15rpm	스윙 진로	±1°	높이/이탈거리	±0.5%
회전 경사각	±1°	유효 로프트	±0.8°	착지각	±1°
스윙 평면	±1°	회전 로프트	±1.8°	비행시간	±0.1sec

---

4) Jim McLean and Adam Kolloff, The Ultimate Guide to Trackman Swing Analysis, Jim McLean and Adam Kolloff, 2016.

표 1.4.1 PGA 투어 선수 평균 측정 및 추정 데이터[5]

클럽	헤드 질량 (kg)	샤프트 질량 (g)	공칭 로프트 (각)	헤드 속도 (mph)	영각 (도)	공속도 (mph)	충돌 인자	발사각* (도)	역회전 (rpm)	회전 로프트 (도)	감소 로프트 (도)	미끄럼/ 스키드 인수(k)	반발 계수	최대 높이 (yd)	착지각 (도)	비거리 (yd)
1W	0.2	80	9.5	113	-1.3	167	1.48	10.9/12.2	2686	14.1	-4.5	0.73	0.83	32	38	275
3W	0.22	80	16.5	107	-2.9	158	1.48	9.2/12.1	3655	14.8	1.7	0.99	0.82	30	43	243
5W	0.23	100	21.0	103	-3.3	152	1.47	9.4/12.7	4350	16.0	5.0	1.14	0.81	31	47	230
Hybrid	0.24	100	22.5	100	-3.5	146	1.46	10.2/13.5	4437	17.0	5.5	1.13	0.79	29	47	225
3I	0.24	100	20.5	98	-3.1	142	1.45	10.4/13.5	4630	17.2	3.3	1.19	0.77	27	46	212
4I	0.25	99	23.5	96	-3.4	137	1.43	11.0/14.4	4836	18.4	5.1	1.18	0.75	28	48	203
5I	0.25	97	26.5	94	-3.7	132	1.41	12.1/15.8	5361	20.5	6.0	1.21	0.74	31	49	194
6I	0.26	96	30.5	92	-4.1	127	1.38	14.1/18.2	6231	23.8	6.7	1.25	0.74	30	50	183
7I	0.27	95	34.5	90	-4.3	120	1.33	16.3/20.6	7097	27.4	7.1	1.27	0.73	32	50	172
8I	0.28	93	38.5	87	-4.5	115	1.32	18.1/22.6	7998	30.6	7.9	1.34	0.76	31	50	160
9I	0.28	92	42.5	85	-4.7	109	1.28	20.4/25.1	8647	34.2	8.3	1.34	0.77	30	51	148
PW	0.29	91	48.5	83	-5.0	102	1.23	24.2/29.2	9304	39.7	8.8	1.30	0.81	29	52	136

* 왼쪽 값은 수평면 기준 수직 발사각, 오른쪽 값은 스윙 진로 기준 수치 발사각으로 왼쪽 수치 발사각을 빼면 오른쪽 값이 된다.

5) 표 1.4.1과 표 1.4.2에서 음영 항목은 2020년 12월 현재 https://blog.trackmangolf.com/trackman-average-tour-stats/에 게재된 내용을 그대로 옮긴 것이고, 나머지 항목은 P. Dewhurst, The Science of the Perfect Swing, Oxford University Press, 2015에 실린 자료를 보완했다.

표 1.4.2 LPGA 투어 선수 평균 측정 및 추정 데이터

클럽	헤드 질량 (kg)	샤프트 질량* (g)	헤드 속도 (mph)	영각 (도)	공속도 (mph)	충돌 인자	발사각 (도)	역회전 (rpm)	회전 로프트 (도)	감소 로프트 (도)	미끄럼/스키드 인수(ks)	반발 계수+	최대 높이 (yd)	착지각 (도)	비거리 (yd)
1W	0.20	80	94	3.0	140	1.48	13.2/10.2	2611	12.3	-2.8	0.97	0.83	25	37	218
3W	0.22	80	90	-0.9	132	1.47	11.2/12.1	2704	14.4	2.1	0.89	0.81	23	39	195
5W	0.23	100	88	-1.8	128	1.47	12.1/14.0	4501	18.0	3.1	1.24	0.80	26	43	185
7W	0.24	100	85	-3.0	123	1.45	12.7/15.7	4693	21.1	2.4	1.20	0.80	25	46	174
4I	0.25	99	80	-1.7	116	1.45	14.3/16.0	4801	20.7	2.8	1.26	0.80	24	43	169
5I	0.25	97	79	-1.9	112	1.42	14.8/16.7	5081	21.9	4.6	1.29	0.77	23	45	161
6I	0.26	96	78	-2.3	109	1.39	17.1/19.4	5943	25.7	4.9	1.31	0.79	25	46	152
7I	0.27	95	76	-2.3	104	1.37	19.0/21.3	6699	28.7	5.8	1.37	0.79	26	47	141
8I	0.28	93	74	-3.1	100	1.35	20.8/23.9	7494	32.5	6.0	1.41	0.83	25	47	130
9I	0.28	92	72	-3.1	93	1.28	23.9/27.0	7589	36.4	6.2	1.32	0.83	26	47	119
PW	0.29	91	70	-2.8	86	1.23	25.6/28.4	8403	39.7	8.9	1.40	0.81	23	48	107

* LPGA 투어 선수의 클럽 헤드 질량과 샤프트 질량은 PGA 투어 선수 데이터에서 차용함.

+ PGA 투어 선수와 비교해서 LPGA 투어 선수의 아이언 타구에서 반발계수가 높게 추정되는 이유는 헤드 속도가 적기도 하지만 반발 탄성이 좋은 배면 공간(cavity back)이 있는 클럽을 선호하기 때문이다.

제2장
골프에서의 충격

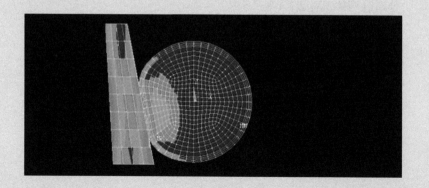

2.1 변치 않는 헤드 무게

130g 이상이던 재래식 스틸 샤프트 무게가[1] 경량 스틸 샤프트로 바뀌면서 50g대로 감소했고, 그래파이트 샤프트로 대체되면서 급기야 30g대까지 무게가 가벼워졌다. 샤프트 소재가 스틸에서 그래파이트로 바뀌고 또 소재의 경량화로 샤프트 무게가 과거에 비해 엄청나게 가벼워졌다. 헤드의 소재도 감나무, 알루미늄, 연철, 타이타늄 등으로 발전하면서 그 부피도 2배 이상 커졌지만, 샤프트와 달리 드라이버의 헤드 무게는 예나 지금이나 200g 근처에 머물고 있다. 그 이유는 무엇일까?

타구(shot)에서 공 속도를 결정짓는 가장 중요한 요소는 공 무게, 헤드 무게, 헤드 속도, 반발계수 등이다. 이 중에서 R&A(영국골프협회)와 USGA(미국골프협회)가 상한치를 규제하는[2] 공 무게와 반발계수를 제외하면 헤드 무게와 속도가 충격 시 공 속도에 영향을 주는 주요인으로 남는다. 흔히 샤프트 탄성이 마치 타구에서 헤드 속도를 증가시키는 추진 역할을 한다고 오해하지만, 실제로는 충격(impact)이 약 0.0005초라는 매우 짧은 순간에 일어나기 때문에 샤프트는 헤드를 공과 충돌시키기 위한 유도역할만 담당할 뿐 충돌 시 헤드 속도에는 직접 관여하지 못한다. 이를 증명하기 위해 실시한 실험 예를 그림 2.1.1에 보였다.[3]

---

[1] 여기서는 편의상 질량과 무게를 혼용해서 사용하지만, 수식에서는 공학 단위인 질량을 고수한다.
[2] The R&A and USGA, The Equipment Rules, Jan. 2019.
[3] 샤프트와 헤드 사이에 힌지가 있을 때와 없을 때의 충돌 후 공의 반발속도가 같다는 사실을 충돌 실험을 통해서 밝혔다. A. Cochran and J. Stobbs, Search for the Perfect Swing, The Golf Society of Great Britain, 1968, Chap. 22.

그림 2.1.1 충격 시 샤프트 강성 영향 실험

1960년대에 시행한 샤프트를 장착한 드라이버 헤드 A와 샤프트와 헤드 사이에 힌지를 설치한 드라이버 헤드 B에 공을 충돌시키는 실험 결과 충돌 후 공의 반발 속도가 실험 오차 범위 내에서 차이가 없었다. 그 이유는 충격파가 샤프트를 통해서 손잡이(grip)로 전파된 후 다시 헤드로 되돌아오는 시간(약 1/1000초)보다 충돌 시간(약 1/2000초)이 짧기 때문이다. 샌드백을 칠 때 훅을 길게 날리면 주먹이 접촉한 상태에서 샌드백이 뒤로 밀리지만 가볍고 빠른 잽을 날리면 주먹이 치고 빠진 후에 샌드백이 뒤로 밀리는 이치와 유사하다. 이때 내 주먹은 골프공, 샌드백은 클럽 헤드, 샌드백을 매단 줄은 샤프트가 된다. 샤프트의 탄성이 공 속도에 미치는 영향이 없다는 이 직관적 가설은 2010년대에 들어 새로운 엄밀한 이론으로 대체된다.

그 이유를 간단히 설명하기 위해 권투 연습장에 있는 샌드백을 예로 들자. 우선 훅을 길게 날려 샌드백을 칠 때 주먹에 걸리는 충격력은 샌드백을 천정에 어떻게 매달았는지에 따라 달라진다. 샌드백을 높은 천정에 긴 줄로 매달게 되면 샌드백이 주먹과 함께 쉽게 뒤로 밀리게 되므로 충격력이 작아진다. 반면에 샌드백을 낮은 천정에 짧은 줄로 매달게 되면 샌드백이 여간해서는 뒤로 밀리지 않으면서 주먹에 작용하는 충격력도 커진다. 한편, 가볍고 빠른 잽을 날린다고 상상해 보자. 이때는 샌드백을 어떻게 매달았는지 관계없이 주먹에 걸리는 충격력은 같아지고 주먹이 치고 빠진 후에 샌드백이 서서히 뒤로 밀린다.

헤드 무게와 속도가 타구에서 공 속도에 미치는 영향은 좀 복잡하다. 볼링을 예로 들어보자. 볼링공이 너무 무거우면 볼링공에 충분한 회전과 속도를 줄 수 없고, 너무 가벼우면 볼링공의 속도와 회전은 커지지만, 모든 핀을 쓰러트릴 만큼 운동량이 크지 않다. 골프에서도 헤드가 무거울수록 스윙이 자연스럽지 못해 헤드 속도를 내기 어렵다. 인체 실험 결과를 수식으로 정리하면[4]

$$(\text{헤드 속도}) \propto \frac{1}{(\text{헤드 질량})^{0.2}}$$

가 된다. 즉 볼링에서와 마찬가지로 헤드 무게가 커지면 헤드 속도가 작아진다. 한편, 공과 헤드의 충돌 때, 볼링공의 운동량이[5] 핀을 쓰러뜨리는 데 활용되듯이, 헤드가 가진 운동량의 일부가 골프공에 전달되며 이때 골프공 발사속도는[6]

$$(\text{공 발사속도}) = (1 + COR)(\text{헤드 속도}) \frac{(\text{헤드 질량})}{(\text{헤드 질량}) + (\text{공 질량})}$$

위 두 식을 종합하면

$$(\text{공 발사속도}) \propto \frac{(\text{헤드 질량})^{0.8}}{(\text{헤드 질량}) + (\text{공 질량})}$$

여기서 COR(coefficient of restitution)은 반발계수이다. 위 식에서 알 수 있듯이 헤드 질량이 커지면 그만큼 헤드의 운동량이 커져서 자연 공에 전달

---

4) C. B. Daish, The Physics of Ball Games, The English Universities Press Ltd., 1972, p.107-109 및 A. Cochran and J. Stobbs, Search for the Perfect Swing, The Golf Society of Great Britain, 1968, p.221-230.
5) 이동하는 물체가 갖는 운동량은 (질량)×(속도)로 물체의 질량(무게)과 속도에 직접 비례한다. 충돌하는 두 물체의 충돌 전후 운동량의 합은 보존되지만, 에너지 합은 충돌 후 감소한다. 볼링에서는 공의 진행 속도와 관련한 선형 운동량과 함께 공의 회전 속도와 관성질량의 곱인 각 운동량이 핀과의 충돌에 모두 관계한다.
6) T. P. Jorgensen, The Physics of Golf, 2nd ed., Springer-Verlag, 1999.

되는 운동량도 증가하여 공 발사속도가 증가하지만, 헤드 질량이 너무 커지면 헤드 속도 감소량이 커져서 헤드의 운동량이 오히려 감소한다. 따라서, 그림 2.1.2에 보였듯이 공 발사속도를 최대로 하는 최적의 헤드 질량이 존재하며 이 값이 대략 200g 근처로 알려졌다.[7] 참고로 클럽 중에서는 드라이버 헤드의 무게가 가장 가볍고 웨지나 퍼터의 헤드 무게가 가장 무겁다. 샤프트가 클럽 무게에서 차지하는 비중이 작아서 드라이버 전체 무게도 가장 가볍고 웨지나 퍼터의 전체 무게가 가장 무겁다.

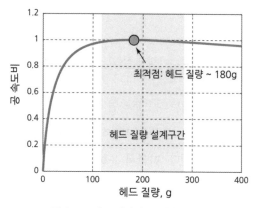

그림 2.1.2 헤드 질량과 공 발사속도 관계

헤드 질량이 너무 작으면 헤드 속도는 증가하지만, 공과 충돌 때 공에 전달되는 헤드의 운동량이 작게 된다. 헤드 질량이 너무 커도 헤드 속도가 감소하여 헤드의 운동량이 오히려 작아진다. 따라서 발사 때 공의 운동량 즉 속도를 크게 하려면 헤드 질량이 대략 180g 근처라야 한다. 특기할 점은 헤드 질량이 최적점에서 어느 정도 차이가 나도 공 발사속도는 거의 변화가 없다.

최근 초고속 영상 촬영 기술 및 정밀 운동 측정 장치의 발전으로 충돌 현상에 대해 전보다 더 엄밀한 분석이 가능해졌다. 특히 골프 클럽 헤드와 골

---

7) 150~300g 사이에서는 민감도가 매우 낮다. C. B. Daish, The Physics of Ball Games, The English Universities Press Ltd., 1972, p.109 및 A. Cochran and J. Stobbs, Search for the Perfect Swing, The Golf Society of Great Britain, 1968, p.206.

프공의 충돌 실험에서의 샤프트 역할에 대한 새로운 해석에 따르면 전처럼 샤프트의 탄성은 공 발사속도에 거의 영향을 주지 않으나 샤프트 질량의 일부는 헤드 질량과 함께 골프공과의 충돌에 영향을 준다. 이를 유효 샤프트 질량이라 하며 대략 샤프트 전체 질량의 1/4 안팎이다.[8] 따라서 이를 반영한 새로운 공 발사속도 계산식은

$$(\text{공 발사속도}) = (1 + COR)(\text{헤드 속도}) \frac{(\text{유효 헤드 질량})}{(\text{유효 헤드 질량}) + (\text{공 질량})}$$

여기서

$$(\text{유효 헤드 질량}) = (\text{헤드 질량}) + (\text{유효 샤프트 질량})$$

예를 들어 60g의 그래파이트 샤프트라면 유효 샤프트 질량이 15g가량 되므로 공 발사속도에 미치는 영향을 계산하면 샤프트 질량을 고려하지 않을 때보다 대략 1.3% 커진다. 따라서 유효 샤프트 질량을 고려하지 않고 계산한 공 발사속도가 150mph였다면 152mph로 수정해야 한다. 하지만 이제는 30g대의 가벼운 샤프트가 출현함에 따라 그 질량 효과도 점차 작아지는 추세이다. 참고로 현재 USGA와 R&A에서 실시하고 있는 클럽 헤드의 반발계수 시험은 두 가지로, COR 시험과 CT(characteristic time, 특성 시간) 시험으로 구분하는데, COR 시험에서는 샤프트를 완전히 분리한 헤드에 특정한 보정용 골프공을 공 발사기로 110mph로 정면충돌시키고, 샤프트를 조립한 클럽에 대한 현장용 CT 시험에서도 샤프트의 중간 아래를 고정하여 샤프트 질량 효과를 최소화한다.[9]

---

8) P. Dewhurst, The Science of the Perfect Swing, Oxford University Press, 2015, p.86–88.
9) 제2.2절 '반발계수와 스프링 효과'와 부록 A 'COR과 CT 시험' 참조.

1964년에 발명되어 아직도 어린이 장난감으로 인기가 있는 "슈퍼볼

(Super Ball)"은[10] 탄성이 매우 좋아 1.4m 어깨높이에서 단단한 바닥에 떨어뜨리면 1.3m까지 튀어 오른다. 이때 슈퍼볼의 지면 충돌속도와 충돌 직후 반발속도의 비(比)로 정의되는 반발계수(COR, coefficient of restitution)는 [11] 지면 충돌속도 또는 초기 낙하 높이에 따라 조금 달라지는데 이때 슈퍼볼의 충돌 속도는[12] 5.2m/s이고 충돌 직후 반발 속도는 5m/s이므로

$$COR(5.2m/s) = \frac{5m/s}{5.2m/s} = \sqrt{\frac{1.3m}{1.4m}} = 0.96$$

즉, 슈퍼볼의 소재는 반발계수 1인 완전 탄성체에 가까운 꿈의 소재로 현재 고급(premium) 골프공의 핵(core) 소재로 널리 쓰이는 부타디엔(polybutadiene)이며 다른 구기 종목의 공 소재로도 쓰인다. 그러나 공의 탄성이 지나치게 크면 선수의 공정한 경기력 평가에 오히려 장해가 되므로 공의 반발계수를 제한하기도 한다. 예를 들어 테니스에서는 2.54m(100인치) 높이에서 떨어뜨렸을 때 즉 지면 충돌 속도가 7m/s일 때 튀어 오르는 높이가 1.47m(58인치) 이하인 공만을 공인하는데 반발계수로 환산하면

$$COR(7m/s) < \sqrt{\frac{1.47}{2.54}} = 0.762$$

부연하자면, 단단한 벽에 속도 7m/s로 충돌시킬 때 반발계수가 0.762 이하인 테니스공만 공인한다.

---

10) 미식 축구의 가장 큰 스포츠 행사인 슈퍼볼(Super Bowl)과 우리말 용어가 같다.
11) 이종원, 골프역학 역학골프, 청문각, 2009, 제2.2.2절 '반발계수' 참조.
12) 자유낙하 하는 공의 충돌 속도와 반발 속도는 $\sqrt{2 \times (중력가속도) \times (높이)}$로 부터 계산할 수 있다. 부록 A 'COR과 CT 시험' 참조.

완전 탄성체가 아닌 고분자 소재로[13] 만들어진 골프공은 클럽 헤드와 충돌 시 찌그러졌다가 원상태로 회복할 때, 열, 소리 및 소성 변형의 형태로 일부 에너지가 소산된다. 단단히 고정한 두꺼운 철판(흔히 관성 벽(inertia wall)이라고 부른다)을 향해 공 발사기(air cannon)로 골프공을 100mph(44.7m/s)로 철판 정면을 향해 쏘면 보통 지름이 43mm인 골프공은 대략 6mm 정도까지 찌그러졌다가 70mph(31.3m/s)로 반대 방향으로 튀어나온다. 이때 충돌 전후 골프공의 속도비는 0.7이고 이를 100mph로 관성 벽을 향해 정면 충돌할 때 골프공의 COR(100mph)이라고 한다. 이때 소산 에너지는 충돌 직전 골프공 운동 에너지의 50%에[14] 이르며 주로 열로 발산하는데 대개 무게 46g인 골프공의 온도가 최대 1도까지 상승한다고 알려졌다. 골프공 제조사마다 차이가 조금 있지만, USGA(미국골프협회)와 R&A(영국골프협회)에서 98.6mph(44.1m/s)로 관성 벽을 향해 발사할 때 골프공의 COR(98.6mph)을 0.74 이하로 규제하므로[15] 100mph로 관성 벽 정면을 향해 발사할 때의 공인 골프공의 COR(100mph)은 0.73 정도가 된다. 관성 벽과의 충돌속도가 100mph에서 80mph로 작아지면 골프공의 최대 찌그러짐이 6mm에서 5mm로 작아져 소산 에너지도 그만큼 작아지므로 골프공의 COR(80mph)은 0.78로 증가한다.[16] 퍼팅에서처럼 충돌

---

13) 요즘은 대개 골프공의 핵은 부타디엔(polybutadiene) 등 탄성중합체, 표피는 설린(Surlyn)으로 대표되는 아이오노머(ionomer) 또는 우레탄(polyurethane) 등의 고분자 재료로 만든다.

14) 초기 운동 에너지 대비 충돌 중 소산 에너지 비는 $1-(COR)^2$이다. COR 값이 1이면 100% 초기 운동 에너지가 그대로 보존되어 반발 속도가 충돌 속도와 같게 되고, COR 값이 0이면 벽에 던진 진흙처럼 초기 운동 에너지가 모두 소산되어 벽에 붙게 된다. 가끔 $(1-COR)$을 소산 에너지 비로 잘 못 이해한다.

15) USGA and R&A, Initial Velocity Test Procedure, USGA-TPX3007, Feb. 2011. 실제로는 98.6mph의 선 속도를 갖는 육중한 휠 타격기(wheel striker)로 정지한 골프공을 타격했을 때 골프공의 발사속도를 측정한다. 이때의 휠 타격기는 98.6mph로 이동하는 관성 벽에 해당한다.

16) A. J. Cochran, "Development and use of one-dimensional models of a golf ball," J. Sports Sciences, 2002, 20, p.635-641.

속도가 매우 작으면 공의 찌그러짐이 무시할 만큼 작아져 골프공의 극한 COR(0mph) 값인 0.9에 가깝게 커진다.

골프에서 흔히 인용하는 반발계수는 두 가지로 일반인은 물론 전문가 사이에서도 혼동하기 쉬우므로 주의해야 한다. 즉, 골프공만의 반발계수, 골프공과 클럽 헤드 조합의 반발계수가 그것인데 이들 반발계수는 모두 충돌속도에 따라 달라지는데, 보통 충돌속도가 작으면 반발계수는 커지는 성질이 있다. 지금까지는 둘 중 이해하기 쉬운 골프공만의 충돌 속도에 따른 반발계수 변화를 설명했다. 한편, 흔히 고반발 드라이버 광고에서 강조하는 반발계수는 드라이버만의 특성처럼 오해를 불러일으키기도 하는데, 실제 골프에서 정의하는 클럽 헤드의 반발계수는 특정 충돌속도에서 특정 골프공과의 상호 작용에서 정해지는 헤드의 반발 특성을 뜻한다.

USGA와 R&A가 2003년부터 규제하는 골프 클럽 헤드의 COR(110mph)[17] 상한치는 0.83이다. 1996년부터 타이타늄 소재가 골프 클럽에 적용되기 시작했는데 그 이전 클럽 헤드의 소재로는 흔히 우드에는 감나무, 아이언에는 알루미늄이나 연철 등이 사용되었다. 이렇게 제작된 헤드는 소재의 특성상 속이 꽉 차고 단단하여 골프공과 충돌 시 대부분 단단한 클럽보다는 상대적으로 연한 골프공이 더 찌그러지게 되어 단단한 헤드의 아이언 타구와 비슷한 상황이므로 클럽 헤드의 COR(110mph)은 감나무 우드라도 골프공만의 COR(98.6mph)과 비슷한 0.74 정도에 그쳤다.

주조든 단조든 아이언의 소재는 큰 변동이 없음으로 우드보다 단단한 아이언 클럽 헤드와 연한 골프공 조합의 반발계수는 결국 골프공만의 반발계수 근처에 머문다. 그렇다면 아이언 타구에서의 반발계수가 0.74 정도

---

17) 특정 보정용 골프공을 공 발사기를 이용하여 110mph 속도로 정지된 헤드 타면에 정면 타격했을 때 정해지는 반발계수의 제한 규정으로 우드, 하이브리드, 아이언 클럽 모두 적용 대상이다.

라는 얘기인가? 여기에는 함정이 있다. 왜냐하면 골프공 반발계수 0.74는 정확하게는 충돌 속도의 함수인 COR(98.6mph)로 충돌 속도가 작아지면 0.9까지 커질 수 있다. 실제 PGA나 LPGA 투어 선수의 아이언 타구에서 헤드 속도는 70~100mph로 드라이버 헤드 속도와 비교해서 75~85%로 작다. 따라서 헤드 속도가 가장 작은 LPGA 투어 선수의 PW 타구에서 반발계수는 골프공의 COR(70mph)인 0.8에 가깝다.[18]

우드 특히 드라이버는 타이타늄 소재의 채택으로 헤드 형상에 획기적인 변화를 이루었다. 특히 가볍고 탄성이 좋고(즉 완전 탄성체에 근사) 질기고 강도가 높아서 우드 헤드의 속을 비워서 부피를 크게 만들 수 있게 된 것 이외에 타면의 두께를 2~4mm로 얇게 만들 수 있어 그림 2.2.1에 보였듯이 골프공과 충돌 시 골프공의 찌그러짐이 현저히 줄어든 대신에 얇은 타이타늄 헤드 타면이 크게 변형한다. 완전 탄성에 가까운 타이타늄의 변형 에너

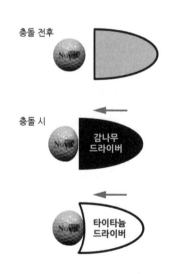

충돌 전후

충돌 시

감나무
드라이버

타이타늄
드라이버

(위 그림) 골프공과 드라이버 헤드의 충돌은 대략 1/2000초 내에 일어난다.

(가운데 그림) 속이 꽉 찬 감나무 또는 두꺼운 금속으로 만든 예전의 드라이버와 골프공이 충돌하면 비교적 단단한 드라이버의 타면 변형은 매우 작고, 대부분 강성이 작고 변형 중 에너지 소산이 큰 골프공이 대변형을 하여 반발계수가 작아진다.

(아래 그림) 질기고 강한 타이타늄 소재의 드라이버는 속이 비어있고 탄성이 좋은 얇은 타면 제작이 가능하다. 골프공과 충돌 중 골프공의 변형은 줄어들고 대신 타면의 변형이 커진다. 충돌 후 타면의 변형 에너지 대부분이 복원되므로 반발계수를 크게 할 수 있다. 이를 스프링 효과라고 부르며 2003년 이래 USGA와 R&A의 규제 대상이다.

그림 2.2.1 충격 시 골프공과 헤드의 변형

* 설명을 효과적으로 하기 위해 공과 타면의 변형을 과장해서 도시했다.

─────────────

18) 그림 A.2 '충돌속도에 따른 골프공의 변형과 COR' 참조.

지는 충돌 후 대부분 복원되지만, 에너지 소산의 주범인 골프공의 찌그러짐이 작아져 에너지 소산량이 줄어서 결국 충돌 후 헤드와 골프공의 총 에너지 소산량도 감소한다. 즉 클럽 헤드와 공 충돌 시의 반발계수는 0.7보다 더 커질 수 있다.

타이타늄 헤드와 골프공 조합의 반발계수 증가 현상은 기계체조 운동기구인 트램펄린(trampoline)이나 민속놀이인 널뛰기에서 응용되는 물리 현상으로 골프에서도 이를 '트램펄린 효과(trampoline effect)'[19], 또는 간단히 '스프링 효과(spring effect)'라고 부르며 이러한 지나친 특수 효과를 방지하기 위하여 USGA와 R&A가 클럽 헤드의 COR(110mph)을 0.83 이하로 규제하기에 이르렀다.

타면 두께를 더욱더 얇게 설계하여 COR(110mph)이 0.83보다 더 큰 비공인 드라이버가 시판되지만, 무작정 반발계수를 크게 할 수 없는 이유는 근본적으로 골프공만의 COR(98.6mph) 값을 0.74로 제한하고 또 드라이버의 타면 두께가 지나치게 얇으면 충격에 약해져 드라이버의 수명이 줄어들기 때문이다. 이러한 이유로 실제 드라이버 헤드의 COR(110mph) 값은 0.90 보다 클 수 없다고 알려졌다. 한편, 헤드 속도가 10mph(4.5m/s) 작아지면 반발계수는 대략 0.01씩 증가한다.[20] 예를 들어 공인 드라이버의 헤드 속도 110mph에서의 COR(110mph)이 0.83이라면 헤드 속도 90mph에서의 COR(90mph)은 약 0.85로 0.02 증가한다. 물론 USGA와 R&A의 반발계수 규제는 헤드 속도 110mph를 기준으로 정하므로 다른 헤드 속도에서 0.83 이상의 반발계수는 전혀 문제가 되지 않는다. 참고

---

19) 이종원, 골프역학 역학골프, 청문각, 2009, 제2.2.3절 '임피던스 부합' 및 제7.2.4절 '임피던스 부합과 반발계수 극대화' 참조.
20) 로프트각 25도보다 큰 클럽에서는 0.01보다 좀 작아진다. P. Dewhurst, The Science of the Perfect Swing, Oxford University Press, 2015, p.94.

로 헤드 속도가 매우 작게 되면 헤드와 골프공의 변형이 거의 생기지 않음으로 충돌 중 에너지 소산이 거의 없게 되어 이론적으로는 COR(0mph) 값이 대략 0.9까지 커질 수 있다. 이 때문에 헤드 속도가 작은 퍼터에 대한 반발계수 규제는 예외적으로 없다. 한편, 장타대회에서처럼 경기 참가자가 엄청난 헤드 속도로 타구하면 자연 골프공의 변형도 매우 커져서 헤드 속도가 작을 때보다 반발계수가 오히려 약간 작아진다. 따라서, 실제 헤드 속도 증가에 따른 골프공의 발사속도 증가는 예상보다는 약간 작게 된다. 즉 힘쓴 만큼 이득이 생기지는 않는다. 이론적으로 드라이버 공 속도는 (1+COR)(헤드 속도)에 비례하는데[21] 예를 들어 헤드 속도 100mph와 140mph를 비교하면 공 속도 비율이

$$\frac{\{1 + COR(140mph)\}(140mph)}{\{1 + COR(100mph)\}(100mph)} = \frac{1.80}{1.84}\left\{1 + \frac{4}{10}\right\} = (0.98)(1.4) = 1.37$$

즉, 헤드 속도가 40% 증가할 때 공 속도는 조금 작게 37% 늘어난다. 한편, 헤드 속도가 90mph인 경기자가 COR(110mph)=0.83인 공인 드라이버 대신 반발계수가 7% 큰 COR(110mph)=0.89의 비공인 고반발 드라이버로 바꾸어 타구한다면 드라이버 교체 전후 공 속도 비율은

$$\frac{\{1 + COR(90mph, 비공인)\}}{\{1 + COR(90mph, 공인)\}} = \frac{\{1 + COR(110mph, 비공인) + 0.02\}}{\{1 + COR(110mph, 공인) + 0.02\}} = \frac{1.91}{1.85} = 1.0324$$

즉, 반발계수는 7% 커졌지만, 공 속도는 3% 커지고 비거리는 7~8m(8~9yd)가량 늘어난다.[22] 위 식에서 헤드 속도 변화에 따른 반발계수의 변화가 작아

---

21) 부록 B '충돌 인자' 참조.
22) 제4.3절 '헤드 속도와 비거리' 참조.

서 이를 무시하고 계산하면

$$\frac{\{1 + COR(90mph,비공인)\}}{\{1 + COR(90mph,공인)\}} = \frac{\{1 + COR(110mph,비공인)\}}{\{1 + COR(90mph,공인)\}} = \frac{1.89}{1.83} = 1.0328$$

로 두 값에 큰 차이가 없다. 따라서 헤드 속도에 큰 차이가 없을 때의 비교 계산에서는 표준 COR(110mph) 값을 대신 대입해도 무난하다.

USGA와 R&A에서 규제하는 클럽 헤드의 COR(110mph)은 두 협회가 특정한 보정용 골프공(USGA/R&A Calibration Ball)과의[23] 조합 특성을 기반으로 한 '스프링 효과'를 제한하는데 실제 경기자들은 특성이 전혀 다른 공인 골프공을 사용하므로 공인 클럽과 공인 골프공의 조합에 따라 실제 COR(110mph)이 0.83을 초과할 수 있다. 따라서 클럽 헤드와 골프공의 조합을 적절히 하여 소위 '임피던스 부합(impedance matching)'이[24] 되면 규제를 만족하면서도 '스프링 효과'를 극대화할 수 있다. 수많은 종류의 골프공 중에서 유독 '손맛이 나는' 골프공을 찾은 경험을 상기하면 쉽게 이해할 수 있다. 또 같은 클럽이라도 반발계수는 헤드 속도에 따라 바뀌므로 '임피던스 부합'되는 골프공이 헤드 속도에 따라 달라질 수 있다. COR(110mph)이 0.83인 경우, 충격 시 헤드 타면은 약 2mm, 골프공은 약 5mm까지 압축된다.[25]

2019년 영국에서 디 오픈 챔피언십(The Open Championship)을 앞두고 잰

---

23) 최근 USGA와 R&A가 채택하고 있는 보정용 골프공은 브리지스톤(Bridgestone)이 제작한 2겹 공이다. 보정용 골프공의 필수요건은 무엇보다도 품질의 안정성이다. 한때는 피나클 골드(Pinnacle Gold) 2겹 공을 보정용으로 채택한 적이 있다.
24) 클럽과 골프공의 '궁합이 맞는다'는 표현이 적절하겠다.
25) P. Dewhurst, The Science of the Perfect Swing, Oxford University Press, 2015, p.76.

더 슈펠레(Xander Schauffele) 선수의 드라이버가 현장 COR 시험을[26] 통과하지 못하자 R&A와 심한 다툼이 있었고 이를 계기로 PGA Tour는 2019-2020 잔여 시즌 동안 모든 참가 선수들에게 드라이버 COR 시험을 의무화했는데 2019년 세이프웨이 오픈(Safeway Open)을 앞두고 5명의 선수가 이 시험을 통과하지 못하자 새삼 드라이버의 반발계수 규제와 시험이 화제가 된 적이 있다.[27]

---

26) 현장에서는 이동 가능한 진자식 시험기로 간편하게 CT(Characteristic Time, 특성 시간)를 측정하고 이로부터 COR을 추정한다. 이 과정을 간단히 'CT 시험'이라고 한다.

27) Andrew Tursky, "Gear 101: What is a CT test, and how does it differ from a COR test?," Gear, April 27, 2020. https://golf.com/gear/gear-101-ct-test-cor-test-golf-clubs/

충돌 인자

충돌 인자(smash factor)는 골프공을 클럽으로 정상 타격 시 충격 직전 클럽 헤드 속도 대 공 발사속도 비(比), 즉

$$(\text{충돌 인자}) = \frac{(\text{공 발사속도})}{(\text{클럽 헤드 속도})}$$

로 속칭 정타율이라고도 부르며 이 값이 크면 클수록 충돌 효율이 높다.

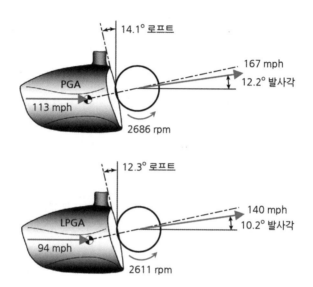

그림 2.3.1 PGA/LPGA 투어 선수의 드라이버 타구 특성 평균 데이터

그림 2.3.1에 보인 예는 PGA와 LPGA 투어 선수의 드라이버 타구 특성 평균 데이터로 회전 로프트[28], 헤드 속도, 골프공의 역회전(backspin), 발사각(launch angle), 공 속도를 나타낸다. 여기서 발사각은 두 경우 모두 클럽이 영각(angle of attack) 0도인 수평 진로를 따라 타구하는 각도로 보정했다.[29] 이때

---

28) 회전 로프트는 원심력에 의한 샤프트의 휨, 샤프트 채찍질 효과와 샤프트 눌러치기 효과 등을 고려한 스윙 진로 기준 타구 순간 타면이 기울어진 각이다. 제2.7절 '회전로프트와 감소 로프트' 참조.

29) PGA 투어 선수들의 평균 영각은 −1.3도로 티 타구(tee shot)라도 약간 내려치는 스윙으로 타구한다. 반면, LPGA 선수들의 평균 영각은 3도로 꽤 올려치는 스윙으로 타구한다. 제 1.4절 'PGA/LPGA 투어 선수 평균 데이터' 참조.

$$\text{충돌 인자(PGA 드라이버 타구)} = 167/113 = 1.478$$
$$\text{충돌 인자(LPGA 드라이버 타구)} = 140/94 = 1.489$$

로 충돌 효율이 매우 좋은 PGA와 LPGA 투어 선수들의 드라이버 타구에서 충돌 인자는 1.5에 가깝다. 물론 이 값은 통계적 평균값으로 전체적인 경향을 보일 뿐이고 사용하는 클럽과 골프공의 제원, 스윙 형태 및 헤드 속도 등의 차이에 따른 개인별 편차가 있다.[30]

한편, 로프트각이 다른 클럽에서의 충돌 인자는 표 2.3.1처럼 달라질 수 있다.

표 2.3.1 PGA/LPGA 투어 선수의 클럽별 평균 충돌 인자[31]

Tour	Driver	3W	5I	7I	9I	PW
PGA	1.48	1.48	1.41	1.33	1.28	1.23
LPGA	1.48	1.48	1.43	1.38	1.32	1.28

여기서 충돌 인자가 드라이버 타구의 1.48에서 웨지 타구의 1.23까지 로프트각이 커짐에 따라 점차 작아지는데 그 이유는 헤드 속도가 각기 다른 클럽의[32] 반발계수에 약간 차이가 나기도 하지만 그보다는 로프트각 자체가 크게 차이 나기 때문이다. 로프트각이 큰 짧은 아이언 및 웨지에서는 로프트각이 커짐에 따라 역회전 속도는 증가하지만 대신 충돌 효율(충돌 인자)은 드라이버 대비 약 83%로 좀 줄어든다.

제2.2절에서 설명한 COR 시험에서는 샤프트를 제거한 클럽 헤드와 골프공의 충돌 시험에서 반발계수를 구하는데, 실제 타구에서는 샤프트를 조

---

30) 나중에 설명하겠지만 충돌 인자의 소수점 셋째자리 이하는 전혀 무의미하다.
31) 트랙맨(TrackMan) 런치 모니터로 측정한 결과로 표 1.4.1과 표 1.4.2 참조.
32) 클럽 번호가 커질수록 헤드 속도는 점차 작아진다. 예를 들어 PW의 헤드 속도는 드라이버 헤드 속도의 약 75%로 줄어드는 대신 반발계수 이득은 생긴다. 제2.2절 '반발계수와 스프링 효과' 참조.

립한 클럽 헤드가 골프공에 충돌하므로 이때 충돌 인자를 구하는 이론식은

$$(충돌 \ 인자) = (1 + COR)(질량 \ 인자)\left[\frac{\cos(회전 \ 로프트)}{\cos\{(회전 \ 로프트) - (발사각) + (영각)\}}\right]$$

$$(질량 \ 인자) = \frac{(유효 \ 헤드 \ 질량)}{(공 \ 질량) + (유효 \ 헤드 \ 질량)}$$

여기서 유효 헤드 질량은 실제 헤드 질량에 유효 샤프트 질량을 더한 가상의 등가 헤드 질량이다. 유효 샤프트 질량은 골프공과의 충돌에 직접 이바지하여 클럽 헤드에 부가되는 샤프트 질량의 일부이다. 충격 직전 샤프트는 손잡이 쪽(butt)은 정지하거나 느린 속도로 움직이고 클럽 헤드 쪽(tip)은 헤드와 같은 속도로 움직이는 막대 진자와 유사한데 이때 샤프트 전체의 운동 에너지를 헤드에 붙어서 헤드 속도로 함께 움직이는 가상 질점의 운동 에너지로 등가 시켰을 때 가상 질점의 부가 질량이 샤프트의 유효 질량이 된다. 편의상 대략 샤프트 질량의 1/4로 환산하면 큰 문제가 없다.[33] 드라이버 헤드 질량 200g, 공 질량 46g, 샤프트 질량 60g일 때 질량 인자(mass factor)는 샤프트의 유효 질량 15g을 고려하면 0.82, 무시하면 0.81로 충돌 인자에 미치는 영향이 1.2% 정도로 다른 우드와 아이언 클럽을 포함해서 최대 0.02 정도 차이가 나므로 근사계산에서는 샤프트의 질량효과를 무시해도 좋다.

클럽 중에서 비거리가 커야 하는 드라이버는 충돌 인자에 가장 민감할

---

33) P. Dewhurst, The Science of the Perfect Swing, Oxford University Press, 2015, p.70. 샤프트의 질량 분포(mass profile)가 균일하다는 가정으로 환산한 유효 질량으로 엄밀하게는 샤프트의 질량 분포에 따라 좀 달라진다. R. Cross and A. Nathan, "Performance versus moment of inertia of sporting implements," Sprots Technology 2, 2009, p.7-15.

수밖에 없다. 드라이버는 다른 클럽보다 로프트각이 비교적 작고 USGA
와 R&A가 COR(110mph)을 0.83 이하로 제한하므로 그래파이트 샤프
트의 질량을 80g, 헤드 질량을 200g이라 가정하고 PGA 투어 선수의 드
라이버 타구 평균 특성을 적용하면

$$(\text{충돌 인자}) = (1 + 0.83)\left[\frac{\cos(14.1°)}{\cos(14.1° - 12.2°)}\right]\left[\frac{220}{46 + 220}\right] = 1.469$$

로 앞서 직접 측정치 1.478과 매우 유사한 결과를 낸다. 즉 드라이버로 타
구한 공의 최대 발사속도는 헤드 속도의 약 1.5배가 된다. 최근 일부 클럽
제조사가 충돌 인자가 큰 드라이버에 대해 홍보를 하고 있지만, 비공인 드
라이버가 아닌 한 제조사 간의 충돌 인자 차이는 별로 없다. 일례로 2015
년 출시한 대표적인 28종류의 드라이버와 2017년 출시한 대표적인 30종
류의 드라이버에 대한 7,000회 이상의 타구 시험 데이터로부터 구한 평
균 충돌 인자가 각각 1.41~1.44와 1.40~1.42 범위로, 시판되는 드라이
버 모델 사이에 큰 차이가 없는 것으로 조사되었다.[34] 여기서 특이한 점은
헤드 속도 110mph 이상인 실험 대상자의 드라이버 타구 충돌 인자가 표
2.3.1의 PGA와 LPGA 투어 선수 드라이버 타구 평균 충돌 인자 1.48보
다 훨씬 작은 이유는 헤드 속도 측정점 위치와 측정 정밀도가 전혀 다른 런
치 모니터로 각기 측정했기 때문이다. 이 문제는 제5.8절 '장타 치기'에서
다시 논의한다.

충돌 후 헤드 속도가 감소하는 이유는 충돌 전 헤드가 가지고 있던 운동

---

34) 마이골프스파이(Mygolfspy)사에서 포사이트(Foresight) 런치 모니터에서 브리지스톤
(Bridgestone) B330-RX 골프공을 이용하여 실험한 결과이다. http://www.mygolfspy.
com/2015-most-wanted-driver-overall-awards/와 https://mygolfspy.
com/2017-most-wanted-driver/ 참조.

에너지의 일부를 충돌 시 골프공에 전달하기 때문이다. 대략 클럽 헤드가 충돌 전에 가지고 있던 운동 에너지의 40%는 골프공의 운동 에너지로 변환되고 10%는 골프공의 변형 중 열의 형태로 소산된다. 즉 충돌 중 에너지 변환 효율은 40%가 된다. 충돌 후 골프공의 온도는 약 1도 미만 상승하며 골프공의 운동 에너지 중 98%는 선형 운동으로, 약 2%는 회전 운동으로 변환된다.[35)]

끝으로 충돌 인자에 대해 오해하기 쉬운 점은

1. 충돌 인자가 크다고 해서 반드시 공 속도가 크지는 않다. 충돌 인자는 충돌 효율을 의미하므로 예를 들어 100mph 헤드 속도의 타구에서 충돌 인자가 1.40이였다면 공 속도는 140mph이지만, 헤드 속도를 90mph로 줄인 타구에서 충돌 인자가 1.44로 소위 정타율이 높더라도 공 속도는 130mph 밖에 안된다. 따라서 충돌 효율을 직접 비교할 때는 되도록 동일한 타구 조건에서 해야 한다. 특히 연습장용으로 흔히 쓰이는 저가의 1겹 또는 2겹(piece) 골프공은 고급 공(premium ball)과 달리 품질과 사용 상태가 모두 균일하지 않음으로 충돌 인자의 기준이 달라지고 산포도 클 수 있다. 즉 충돌 인자는 절댓값 그 자체보다는 주어진 타구 조건에서의 상대적인 지표로 활용해야 한다.

2. 사업용 런치 모니터(launch monitor)라도 자체 성능 상 논쟁의 여지가 있는 문제로 우선 속도 측정 오차가 있다. 예를 들어, 헤드 속도와 공 속도 측정 오차가 각각 ±1.5mph와 ±1.6mph

---

35) J. Wessen, The Science of Golf, Oxford University Press, 2009, p.52.

인 런치 모니터에서[36] 헤드 속도와 공 속도가 100mph와 142mph일 때의 충돌 인자는 1.42±0.038의 범위에 있다. 즉

$$1.382 < (충돌\ 인자) < 1.458$$

따라서, 충돌 인자의 소수점 이하 셋째 자리는 전혀 무의미하며, 소수점 이하 둘째 자리도 참고용 이상의 구체적인 의미가 없다. 헤드 속도가 100mph보다 작은 경우에는 충돌 인자 계산 오차가 더 커진다. 설사 측정 기술이 발달하여 런치 모니터의 헤드와 공 속도 측정 오차가 ±1mph로 작아지고, 품질이 비교적 균일한 고급 공, 그것도 모두 새 공으로 타구하더라도 충돌 인자는 1.42±0.024의 범위에 있게 되므로 결론은 전과 마찬가지이다.[37] 또 한가지는 빗맞은 타격에서 충격점에서의 헤드 속도를 측정하지 못하고 충격점 위치와 관계없이 헤드의 대표 속도만을 측정하여 충돌 인자를 계산하는 오류이다. 결과적으로 코(틱) 쪽으로 빗맞은 타격에서는 충돌 인자를 과대(과소)평가하는 오류를 범할 수 있다.[38] 또한 런치 모니터에 따라 타면 중앙 속도, 헤드 무게중심 속도, 헤드 코 쪽 최대 속도 등 다른 헤드 속도 측정 위치 기준에 따라 헤드의 대표 속도가 달라지므로 충돌 인자 계산치에 일관성이 떨어진다.[39]

---

36) 제1.4절 'PGA/LPGA 투어 선수 평균 데이터' 참조.
37) 골프 연습장용 공이 아니고, 품질이 균일한 고급 공으로 타구해도 속도 측정 오차가 ±0.2mph보다 작아야 계산된 충돌 인자의 소수점 이하 둘째자리가 유의미해진다.
38) 제5.8절 '장타 치기' 참조.
39) Jonathan Wall, "Why you shouldn't fixate on this buzzy golf metric during driver testing," Golf Gear, September 30, 2020.

따라서 이러한 오류를 감안하고, 실제 훈련에서 충돌 인자를 신중히 활용해야 한다. 헤드와 공 속도 측정 정밀도가 충분히 높은 런치 모니터와 고급 골프공을 이용한 드라이버 타구 훈련에서 일반 경기자는 1.42, 중상급자는 1.47, 투어 선수는 1.48 이상의 충돌 인자를 목표로 연습해야 한다는 제안도 있다.[40]

---

40) TrackMan Newsletter, #3, May 2008 참조.

스위트 스폿

　'스위트 스폿(sweet spot)'의 사전적 정의는 '골프 클럽 헤드, 테니스 라켓, 야구의 배트 따위에서 공이 가장 효과적으로 쳐지는 부분'이다. 잘 알고 있듯이 인장력(tension)을 받아 탄성이 좋은 비교적 긴 줄로 엮어진 테니스 라켓의 스위트 스폿은 헤드 중앙부에서 약간 손잡이 가까운 쪽에 있다. 테니스 라켓의 헤드 면적은 넓은 편으로 스위트 스폿은 표준형 라켓에서는 포도알 크기, 오버사이즈 라켓에서는 참외 크기로 알려졌으며 라켓 타면이 하늘을 향하도록 잡고 제기차기하듯이 테니스공을 상하로 튕길 때 손목에 무리 없이 가장 잘 퉁겨지는 부분이 스위트 스폿이다.

골프 클럽 제조사는 최근 점차 강화되는 USGA와 R&A의 클럽 헤드의 크기, 모양, 반발계수(COR), MOI, 홈(groove) 형상 등에 대한 규제에 맞추어 클럽 헤드를 제작하므로 제조사 간에 큰 성능 차이를 기대하기 어렵다. 대신, 정밀한 구질 제어성능을 추구하는 프로 선수나 상급자용을 제외하고는 빗맞은 타격에 대한 관용성(forgiveness) 향상을 위주로 제작하는 추세이다. 특히 헤드의 명세가 규제를 만족하면서도 스위트 스폿을 넓히는 기술을 최대한 적용한다. 그러나 문제는 과연 골프 클럽 헤드의 스위트 스폿을 오버사이즈 테니스 라켓처럼 넓게 할 수 있나? 타면 면적이 작은 골프 클럽 헤드에서도 스위트 스폿이 점인지 넓게 퍼진 면적인지에 대한 논란은 오랫동안 지속하여왔다. 제조사 입장에서는 당연히 스위트 스폿이 넓다는 장점을 강조하려고 하지만 아직 명확한 기준은 없다.

역학적 정의에 의한 '스위트 스폿'은 타면 상의 고(高) 반발중심, 즉 반발계수 값이 가장 큰 위치를 일컫는다. 스위트 스폿은 공이 클럽 타면에 정면으로 충돌할 때 최대 반발속도로 반대 방향으로 반발하는 타면 상의 한 점으로 주로 타면 중앙 부근에 있도록 설계한다. 가장 이상적인 스위트 스폿 위치는 그림 2.4.1처럼 무게중심에서 타면에 수선을 내렸을 때 타면과 만나는 점이다. 그래야 공이 이 점에 정면충돌할 때 충격력에 의해 헤드에 작용하는 토크가 0이 되어 충돌 후 헤드는 비틀리지 않고 똑바로 진행한다.[41] 이 점 이외의 타면에 공이 정면충돌하면 소위 '빗맞은 타격(off-centered hit)'이 되어 충돌 후 헤드가 비틀려서 공의 반발속도가 최대치에 미치지 못한다. 이론적으로는 골프공이 타면에 정면충돌 시 최대 반발속도를 낼 수 있는 지점은 한 점으로밖에 지정할 수 없음으로, 많은 골프 장비 설계 전문가들은

---

41) 최근의 엄밀한 충돌 관련 연구에 따르면 클럽 헤드뿐 아니라 샤프트의 일부 질량이 헤드의 유효 질량으로 작용한다. 따라서 타면 정면으로 공이 충돌할 때 헤드가 비틀리지 않는 위치는 헤드 무게중심보다 약간 샤프트 쪽으로 치우치게 된다. 제2.3절 '충돌 인자' 참조.

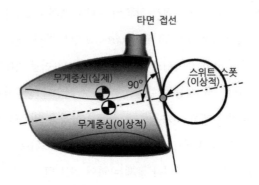

그림 2.4.1 이상적인 스위트 스폿 위치

스위트 스폿은 공이 타면에 정면충돌 후 가장 큰 반발속도를 내는 타면 상의 한 점으로 우드에서는 타면 중앙 근처에 있다. 헤드의 무게중심이 아이언 헤드처럼 스위트 스폿에서 타면 뒤쪽으로 내린 수직선에 있으면 공이 타면에 정면충돌 시 헤드가 뒤틀리지 않는 가장 이상적인 충격점이 된다. 실제 타구에서는 공이 타면에 정면충돌하지도 않고 대부분의 우드 헤드는 무게중심이 위쪽으로 치우쳐 있다.

(스위트 스폿) = (무게중심에서 타면에 수선을 내려 만나는 점)

으로 스위트 스폿이 넓을 수도 좁을 수도 없다는 견해가 지배적이다.[42] 이러한 역학적 정의는 아이언에도 그대로 적용할 수 있다. 실제 타구에서는 클럽 헤드의 로프트 때문에 헤드 타면과 공이 정면충돌하지 않음으로 자연 타면 경사를 따라 타면과 공 사이에 마찰력이 발생한다. 무게중심이 깊지 않은 아이언에서는 이 마찰력에 의한 헤드의 비틀림이 무시할 정도로 작지만, 무게중심이 깊은 우드 타구에서는 이 마찰력 때문에 충격 시 헤드가 뒤로 조금 젖혀지면서 골프공에도 작지만 기어 효과가 작용하여 역회전 속도도 그만큼 감소한다. 따라서 충격 시 헤드가 뒤틀리지 않는 충격점은 이상적인 스위트 스폿보다 약간 아래쪽에 있어야 하는데 이 또한 로프트와

---

42) 이종원, 골프역학 역학골프, 청문각, 2009, 제2.2.2절 '반발계수' 참조.

스윙 형태에 따라 변하므로 일률적으로 정하기 어렵다. 결론적으로 가장 간편하고 현실적인 스위트 스폿의 정의는

(스위트 스폿) = (정면충돌 가정하고 반발계수가 가장 큰 위치)

로 대체로 타면 중앙 약간 위쪽(무게중심이 있는 곳)에 위치한다.

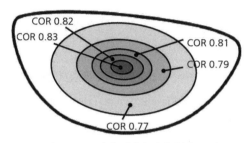

그림 2.4.2 고반발 지역과 반발계수(COR)

타면의 중앙 근처에 있는 스위트 스폿을 벗어나면 반발계수가 감소한다. 반발계수 감소가 크지 않은 지역을 고반발 지역이라고 하며 간혹 스위트 스폿과 혼동하여 부른다.

그림 2.4.2는 드라이버 타면의 스위트 스폿 주위에서의 반발계수 분포를 대략 도식적으로 보인 예이다. 스위트 스폿에서 0.5인치(1.27cm) 벗어나 빗맞은 타격 시, 반발계수가 중심의 0.83보다 5% 감소한 0.79라고 하면 순수 반발계수 5% 감소에 의한 공의 발사속도는 그 절반인 2.5% 정도 감소한다.[43]

---

43) 이종원, 골프역학 역학골프, 청문각, 2009, 제5.2.3절 '고 반발중심과 빗맞은 타격' 참조.

	0.78	0.78	0.80	0.80	0.80	0.78	0.76		10
0.78	0.79	0.81	0.82	0.83	0.82	0.80	0.78	0.76	5
0.77	0.80	0.82	0.83	0.83	0.82	0.81	0.78	0.76	0
0.78	0.80	0.81	0.81	0.82	0.81	0.80	0.77	0.75	- 5
	0.77	0.78	0.79	0.78	0.76	0.76	0.75		-10
-20	-15	-10	-5	0	5	10	15	20	mm

그림 2.4.3 COR(110mph) 분포 지도 예

스위트 스폿이 타면 정중앙에서 약간 코(toe) 쪽(왼쪽)으로 치우쳐 있고 반발계수 분포
가 상하좌우로 대칭이 아니다. 특히 턱(heel) 쪽(오른쪽)과 중앙 아래쪽으로 빗맞으면
반발계수 손실이 가장 크다.

그림 2.4.3은 상용 드라이버 헤드 타면을 스위트 스폿을 중심으로 작은
구역으로 나눈 후 USGA와 R&A의 COR 시험법에 따라서 구한 각 구역
에서의 COR(110mph) 분포를 비교적 상세히 보인 한 예이다.[44] 자세히 보
면 반발계수 분포가 타면 중앙을 중심으로 상하좌우로 정확한 대칭이 아
님을 알 수 있는데 그 이유는 헤드의 구조와 타면의 형상이 상하좌우 대칭
이 아닐 뿐 아니라 가변 타면 두께 설계로[45] 타면의 두께가 균일하지 않고
또 무엇보다도 보통 헤드의 무게중심에서 타면에 내린 수선의 발이 타면 중
앙에서 약간 위쪽으로 벗어나 있기 때문이다. 즉 엄밀히 말하자면, 실제 대
부분 헤드의 무게중심이 이상적인 무게중심보다 약간 위쪽에 있기 때문에
자연 스위트 스폿이 타면 정중앙보다 약간 위에 있는 경우가 많다. 이 반발
계수 분포는 헤드 속도 110mph기준으로 구한 것으로 헤드 속도 감소 매
10mph 당 반발계수는 약 0.01씩 증가한다.[46] 예를 들어

---

44)   J. Lambeth, J. Brunski and D. Brekke, "Development of a new performance
      metric for golf clubs using COR maps and impact probability data,"
      Proceedings ISEA, 2018, 2, p.240.
45)   제3.4절 '고반발 지역이 넓은 클럽' 참조.
46)   제2.2절 '반발계수와 스프링 효과' 참조.

$$COR(100mph) = COR(110mph) + 0.01$$

의 관계가 있다.

현실적으로 스위트 스폿은 앞의 엄밀한 역학적 정의나 최고 반발계수 기준에 따른 충격점에 대한 정의로부터 확장 변형된 의미로 사용된다. 즉, 클럽 제조사 사이에 기능적, 상업적으로 통용되는 스위트 스폿은 최대 반발점이 아니고 어느 정도 빗맞은 타격이라도 사거리[47] 등 탄도 특성에 큰 손실 없이 관용할 수 있는 지역을 지칭한다. 제조사에 따라서는 엄밀한 의미의 스위트 스폿과 구별하기 위해서 일정 반발계수 이상의 지역 즉 고반발 지역을 스위트 존(sweet zone) 또는 스위트 에어리어(sweet area)라고 부르기도 한다. 그런데 고반발 지역은 반발계수가 비교적 높은 스위트 스폿 주변을 의미하지만, 문제는 제조사마다 임의로 반발계수 한계치를 설정하는 데 있다.[48] 한계치를 작게 하면 자연 고반발 지역의 면적이 넓어지므로 클럽을 구매할 때 고반발 지역의 면적 크기와 아울러 설정한 반발계수 한계치에 대한 정보도 살펴야 한다.

반발계수와는 직접 관계가 적지만 클럽 타면 자체의 헤드 속도 분포도 공 발사속도에 직접 영향을 준다. 예를 들어 드라이버 헤드 속도 100mph는 헤드의 타면 정중앙 속도를 의미할 뿐 타면의 충격점 위치에 따라 약 4%까지 속도 차이가 난다. 그 이유는 내리스윙 약 0.25~0.35초 중 클럽 샤프트가 수평 조금 위를 가리킬 때쯤에는 대략 타면은 표적 방향과 90도인 정면을 향하되 홈 선(groove/scoring lines)은 하늘을 가리킨다. 이로부터 약 0.05초 후 충격 시 표적에 정렬할 때는 타면이 표적 방향을 향하되 홈 선은 거의

---

47) 여기서는 (사거리, distance) = (비거리, carry) + (달린거리, run)로 정의한다.
48) 이종원, 골프역학 역학골프, 청문각, 2009, 제2.2.2절 '반발계수' 참조.

수평이 된다. 따라서 이 짧은 0.05초 동안에 헤드의 상하좌우 두 축을 중심으로 타면이 각각 90도 회전하여 전체적으로는 홈 선에 대해 대략 45도 방향의 회전축에 대해 약 670rpm의 회전 속도로 회전하는 셈이 되므로 그림 2.4.4처럼 타면의 충격점의 위치에 따라

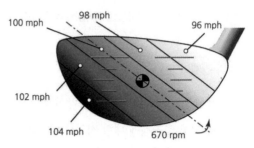

그림 2.4.4 충격점 위치와 헤드 속도

헤드 타면 중앙(스위트 스폿 근처) 속도가 100mph일 때 타면 각 부위의 실제 속도 분포로 홈 선 기준 대략 45° 대각선 방향의 속도가 같다. 그 이유는 내리스윙 중 헤드 타면이 표적선과 정렬하기 위해 회전하기 때문이다.

실제 헤드 속도가 달라진다.[49] 물론 스위트 스폿에서 멀어지면 반발계수는 작아지더라도 헤드 속도 이득이 있는 부분은 공 속도 손실이 별로 없겠지만 헤드 속도와 반발계수 손실이 다 있는 샤프트에 가까운 쪽은 공 속도가 현저하게 떨어진다. 따라서 실전에서는 되도록 샤프트 가까운 쪽으로의 타격은 피하는 게 좋다. 특히 목(hosel)이 있는 우드나 아이언에서는 구조상 목 근처의 헤드 타면 두께가 두꺼워 탄성이 좋지 않아서 반발계수가 급격히 작아지므로 공 발사속도 손실이 더욱 크다. 야구 배트나 테니스 라켓도 마찬가지로 헤드의 손잡이에서 먼 끝 쪽에 맞으면 스위트 스폿에 맞는 정타와 비교해서 반발계수는 작아져도 충격점의 속도가 스위트 스폿보다 빠르므로 공 속도가 크게 느려지지 않는 반면 가까운 끝 쪽에 맞으면 충격점 속도도 반발계수도 모두 떨어져 공 속도가 느려진다.

헤드 속도 100mph에서 헤드 회전 속도 670rpm을 수평과 수직축 회

---

49) P. Dewhurst, The Science of the Perfect Swing, Oxford University Press, 2015, p.182. 헤드 속도 104mph에서의 스윙 로봇 드라이버 타구 시험서 측정한 충격 직전 헤드의 회전 속도 700rpm을 헤드 속도 100mph에 비례하여 축소 조정하였다.

전 속도로 분해하면 각각 474rpm이 된다. 이 중에서 수평축 회전 속도 474rpm은 충격 순간 지상 90cm 위쪽, 즉 타구자세에서 팔꿈치 바로 아래를 순간 회전 중심(힌지)으로 하는 스윙 원호를 그릴 때의 헤드 회전 속도에 해당한다. 수직축 회전 속도 474rpm에 대한 정확한 계산 근거는 아직 없다. 대략 내리스윙에서 충격 직전 0.035초에 헤드가 표적선에 정렬하기 위해 수직축에 대해 90도 회전하면 428rpm이 된다는 단순 추측만 있다.[50] 수평축 회전 속도는 헤드 속도에 단순 비례하므로 이 책에서 LPGA 투어 선수의 드라이버 타구에서는 헤드 속도가 94mph이므로 이에 비례해서 헤드 회전 속도 630rpm을 적용했다.

---

50) P. Dewhurst, The Science of the Perfect Swing, Oxford University Press, 2015, p.56.

2.5 골프공과 역회전

　골프공의 내부 구조는 겹(piece) 수와 제조사의 설계에 따라 조금씩 달라지지만, 연습장이나 특이 장소에서 간혹 쓰이는 1겹 골프공은 예외로 하고, 가장 기본적인 2겹 골프공은 핵(core)과 표피(cover)만으로 이루어진다. 3겹 골프공은 핵과 표피 사이에 일종의 완충 또는 기능보완 기능을 하는 중간층(layer)이 있고, 4겹 이상 골프공은 그림 2.5.1에 보였듯이 이에 내층이나 외핵이 추가되는 다중 층 또는 다중 핵 구조로 되어있다. 골프공 핵 소재로는 유체, 합성 고무, 수지 등이, 표피 소재로는 아이오노머/설린, 우레탄, 탄성중합체(elastomer) 등이 사용된다. 중간층도 합성 고무나 수지, 아이오노머 등 다양한 소재로 만들어진다.

4겹(4-piece) 골프공의 전형적인 내부 구조로 다중 핵을 갖는 골프공은 표피(cover), 중간층(layer), 외핵(outer-core), 내핵(inner-core), 다중 층을 갖는 골프공은 표피, 외층, 내층, 핵으로 구성된다. 얇은 표피에는 딤플이 새겨져 있고 가장 간단한 2겹 골프공은 표피와 핵으로만 구성된다.

그림 2.5.1 골프공의 구조

　얇은 두께의 표피에는 보통 250~500개의 딤플(dimple)이 있는데, 딤플의 개수, 크기, 깊이, 형상 및 배열에 따라 공기 저항과 관련한 항력 계수(drag coefficient), 회전에 의한 마그누스 효과[51] 관련한 양력 계수(lift coefficient), 그리고 회전 속도 감쇠 관련한 토크 계수(torque coefficient) 특성이 달라져 주로 골프공의 공기역학, 즉 비행 중 탄도 특성에 직접 영향을

---

51)　제2.8절 '각 효과 - 회전 속도와 발사각' 참조.

미친다. 충격 현상과 직접 관련성이 있는 골프공의 기계적 물성값은 골프공의 질량, 크기 및 관성 모멘트(MOI, moment of inertia), 반발계수, 경도, 압축 및 전단 강성 등이 있다.

공인 골프공의 질량, 크기는 규제 때문에 각각 45.9g, 42.7mm에서 크게 벗어나지 않지만, MOI에 대한 규제는 없다. 소재 선택의 제약으로 밀도가 균일한 경우를 기준으로 골프공의 MOI는 ±10% 범위가 보통이고, ±20% 범위를 벗어나기는 어렵다. 공인 골프공의 표준 비중은 물보다 조금 무거운 1.123으로 물컵에 담그면 컵 바닥에 가라앉는다. 골프공이 가라앉은 물컵에 소금을 조금씩 주입하여 비중을 크게 하면 결국 골프공이 물에 뜨는 장면을 목격할 수 있다.[52] 예로, 탄성이 매우 좋아 고급 골프공 핵 소재로 주로 쓰이는 부타디엔(polybutadiene)은 비중이 0.90~0.92, 조금 무겁지만 부드럽고 질겨서 얇은 표피 소재로 주로 쓰이는 우레탄(polyurethane)은 0.96~1.26으로 골프공의 표준 비중을 맞추고 기계적 물성값을 좋게 하기 위해 첨가제(additives)나 충전제(filler)를 적당히 배합한다. 특히 다중 핵이나 다중 층이 있는 골프공에서는 첨가제나 충전제를 배합하는 방식에 따라 임의로 골프공의 MOI를 조정할 수 있고 경도도 깊이에 따라 달리 분포하는 소위 양 또는 음의 경도/강도 기울기(positive/negative hardness gradient, gradational compression)를 구현하여 골프공의 압축 강도(compression)나 반발계수 등의 물성값을 조정한다.[53]

충격 시 회전 성능에 가장 큰 영향을 미치는 골프공의 물성값은 MOI와 접선 방향 전단 강성이다. 고급 골프공의 핵 소재로 쓰이는 부타디엔은 '기

---

52) 실제로 이 방법을 응용하여 골프공의 품질 불량인 편심 정도를 쉽게 알아낼 수 있다. 이종원의 골프역학 2: 생각하는 퍼팅, 좋은땅, 2017의 제3.19절 골프공의 편심, 참조.
53) J. J. Harrison, Golf Ball Cover Story: What Every Golfer Should Know, Waterside Press, 2018. Chapter 12 참조.

억하는 고무(rubber with memory)' 또는 '탄력 고무(springy rubber)'로 불리는데 그만큼 압축 변형 탄성인 반발계수뿐 아니라 전단 변형 탄성도 좋다. 여기서 '탄성이 좋다'는 의미는 탄성 변형 후 복원력이 뛰어나 변형 에너지 손실이 매우 적다는 뜻이다.

골프에서 언급되는 MOI는 골프공의 무게중심을 지나는 축에 대한 MOI 외에 클럽 헤드만의 무게중심을 지나는 수직과 수평축 및 샤프트 축에 대한 MOI, 샤프트와 손잡이가 조립된 전체 클럽의 손잡이 기준 MOI 등으로 모두 기준 축에 대한 회전 속도 변화에 저항하는 물체의 성질, 즉 회전 관성을 의미한다. 질량이 선 속도 변화에 저항하는 물체의 성질인 관성을 뜻하는 것과 같은 이치이다. 골프공의 내부보다 외부 소재의 밀도를 크게 하면 MOI가 커지고 반대로 하면 작아진다. 한편, 골프공 발사 순간의 회전 속도는 클럽 타면(face)으로부터 골프공에 작용하는 평균 마찰력에[54] 근사 비례하고 공의 회전 저항인 MOI에 반비례한다. 그러나 발사 후 비행 중에는 물체 사이의 접촉 마찰력 대신 골프공에 공기로부터의 회전 저항인 토크를 받게 되는데 이때 회전 속도 감쇠율은 회전 속도 변화에 대한 저항을 의미하는 공의 MOI에 반비례하게 된다. 요약하면 충격 직후 골프공의 역회전 속도와 비행 중 역회전 속도 감소율은 모두 MOI에 반비례한다. 예를 들어 드라이버 타구에서, 밀도가 균일한 표준 골프공의 역회전 속도가 2,500rpm이라면 MOI가 10% 큰 골프공의 역회전 속도는 10% 작은 2,250rpm이 되고, 6.5초 후 착지 시 표준 골프공의 역회전 속도는 1,930rpm으로 초기 역회전 속도의 77%로 줄어드는데, MOI가 10% 큰 골프공의 역회전 속도는 1,780rpm으로 초기 역회전 속도의 79%가 된다. 그린 공략을 위한 웨지 타구에서 표준 MOI의 골프공 발사 때 역회전

54) 평균 마찰력보다는 (평균 마찰력)×(충격 구간)인 마찰 충격량(frictional impulse)에 거의 비례한다. 부록 C. '골프공의 회전 원리' 참조.

속도가 9,000rpm이라면 MOI가 10% 큰 골프공 발사 시 역회전 속도는 8,100rpm이 되고 6초 후 그린 착지 시 역회전 속도는 각각 7,080rpm과 6,530rpm으로 역시 발사 시 역회전 속도 대비 79%와 81%를 유지하며 그린에 착지한다.[55] MOI가 작은 골프공은 드라이버 타구에서는 역회전이 커서 비거리(carry)와 달린거리(run)가 줄어드는 대신 그린 공략 시는 오히려 착지 시 역회전이 커서 공을 바로 세우기 쉽다. 다만, 퍼팅에서 공의 구름 안정성이 그만큼 나빠지는 단점이 있다. MOI가 큰 골프공은 이와 반대의 성질을 갖는다.

한편, 골프공의 회전 속도는 USGA와 R&A의 규제 대상이 아니지만, 회전 속도에 영향을 주는 클럽 타면의 홈 개수, 크기 및 모양에 대한 제한 규정은 매우 엄격하고 구체적이다. 반면, 이러한 홈에 대한 규제의 실효성은 상당히 제한적이다. 특히 마른 타면으로 충격 시의 역회전 속도는 홈의 여부와 거의 관계가 없고 물에 젖거나 풀이 끼어 타면이 미끄러울 때만 어느 정도 효과가 있다고 알려졌다.[56]

충격 시 골프공과 클럽 타면은 0.45~0.65ms의 순간 접촉 후 분리한다. 2010년 이전에는 이때 골프공이 타면에 상대적으로 초기 미끄럼 운동 후 순수 구름 운동으로 바뀌면서 탈출한다는 가정하에 공 발사속도, 발사각, 역회전 속도 등을 추론하는 직관적 이론이 우세했다.[57] 그러나 최근 초고속 정밀 공 운동 측정 기술의 발달로, 기존의 직관적 이론으로는 설명할 수 없는, 충돌 중 탄성 변형을 포함한 공의 미세한 거동도 정확히 이해할 수

55) 비행 중 골프공의 회전 속도 감소에 대한 실험 모형은 다양하며 복잡하다. 그중 가장 간단한 경험식은 지수 감쇠(exponential decay) 모형으로 초당 3.3~4%의 감쇠 상수(이 값의 역수를 시상수(time constant)라고 한다)를 적용한다. https://www.tutelman.com/golf/ballflight/spinDecay.php과 TrackMan Newsletter, #7, October 2010 참조.
56) 제2.10절 '홈과 역회전' 참조.
57) T. P. Jorgensen, The Physics of Golf, 2nd ed., Springer-Verlag, 1999

있게 되었다. 특히, 로프트각이 작은 우드 타구에서 골프공의 역회전을 과대 추정하는 대신 로프트각이 큰 아이언 타구에서 골프공의 역회전을 과소 추정했던 이전의 직관적 이론의 문제점을 해결한 이론이 등장하게 되었다. 이 새 이론에 따르면 골프공은 로프트각이 클 때 경사 방향으로 초기 미끄럼 운동 후 타면을 향해 찌그러지면서 바로 물림(grip) 상태를[58] 유지하고, 타면 접선 방향으로 전단 변형 후 반발하고 뒤이어 발사된다. 한편, 로프트 각이 작을 때 골프공은 초기 미끄럼 운동 없이 바로 물림 상태에 들어간다.

회전 로프트만큼 타면이 경사진 클럽 헤드가 속도를 가지고, 정지한 골프공을 타격할 때부터 공과 헤드가 분리할 때까지의 짧은 접촉 순간에 어떤 현상이 생기는가? 우선 헤드 타면 경사 수직 방향으로는 충격 전반에 급격히 증가하다가 후반에 급격히 감소하는 전형적인 반정현파(half-sine wave) 충격력이 작용한다. 로프트나 헤드 속도가 매우 작은 경우를 제외하고는 충격 초기에는 타면 접선 방향 속도 성분 때문에 골프공이 경사면을 따라 잠시 미끄럼 운동을 동반한 역회전 운동을 천천히 시작한다. 이때 점차 커지는 타면 수직 방향 충격력에 비례해서 미끄럼 운동 반대 방향 마찰력이 커지면서 어느 정도 역회전 속도가 생기지만, 기본적으로 미끄럼 운동을 동반하므로 역회전 속도는 그리 크지 않다. 타면 수직 방향 충격력이 커지면서 골프공이 더욱 찌그러지고 공과 타면의 접촉 면적이 증가하면서, 접촉면이 미끄러지는 대신 접촉면의 앞쪽 한 특정점인 물림점을 중심으로 타면에 부착(stick)하게 된다. 이때, 그림 2.5.2에 보였듯이, 미끄럼이 없는 물림 상태에서 충격력보다 마찰력이 더 빨리 작아지면서, 즉 마찰력이 최

---

58) 'grip'은 손으로 단단히 '잡는다'란 뜻을 가진 클럽의 손잡이와 같은 영어 용어로 여기서는 '물린다'라는 의미로 의역했다. 재료 시험편의 끝부분으로 시험기의 물림 장치에 물리는 부분인 영어 용어 'grip'을 우리말 용어로 '물림부'라고 부르는 데서 착안했다. 한편 클럽 타면 입장에서는 충격 시 공을 'grab' 한다고도 하는데 '꽉 잡다'는 의미이다. 충돌 역학 분야에서는 '부착(stick)'이라고 표현한다.

대 정지 마찰력보다 작아져 물림점이 계속 부착 상태를 유지한다. 한편, 골프공의 윗부분은 계속 전진하려는 관성력으로 경사면을 따라 진행 방향으로 쏠리면서 타면 수직 방향뿐 아니라 접선 방향 변형(이때의 변형 각 변화를 전단 변형이라고 한다)이 급격히 생기게 된다. 이 때문에 진행 방향 마찰력의 크기는 더욱더 작아지고 접선 방향 전단 변형이 커지면 그 반대 방향으로 탄성 복원하려는 힘, 즉 역회전 운동을 감속시키려는 진행 반대 방향의 마찰력으로 바뀐다. 따라서 골프공의 역회전 속도는 마찰력의 방향이 바뀌는 순간 최대치가 되었다가 마찰력의 방향이 바뀌면서 역회전 속도가 줄어드는 도중 타면 수직 방향 찌그러짐이 원상 복원되는 시점에서 타면으로부터 분리 발사된다.[59]

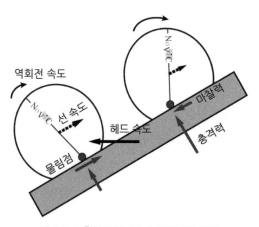

그림 2.5.2 충격 구간에서의 공의 물림 현상

클럽 타면 수직 방향으로 압축 변형을 시작하면서 접선 방향 속도 때문에 그 방향으로 미끄러지다가 진행 방향 앞쪽 한 점(● 표시)이 타면에 물리면서 무게중심이 앞으로 쏠리며 회전 운동을 한다. 물림이 시작된 후 충격력은 계속 증가하는데 부착된 물림점 근처 접촉면에 작용하는 마찰력은 감소하기 시작한다. 접선 방향 탄성 복원력이 커지면서 마찰력 방향도 바뀌게 된다.

59) R. Cross and P. Dewhurst, "Launch speed, angle and spin in golf," European J. Physics, 39(6), 2018.

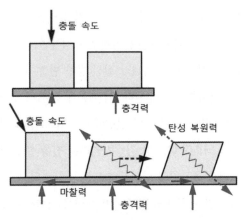

그림 2.5.3 정육면체 탄성체의 충돌 현상

탄성이 좋은 고무로 만든 정육면체 물체가 수평 방향 속도도 갖고 지면에 충돌하면 초기에는 마찰력을 이기고 미끄러지면서 압축 변형과 함께 전단 변형도 동반한다. 이때 마찰력이 감소하면서 접촉 면적이 커진 밑바닥이 지면에 물리는 현상이 발생한다. 압축 변형과 전단 변형이 최대가 될 때까지 두 방향 모두 탄성 복원력도 커지면서 마찰력의 방향이 바뀐다. 전단 변형 시간 변화율이 회전 속도가 된다.

이 복잡한 물리 현상을 단순화해서 설명하기 위해 그림 2.5.3처럼, 골프공을 구(球)가 아닌 가로와 세로의 높이가 같은 탄성이 좋은 고무로 만든 정육면체라고 가정해보자. 이 정육면체를 타면에 수직으로 정면충돌시키면 당연히 마찰력은 없고 충격력만 있음으로 충돌 전반에는 타면 수직 방향은 압축 변형, 타면 접선 방향으로 인장 변형이 생겨 정육면체가 직육면체에 가까운 형상으로 변한다.[60] 충돌 후반에는 이와 반대로 탄성 복원하면서 정육면체가 되어 튀어 오른다.

이제 수평 타면에 대해 로프트각에 해당하는 경사 방향의 속도를 갖고 정육면체를 충돌시키면 충돌 전반에는 초기 접선 방향 속도 성분 때문에

---

60) 엄밀히는 옆으로 배가 나온 항아리 단면 형상이지만 이상화해서 옆으로 튀어나오는 변형을 무시했다.

타면 접선 방향으로 미끄러지기 시작하면서 타면 수직 방향으로도 압축 변형이 커진다. 이때 충돌 전반, 타면 수직 방향으로 점차 커지는 충격력에 비례해서 마찰력이 같이 커지는 도중에 계속 타면 접선 방향으로 진행하려는 윗부분은 관성력 때문에 진행 방향으로 쏠리면서 사각형 단면이 평행 사변형과 가까운 형태로 바뀐다. 이 과정을 전단 변형(shear deformation)이라고 하며 당연히 무게중심이 병진 운동과 함께 회전 운동을 시작하면서 충격력은 계속 커지는데 마찰력의 크기는 최대 정지 마찰력보다 작아지게 되어 접촉면도 미끄럼을 멈추고 타면에 부착되는 물림 현상이 발생한다. 물림 현상은 전단 변형을 더욱 촉진시켜 회전 속도도 급격히 증가하면서 마찰력의 크기도 계속 작아진다. 충돌 후반, 전단 변형이 지나치게 커지면 다시 정사각형 모양으로 돌아가려는 자체 탄성 복원력이 커지면서 회전 운동은 감속되어 회전 속도가 줄어들고 따라서 마찰력도 방향이 바뀌면서 다시 커지게 된다. 이때쯤 타면 수직 방향의 탄성 복원도 끝나게 되면서 분리가 이루어지고 이때 탄성체의 최종 회전 속도가 결정된다.

달리던 자동차가 급브레이크를 밟으면 안전띠를 매지 않은 승객은 관성력으로 앞으로 튕겨 나간다. 만약 안전띠를 맨 승객이라면 안전띠의 탄성 때문에 하체 및 상체 모두 앞으로 미끄러지다가 하체는 의자에 물린 상태에서 정지하고 상체만 더 앞으로 쏠리므로 상체는 하체를 고정 힌지로 삼고 앞쪽으로 기울어지다가 상체 안전띠의 탄성 복원력으로 다시 제자리로 돌아오는 상황을 연상하면 이해가 쉽다. 이때 앞뒤로 상체가 기울어지는 속도가 회전 속도에 해당한다. 더 전문적인 설명은 부록 C '골프공의 회전 원리'에 추가했다.

골프공 물림 상태를 개선하여 역회전 속도를 증가시키려면 타면과 직접 밀착하며 쉽게 변형하는 부드러운 소재를 골프공의 표피에 적용하고 이 기능을 효과적으로 뒷받침할 탄성이 좋고 압축 강성이 큰 소재로 핵을 설계하는 것이다. 예를 들어 내구성은 좋으나 비교적 딱딱한 아이오노머(ionomer)나 설린(Surlyn) 표피의 골프공은 충돌 중 접촉면이 고루 타면에 밀착하지 않게 되어, 즉 물림이 완전하지 않거나 제때 이루어지지 않아 역회전 속도가 의외로 작아진다. 내구성은 떨어지나 부드러운 발라타(Balata) 고무나 부드럽고 질긴 우레탄(polyurethane)을 표피 소재로 채택한 고급 골프공의 경우는 탄성이 좋은 부타디엔(polybutadiene) 등 합성 고무 소재의 핵이 표피를 잘 눌러주어 표피가 클럽 타면과 적시에 잘 물리도록 한다. 상식과 달리 로프트각이 지나치게 크지만 않으면, 즉 충격력이 지나치게 작지 않으면, 로프트각이 클수록 충격 초기 골프공의 미끄럼이 크면서도 충격 구간에서 전체적으로 큰 마찰력을 유지하기 때문에 충격 후반 물림 특성이 좋다. 로프트각이 작은 클럽은 초기 타면 접선 방향 속도 성분이 의외로 작아서 초기 역회전 동반 미끄럼 구간이 없거나 짧아져 물림 현상이 일찍 발생하게 되어 역회전 속도에 좋지 않은 영향을 주는 반면 로프트각이 큰 아이언은 초기 타면 접선 방향 속도 성분이 커서 초기 역회전 동반 미끄럼 구간이 늦추어져서, 즉 물림 시점이 늦추어져서 역회전 속도 이득을 크게 할 수 있다. 물론 로프트각이 70도 이상 커지면 전체 충격 구간에서 마찰력 크기도 작고 물림 현상이 발생하기 전에 발사되므로 역회전 속도 손실이 오히려 커진다. 예를 들어 드라이버 타구에서 흔히 일어나는 현상으로 PGA와 LPGA 투어 선수의 평균 드라이버 타구에서는 보통 순수 구름 운동 탈출 가정에서 추정한 역회전 속도보다 각각 28%와 5% 작게 측정된다. 반면, 아이언 타구에서는 오히려 최소 12%에서 최대 19%까지 큰 역회전 속도가 측정된다.[61] 단, 아이언 타구라도 로프트각이 33도(6I와 7I 중

61) P. Dewhurst, The Science of the Perfect Swing, Oxford University Press, 2015, p.114-115.

간에 해당) 이상에서 물기나 풀이 끼어 타면이 미끄럽거나, 마른 타면이라도 로프트각이 지나치게 커져 70도보다 크면 골프공이 타면을 따라 계속 미끄러지면서 역회전 속도가 현저히 감소한다.[62] 로프트가 지나치게 큰 웨지가 시판되지 않는 이유이기도 하다.

---

62) 제2.10절 '홈과 역회전' 참조.

헤드 무게중심과 타구 성능

2009년부터 조정 가능한(adjustable) 맞춤형(custom-fit) 클럽이 봇물 터지듯이 유행하고 있다. 아직은 드라이버와 퍼터가 주를 이루고 일부 웨지

에 한정되지만, 앞으로는 모든 클럽에 광범위하게 적용되리라 예상한다. 특히 드라이버에서 조정 가능한 인자 중 로프트각, 라이각, 편 페이스각 (bias face angle) 따위의 기하학적 치수 변경을 이해하기는 그다지 어렵지 않지만, 무게추나 나사를 이용한 무게중심과 MOI 조정은 뜻밖에 난해해서 일반인들이 섣불리 시도하기가 난처하다. 드라이버에서 무게중심을 변경하면

- 스위트 스폿의 위치가 바뀐다. 즉 최대 반발계수를 내는 최적 충격점이 바뀐다.

- 원심력과 샤프트 채찍질 효과에 의한 샤프트의 휨이 변해서 충격 시 헤드의 회전 로프트, 페이스각과 유효 라이각을 바꾼다. 무게중심에서 샤프트 축선까지의 최단 거리인 중심거리가[63] 멀어지면 원심력에 의한 샤프트 휨이 커지고 회전 로프트가 커져서 역회전 속도와 발사각이 증가하고 타면이 약간 닫힌다. 무게중심 위치와 중심거리의 관계는 그림 2.6.1과 같다.

- 빗맞은 타격에 대한 관용성을 나타내는, 클럽헤드의 무게중심을 지나는 수직축과 수평축에 대한 MOI도 따라서 바뀐다. 상하보다는 전후 방향 무게중심 변화에 예민하게 변한다. 두 개 이상의 무게추를 무게중심에 대해 대칭적으로 멀리 배치하면 무게중심을 크게 바꾸지 않으면서 수직축에 대한 MOI, 즉 옆으로 빗맞은 타격에 대한 관용성을 크게 할 수 있다.

---

63) 샤프트 축의 연장선과 클럽 헤드 무게중심 사이의 거리를 말한다. 무게중심 거리라고도 부르며 보통 40mm 안팎이다.

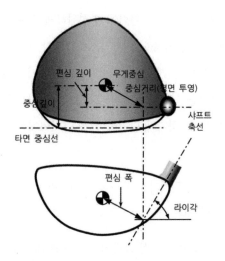

그림 2.6.1 무게중심 위치와 중심거리

무게중심에서 샤프트 축선에 수선을 내려 만나는 점까지의 거리를 중심 거리라고 한다. 클럽 헤드의 무게중심에 대한 MOI가 같더라도 중심거리에 따라 샤프트 축선에 대한 헤드의 MOI가 달라진다. 중심거리가 작으면(크면) 샤프트 축선에 대한 헤드의 MOI가 작아져(커져) 휘어드는 (휘어나가는) 구질이 되기 쉽다.

(위 그림) 중심거리는 무게중심이 깊어지면 길어지고 무게중심이 샤프트 쪽으로 이동하면 짧아진다.

(아래 그림) 중심거리는 무게중심이 낮아지면(높아지면) 짧아진다(길어진다).

● 구질을 결정하는 중심각(angle of gravity)과[64] 샤프트 축에 대한 클럽헤드의 MOI가 바뀐다. 그림 2.6.2에 보였듯이 무게중심이 뒤로 이동하면, 즉 깊어지면 중심각이 증가하여 휘어드는 구질(draw)이 되기 쉽다. 무게중심이 관 쪽(crown)이나 코(toe) 쪽으로 이동하면 중심거리가[65] 증가하여 샤프트 축에 대

---

64) 무게 중심각으로 때로는 중력각이라고도 부른다.
65) 무게중심 거리가 멀면 샤프트 축에 대한 MOI가 커지므로 충격 직전 헤드 회전이 제대로 이루어지지 않아 휘어나가는 구질이 되기 쉽다.

한 클럽헤드의 MOI가 증가하여 충격 시 타면(face)이 쉽게 닫힐 수 없어서 휘어나가는 구질(fade)이 되기 쉽다.

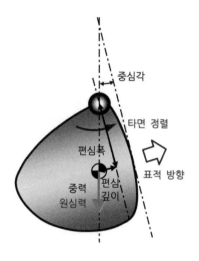

그림 2.6.2 중심각과 구질 관계

(검은색 표시 부분) 중심각은 클럽의 샤프트를 수평으로 탁자에 올려놓았을 때 헤드의 무게중심이 중력에 의해 자연 샤프트 축 연직 방향 아래에 놓이게 된다. 이때 연직선과 타면 중심에서의 접선이 이루는 각을 중심각이라고 한다.

(파란색 표시 부분) 한편, 원호를 그리는 내리스윙 후반과 충격 직전 헤드에 작용하는 큰 원심력으로 헤드는 표적 방향 기준으로 닫히려는 성질도 커진다. 물론 타면이 중심각만큼 닫히기 전에 충격이 끝나지만, 중심각이 크면 클수록 즉 헤드 무게중심이 깊을수록 휘어드는 구질(draw)이 되기 쉽다.

● 무게중심이 아래쪽으로 이동하면 위로 빗맞을 때 기어 효과가 커져서 역회전 속도가 줄어든다.

● 충격 시, 원심력에 의한 고개숙임 현상으로 커지는 헤드의 유효 라이각은 편심 폭에 직접 비례하고, 원심력과 샤프트 채찍

질 효과에 의한 샤프트 전진 휨 현상으로 커지는 회전 로프트
는 편심 깊이에 직접 비례한다.

드라이버의 무게중심은 헤드에서 상하 좌우 전후로 바뀔 수 있는데 이에
따른 효과를 정리하면 표 2.6.1과 같다.[66]

표 2.6.1 드라이버 무게중심 이동의 효과

무게중심 이동	전 Face	후 Back	상 Crown	하 Sole	좌 Toe	우 Heel	효과
회전 로프트	감소	증가	-	-	-	-	발사각
역회전	감소	증가	증가	감소	-	-	탄도
구질	페이드	드로우	페이드	드로우	페이드	드로우	방향성
수직축 MOI	감소	증가	-	-	-	-	관용성
중립축 근접성	좋음	나쁨	나쁨	좋음	-	-	COR
고반발 지역	좁아짐	넓어짐	-	-	-	-	깊이 제곱 비례

한마디로 클럽 설계에서 가장 어렵고 복잡한 설계변수는 클럽헤드의 무
게중심 위치라고 할 수 있으며 구질이나 타구 성능에 미치는 영향이 복합
적이어서 모든 요구사항을 만족하기는 매우 어렵다. 아마추어 경기자용 드
라이버는 대체로 낮고 깊은 무게중심을 지향하는데 그 이유는 휘어나가는
구질과 낮은 탄도로 고생하는 아마추어 경기자의 고민을 해결하기 위한 것
이다. 그러나 타면을 지지하는 주변 구조가 두껍고 무거울 뿐 아니라 타면
가까이 무거운 목(hosel)이 있는 드라이버 헤드의 구조상 타면으로부터 멀
리 무게중심을 뒤로 이동시키는 게 어렵고 또 요즘에는 역회전을 줄여서
드라이버 거리를 늘리려는 노력으로 무게중심을 낮게 하는 대신 앞쪽으로
전진시키는 추세이다. 이러한 설계가 유리한 점은 무게중심을 중립축에 가

---

66) 이종원, 골프역학 역학골프, 청문각, 2009, p.105-107 및 p.268-271 참조. 표 2.6.1
에 보인 일부 결과는 Tony Covey, The most popular drivers of 2015 secret CG
locations 및 How this tiny thing can make a huge difference in your next
driver, GolfGeeks, 2015. 5. 의 내용과 일치한다.

깝게 하기 쉬워서 그만큼 충돌 효율을 개선할 수 있기 때문이다.

중립축(neutral axis)은 타면 중앙에서 타면에 수직으로 내린 선으로 충돌 효율을 극대화하려면 헤드의 무게중심이 중립축에 있어야 한다. 그러나, 그림 2.6.3에 보였듯이, 최근까지 출시되는 대부분 드라이버는 무게중심 조정 가능한 드라이버를 포함해도 아직은 헤드의 구조상 무게중심이 중립축 선상이나 아래쪽에 있지 못하고 위쪽에 깊이 14mm 높이 12mm인 직사각형 내에 몰려 있다.[67] 이 직사각형은 대략 타면 중앙에서 약 30mm

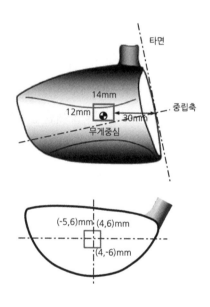

(위 그림) 중립축은 타면 중앙에서 내린 수선이다. 무게중심 조정 가능한 드라이버 포함 대부분의 드라이버 무게중심은 중립축보다 높은 위치에 있고 타면 중심에서 대략 30mm 떨어져 깊이 14mm 높이 12mm인 직사각형 지역 내에 있다. 무게중심 변동 폭이 작기는 하지만 드라이버 성능에 미치는 영향은 매우 크다. 현재 낮고 깊은 무게중심 드라이버가 대세이지만 실제로 중립축보다 아래쪽에 있는 드라이버는 거의 없다.

(아래 그림) 타면을 중립축이 아닌 수평축 방향에서 바라보았을 때의 무게중심 위치로 타면 중앙으로부터 좌우로도 5mm까지 떨어져 분포한다.

그림 2.6.3 무게중심 실제 위치

---

67) T. Covey, "2019 Driver center of gravity and MOI report," Mygolfspy, June 24, 2019. https://mygolfspy.com/2019-driver-center-of-gravity-and-moi-report/

뒤쪽에 위치한다. 이는 드라이버 헤드 설계 기술이 날로 발전하여 이제는 무게중심이 헤드 바닥 근처까지 낮아진 것처럼 일반인들이 오해하기 쉽게 만드는 드라이버 광고 문구와는 전혀 다르다. 또 여러 개의 무게추를 적절히 배치해 무게중심을 크게 바꿀 수 있는 것처럼 선전하는 것도 큰 오해이다. 여러 개의 무게추를 이동 시켜 무게중심을 최대로 변화시킬 수 있는 드라이버라도 무게중심 이동거리는 최대 전후 2.5mm, 상하 1mm 정도이다. 한편, 무게중심 이동거리가 이 정도로 작더라도 타구 성능에 미치는 영향은 의외로 크다. 예를 들어 무게중심을 샤프트 축 쪽으로 1mm 가깝게 이동시키면, 즉 중심거리를 1mm 줄이면, 샤프트 축에 대한 클럽 헤드의 MOI가 최대 2% 감소하여 충격 시 타면이 2도 더 닫히게 되어 휘어드는 구질을 유도하게 되고,[68] 460cc 드라이버에서 중심거리가 1mm 늘면 수직축에 대한 MOI가 100g-㎠ 정도 증가하여 평균 MOI 4,800 g-㎠ 인 보통 드라이버 기준 MOI가 약 2% 증가하므로 빗맞은 타격에 대한 관용성이 그만큼 향상된다.[69]

중심깊이가 큰 드라이버의 경우, 보통 기어 효과는 커지고 중심깊이의 제곱에 비례하여 고반발 지역이 넓어진다.[70] 우드에서는 흔히 텅스텐 니켈 무게추를 헤드의 바닥 뒤쪽에 붙이는 기법으로 헤드의 무게중심을 되도록 낮고 깊게 한다. 또 헤드의 높이를 3cm 안팎으로 낮게 한 얕은 타면 (shallow face) 우드에서는[71] 자연 무게중심이 낮아진다. 무게중심을 낮게

---

68) 이종원, 골프역학 역학골프, 청문각, 2009, p.105-107 및 p.268-271 참조.
69) Jeff Summit, Center of gravity showdown: Hireko vs OEM drivers, Hireko Golf Blog, 2015. 5. 26. 한편, 2019년 출시된 드라이버의 MOI는 3,900~5,600g-㎠ 정도이다.
70) 오츠키 요시히코, 골프는 과학이다, 아르고나인, 2009, p.186-188과 제3.4절 '고반발 지역이 넓은 클럽' 참조.
71) 헤드 높이가 2cm 또는 3.5cm인 우드가 미국과 일본에서 각기 출시된 적이 있다. 오츠키 요시히코, 골프는 과학이다, 아르고나인, 2009, p.192.

하면 무게중심 위로 빗맞게 되어 앞오름(roll) 곡률에 의한 각 효과로 초기 발사각이 커지지만 기어 효과가 작용하여 역회전이 줄어들어 달린거리가 커진다.[72] 결론적으로 무게중심이 높으면 공을 띄우기 어렵다.

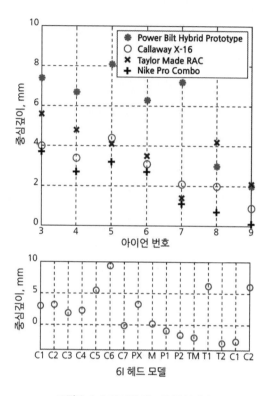

그림 2.6.4 아이언 헤드의 중심깊이

(위 그림) 2003년 출시된 4개 모델의 아이언 번호별 중심깊이 변화로 헤드의 구조상 로프트가 클수록 중심깊이가 작아지는 경향을 보인다.

(아래 그림) 2019~2020년 출시된 16개 6I 모델의 중심깊이로 양(+)의 값뿐 아니라 음(−)의 값을 갖기도 한다. 로프트가 큰 클럽일수록 구조상 중심깊이가 음(−)인 설계가 흔하다.

---

72) 제3.8절, '유효 타면과 얕은 타면의 논란' 참조.

아이언은 우드와 달리 빗맞은 타격에서 작지만, 헤드의 무게중심 위치에 따라 구질이 뒤바뀐다. 아이언은 우드보다 헤드 앞뒤 두께와 바닥(sole) 폭이 얇아서 자연 헤드의 무게중심이 타면의 스위트 스폿 근처의 헤드 내부나 헤드 바깥 가상 공간에 있다. 즉 우드와 달리 중심깊이가 양(+)일 수도, 음(−)일 수도 있다. 그림 2.6.4의 위 그림은 2003년 출시된 4종 아이언 세트의 번호별 중심깊이 분포를 보인다.[73] 약간 불규칙 분포도 있지만 대부분 로프트가 큰 짧은 아이언의 중심깊이가 작아지는 경향이 있다. 왜냐하면, 로프트가 커지면 헤드가 뒤로 누우면서 스위트 스폿이 목(hosel)에서 뒤로 멀어지므로 자연 무게중심이 앞쪽으로 다가오기 때문이다. 그림 2.6.4의 아래 그림은 임의로 선택한 2019~2020년 7개 클럽 제조사가 출시한 16개 모델의 6번 아이언 헤드 중심깊이를 보인다. 이들 6I의 평균 중심깊이는 대략 4mm이지만 산포가 커서 1cm의 큰 중심깊이도 있고 심지어는 무게중심이 4mm 이상 타면 앞 가상공간에 나와 있는 6I도 있다.[74] 이러한 경향은 평균 중심깊이가 작아지는 로프트가 큰 아이언일수록 그 정도가 심하다.

아이언 클럽은 우드와 달리 무게중심 깊이가 양(+)의 값뿐 아니라 음(−)의 값을 가지면서 작지만 이에 따른 기어 효과가 정 반대로 나타나기 때문에 일률적으로 구질을 논하기는 쉽지 않다. 제4.7절 '빗맞은 아이언 타구의 탄도'에서 자세히 다룬다.

여기서 앞으로의 클럽의 충격 및 탄도 해석에 일관성을 부여하기 위해서 표 2.6.2처럼 LPGA 투어 선수용 가상의 드라이버 TOUR-LD와 PGA

---

73) R. Maltby, The Maltby Playability Factor: Understanding Golf Club Dynamics, Ralph Maltby Enterprises, Inc., 2005, p.91-92.

74) R. Maltby, 2019-2020 MPF Ratings & Specs, 2020년12월 1일 현재 자료, http://ralphmaltby.com/maltby-playability-factor/ 참조.

투어 선수용 가상의 6번 아이언 TOUR-M6를 표준 명세로 설정하였다. 그리고, 이 표준 클럽을 기준으로 헤드의 무게중심 위치나 타면 곡률 반지름의 변화에 따른 충격 및 탄도 특성을 비교해서 설명한다.

표 2.6.2 표준 드라이버와 6번 아이언 명세

클럽	모델	헤드 질량(g)	샤프트 질량	MOI (수직축)	MOI (수평축)	COR	중심 각(도)	중심거리 (mm)	중심깊이 (mm)	편심깊이 (mm)	편심폭 (mm)	오름 곡률 반지름 (인치)
LPGA 투어 선수용	TOUR-LD	200	60	4500	3200	0.83	26	39	35	17	35	12
PGA 투어 선수용*	TOUR-M6	261	96	2400	1200	0.74	18.5	40	4	12.7	38	-

* J. Summit, The modern guide to golf-clubfitting, Hireko Trading Company, Inc., 2015, p.59 참조.

로프트는 기본적으로 지면에 놓인 골프공을 공중으로 띄우는 역할을 하며 공칭 로프트(club loft), 회전 로프트(spin loft), 유효 로프트(dynamic loft)로 구분해서 다룬다. 공칭 로프트는 클럽 제조 때 설계된 로프트각으로 클럽 헤드의 홈 선(groove/scoring line)을 수평으로 하고 샤프트를 수직면에 정렬하였을 때 타면(face) 수직 방향과 수평면이 이루는 각도로 클럽 헤드에 과도한 충격이 반복적으로 가해지지 않는 한 변하지 않는 고정값을 갖는다.[75] 회전 로프트는 충격 시 스윙 진로(swing path)와 클럽 타면 수직 방향이 이루는 각도로 샤프트 눌러치기(forward shaft lean), 원심력과 샤프트 채찍질(shaft whipping/whip) 효과에 의한 충격 직전 샤프트 경사각과 휨 정도에 따라 달라진다. 이때 회전 로프트를 정의하는 스윙 진로와 타면 수직 방향이 이루는 평면을 D-평면(D-plane)이라고 부른다.[76] 유효 로프트는 충격 시 클럽 타면 수직 방향과 수평면이 이루는 각도로 영각에 직접 영향을 받는다. 그림 2.7.1처럼,[77] 타면이 스윙 진로에 대해 잘 정렬된 이상적인 타구에서 이 둘 사이의 관계는

$$(회전 로프트) = (유효 로프트) - (영각)$$

여기서 영각(attack angle)은 충격 시 헤드의 스윙 진로가 수평면과 이루는

---

75) 각 클럽별 공칭 로프트는 제3.1절 '클럽 세트의 구성'의 클럽 명세 예 참조.

76) 충격 시 D-평면에서 찌그러진 골프공이 D자 모양이 되기 때문에 T. Jorgensen에 의해서 붙여진 이름으로 최근에는 헤드 타면과 골프공의 충돌 현상을 쉽게 기술할 수 있다는 의미를 더해 Descriptive Plane을 뜻하기도 한다. T. P. Jorgensen, The Physics of Golf, 2nd ed., Springer-Verlag, 1999 참조.

77) 이종원의 역학골프 1: 각도 알고 타수 줄이기, 좋은땅, 2011, 제2.8절 '회전 로프트각과 역회전' 참조.

각도로 수평면 아래쪽으로 내려치면(descending blow) 음(–)의 값을, 위쪽으로 올려치면(ascending blow) 양(+)의 값을 갖는다. 수평 스윙 진로로 쓸어치면(sweeping swing/blow) 영각이 0도이므로 회전 로프트와 유효 로프트의 구별이 없어진다. 골프공의 역회전 속도는 회전 로프트에 비례하며 골프공의 발사각은 유효 로프트보다 클 수 없다. PGA와 LPGA 투어 선수의 드라이버 타구 평균 영각은 각각 –1.3도(내려치기)와 +3도(올려치기)로 스윙 형태가 서로 다르나 아이언 타구는 모두 –2~–5도로 가파르게 내려치는 소위 '찍어치기'가 대세이다.

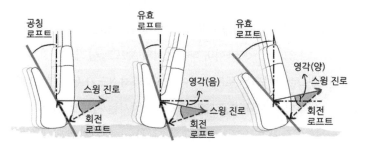

그림 2.7.1 로프트와 영각의 관계

여기서는 비교를 쉽게 하기 위해서 아이언 타구에서 원심력에 의한 샤프트 휨 효과를 무시했다. 또 충격 시 정지한 손목을 순간중심으로 스윙 원호를 그리는 쓸어치기를 가정했다.

(왼쪽 그림) 표준 타구자세에서는 유효 로프트, 회전 로프트, 공칭 로프트가 모두 같다. 충격 시 샤프트 기울기와 영각 모두 0이다.

(가운데 그림) 공의 위치보다 손목이 앞선 타구자세에서는 유효 로프트가 공칭 로프트보다 작아져서 공의 발사각이 그만큼 작아진다. 스윙 진로는 내려치는 경향이 커져서 즉 음(–)의 영각이 되어 (회전 로프트) = (유효 로프트)–(영각)은 공칭 로프트각에서 크게 변하지 않는다. 따라서 공의 역회전 속도도 크게 변하지 않는다.

(오른쪽 그림) 흔하지는 않지만, 공의 위치보다 손목이 뒤처진 타구자세에서는 유효 로프트가 공칭 로프트보다 커져서 공의 발사각이 그만큼 커진다. 스윙 진로는 올려치는 경향이 커져서 즉 양(+)의 영각이 되어 (회전 로프트) = (유효 로프트)–(영각)은 공칭 로프트에서 크게 변하지 않는다. 따라서 공의 역회전 속도도 크게 변하지 않는다.

위에 언급했듯이 회전 로프트가 정확히 몇 도인지 정하기가 그리 간단하지 않다. 우선 드라이버를 위시한 우드는 아이언보다 샤프트 길이가 길고 헤드 속도도 클 뿐 아니라 헤드의 무게중심이 헤드의 목(hosel)과 연결된 샤프트 가는 쪽 끝(shaft tip)에서 타면의 뒤쪽으로 멀리 편심되어[78], 즉 헤드의 무게중심이 깊어서 빠른 헤드 속도로 내리스윙할 때 충격 직전 무게중심에 작용하는 큰 원심력과 샤프트의 채찍질 효과로 샤프트가 C자 모양으로 앞쪽으로 휘면서 회전 로프트가 공칭 로프트보다 3~5도 커진다.[79] 이를 샤프트 전진 휨(shaft lead bend)이라고 부른다. 실제 평균 공칭 로프트 9.5도, 헤드 속도 113mph인 PGA 투어 선수와 로프트 9도, 헤드 속도 94mph인 LPGA 투어 선수의 드라이버 타구 평균 회전 로프트는 각각 14.1도와 12.3도로[80] 드라이버 타구에서의 샤프트 눌러치기 효과와 샤프트 전진 휨으로 추가되는 로프트각이 4.6도와 3.3도가 된다.[81] 이 중 내려치는 PGA 투어 선수의 평균 드라이버 타구에서는 샤프트 전진 휨 효과로 추가되는 로프트가 7~8도가량 되므로 샤프트 눌러치기 효과에 의한 감소 로프트는 3도가량 된다. 전방으로 샤프트를 기울인 상태에서의 타구인 샤프트 눌러치기(forward shaft lean)는 흔히 알기 쉽게 '손 먼저(hand first)'라고 부르는 타구자세와 관련이 있다.

---

78) 보통 샤프트 기준 드라이버 헤드의 무게중심이 뒤쪽으로 처진 거리인 편심깊이는 1.7cm 가량 된다. 그림 2.6.2와 표 3.6.1 참조.

79) 충격 직전 큰 원심력의 영향으로 우드의 샤프트가 휘어져 로프트각뿐 아니라 라이각(lie angle)도 타구자세 때보다 커져서 실제(유효) 라이각이 공칭 라이각에 가까워지면 헤드 타면에 새겨진 홈 선이 수평에 가깝게 된다. 원심력에 의한 유효 라이각 증가 현상을 고개숙임(shaft droop, toe down)이라고 부른다. 제5.3절 '원심력과 헤드의 고개숙임'과 제5.4절 '샤프트의 채찍질 효과' 참조.

80) PGA 투어 선수의 평균 드라이버 로프트는 9.5도이고, LPGA 투어 선수는 이보다 작은 8.5~9.5도의 드라이버를 사용한다.

81) M. Stachura, "Golf equipment truths: Why you should rethink your driver loft," Golf Digest, Jan 8, 2020. https://www.golfdigest.com/story/golf-equipment-truths-why-you-should-rethink-your-driver-loft

84

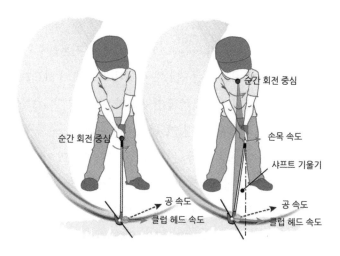

그림 2.7.2 샤프트 눌러치기의 효과

가장 보편적인 스윙 모형은 양어깨 중앙을 회전축으로 팔이 회전하고 손목을 회전축으로 클럽이 회전하는 2절 기구이다.

(왼쪽 그림) 샤프트를 기울이지 않고 타구하는 경우로, 내리스윙 중 일찍 손목풀기가 되어 충격 시 손목 속도가 0이 되어 클럽 헤드가 이를 고정축으로 짧은 진자 운동하는 스윙이다. 쓸어치기와 같은 스윙으로 공 발사각은 커지지만, 헤드 속도는 작아지고 스윙 원호의 하사점(바닥)에서 타구한다. 쓸어치기의 전형이다.

(오른쪽 그림) 샤프트를 앞으로 기울이고 타구하는 경우로, 충격 시 손목 속도가 헤드 속도의 1/2인 경우를 도시했다. 대략 양어깨 중심을 순간 회전 중심축으로 하고 (헤드)-(손목)-(양어깨 중앙)으로 이루어지는 삼각형의 형태를 그대로 유지한 채 긴 진자 운동으로 스윙한다. 공 발사각은 작아지는 대신 헤드 속도는 커지고 스윙 원호의 하사점에 이르기 전 타격, 즉 내려치기를 한다.

샤프트 눌러치기 효과를 이론적으로 설명하려면 그림 2.7.2처럼 스윙 모형이 필요하다. 골프에서 가장 보편적인 스윙 모형은 양어깨 가운데 아래턱을 중심으로 팔이 회전하고 손목을 중심으로 클럽이 팔에 대해 상대적으로 회전하는 2절 기구(two-link mechanism)로 골프 스윙 로봇을 연상하면 된다. 물론 내리스윙 중 표적 방향으로의 체중 이동을 고려한 개선된 모

형도 자주 쓰인다.[82]

우드 타구는 보통 **쓸어치기**(sweeping blow/swing)가 기본인데 가장 흔히 보는 쓸어치기란 충격 직전 스윙 진로가 수평이고 충격 시 샤프트 위치가 공 위치에 나란히 정렬되고 손목의 전진 속도가 0이 되면서, 손목이 순간 회전 중심축이 되는 클럽만의 1절 기구(one-link mechanism) 운동 형태로 스윙하는 것을 말한다. 물론 충격 순간 스윙 진로가 수평이 아니어도 쓸어 칠 수 있다. 아이언 타구에서는 흔히 공 위치에 대해 샤프트 손잡이를 표적 방향(전방)으로 기울인 상태에서 타구한다. 이때의 타구자세(set-up)를 **전방 샤프트 기울기**(forward shaft lean) 또는 **전방 압박**(forward press)이라고 하며 경기력이나 취향에 따라 정도의 차이는 있지만, 퍼팅이나 그린 근처에서의 **칩샷**(chip shot)에서도 흔히 볼 수 있는 형태이다.[83] 이때 충격 직전까지 손 목도 어느 정도 전진 속도를 갖는 2절 기구 운동 형태로, 기본적으로 내려 치는 스윙을 하는데 이를 흔히 **샤프트 눌러치기**라고 한다. 이때 손목의 전 진 속도가 커지면 충격 시 스윙 진로와 타면 수직 방향이 이루는 회전 로 프트가 감소하고 내리스윙 원호의 하사점(바닥)도 공 위치 기준으로 표적 방 향으로 이동하여 내려치는 각도가 커진다. 이때 샤프트 눌러치기의 효과로 나타나는 **감소 로프트**(delofting)와 실제 샤프트 기울기의 관계는[84]

$$(\text{감소 로프트}) = 2 \times (\text{샤프트 기울기}) \frac{(\text{손목 속도})}{(\text{헤드 속도})}$$

한편, 음(−)의 영각은 유효 로프트만 작게 하여 발사각을 낮추는데, 샤프

---

82) 제5.5절 '체중 이동과 하체근육' 참조
83) 이종원의 골프역학 2: 생각하는 퍼팅, 좋은땅, 2016.
84) P. Dewhurst, The Science of the Perfect Swing, Oxford University Press, 2015, p.80.

트 눌러치기 효과는 유효 로프트와 회전 로프트 모두 작게 하여 발사각과 역회전 속도 모두 작아지는 효과를 낸다. 즉 앞서 관계식으로부터 샤프트 눌러칠 때의 회전 로프트와 유효 로프트는

(회전/유효 로프트) = (쓸어치기 때의 회전/유효 로프트) − (감소 로프트)

로 쓸어칠 때의 로프트보다 작아진다. 주의할 점은 전방으로 샤프트를 기울였더라도 충격 시 손목의 전진을 일시 멈춘 상태에서 샤프트를 눌러치면 짧은 진자 스윙 원호의 순간 회전 중심이 손목 위치에 고정되므로 쓸어치기처럼 회전 로프트 변화는 없다. 물론, 단순 내려치기가 되므로 영각은 샤프트 기울기와 크기가 같고, 유효 로프트는 샤프트 기울기만큼 줄어든다. 반면, 극단적으로 손목 전진 속도가 헤드 속도만큼 빨라지면 이론적으로는 실제 샤프트 기울기의 2배만큼 회전과 유효 로프트를 감소시킨다. 하지만 이런 극단적인 스윙은 투어 선수에게도 무리이다. 충격 시 양어깨 중앙을 회전 중심축으로 한 긴 진자 스윙을 마무리하면서 (헤드)−(손목)−(양어깨 중앙)으로 이루어지는 삼각형 모양을 유지하고 눌러치면 손목 전진 속도가 헤드 속도의 절반가량 되므로 실제 전방 샤프트 기울기만큼 회전 및 유효 로프트를 감소시킨다.[85] 여기서 유의할 점은 충격 시 전방 샤프트 기울기를 유지하기 위해 무리하게 손목잠금(wrist-cocking) 상태를 끝까지 그대로 유지하라는 뜻이 아니다. 충격 시 헤드 속도를 최대로 하기 위해 손목 풀기(wrist-uncocking)를 제때 해주면서도 손목의 전진 속도는 어느 정도 유지할 수 있다. 손목잠금과 풀기는 손목의 작은 근육을 이용한 토크의 영향을, 손목 전진 속도는 팔−어깨의 큰 근육을 이용한 토크와 하체근육을

---

85) 개인의 체격에 따른 차이가 있지만 짧은 아이언 샤프트의 길이와 팔의 길이는 엇비슷하다.

이용한 표적 방향 체중 이동 등의 영향을 받는다.[86]

표 2.7.1은 PGA 투어 선수의 아이언 클럽별 평균 로프트로 짧은 아이언 일수록 감소 로프트가 커지는 경향이 있는데 평균 샤프트 길이가 0.9~1m 인 아이언으로 충격 시 손목의 위치가 공 위치보다 9~15cm 전진하는 셈이다. 샤프트 눌러치기는 유효 및 회전 로프트를 줄이는 효과를 내어 PGA 투어 선수는 실제 1~2클럽에 해당하는 로프트를 줄임으로써 역회전 속도를 작게 하고 내려치기(음의 영각)로 발사각도 작게 하는 효과를 낸다. 프로 선수의 샤프트 눌러치기에서의 로프트 감소율은 대략 15~30%로 알려졌다.

표 2.7.1 PGA 투어 선수의 아이언 클럽별 평균 로프트각[87]

	3I	5I	7I	9I	PW
헤드 속도, mph	98	94	90	85	83
공칭 로프트, 도	20.5	26.5	34.5	42.5	48.5
회전 로프트, 도	17.2	20.5	27.4	34.2	39.7
유효 로프트, 도	14.1	16.8	23.1	29.5	34.7
영각, 도	-3.1	-3.7	-4.3	-4.7	-5.0
감소 로프트, 도 (감소율)	3.3 (16%)	6.0 (23%)	7.1 (21%)	8.3 (20%)	8.8 (18%)

역회전 속도는 다른 타구 조건이 같다면 회전 로프트에 비례하여 커지므로 주어진 클럽으로 역회전을 최대로 하려면 감소 로프트를 줄이면서 쓸어치는 형태로 스윙하면 된다. 역회전 속도를 최소로 하려면 전방 샤프트 기울기는 크게 하고 되도록 손목 전진 속도를 빠르게 유지하는 스윙 형태로 강하게 눌러치면 된다. 한편, 수평면에 대해서 정의되는 골프공의 수직 발사각을 크게 하려면 되도록 영각을 양의 값으로 즉 올려치기 형태로 바꾸

---

86) 제5.6절 '손목풀기 효과' 참조.
87) P. Dewhurst, The Science of the Perfect Swing, Oxford University Press, 2015, p.67.

거나, 아니면 전방 샤프트 기울기와 손목 전진 속도를 작게 하여 감소 로프트를 작게 하면서 내려치거나 눌러쳐야 한다. 반대로 발사각을 줄여 낮게 깔리는 타구를 하려면 영각이 음(−)인 내려치는 스윙으로 바꾸고 전방 샤프트 기울기, 즉 감소 로프트를 더 크게 하면 된다.

회전 로프트와 유효 로프트 모두 작아지면 역회전 속도도 발사각도 작아지는데도 불구하고 왜 투어 선수는 전방으로 샤프트가 기울어진 상태에서 손목 전진 속도도 유지하면서, 즉 감소 로프트를 크게 하고 샤프트 눌러치기를 하는가? 차라리 공칭 로프트가 작은 한 두 클럽 긴 아이언이나 웨지로 전방 샤프트 기울기 없이 쓸어칠 때와 비교해서 이점은 무엇인가? 예를 들어 표 2.7.1에 보였듯이, PGA 투어 선수가 공칭 로프트 42.5도인 9I를 헤드 속도 85mph, 영각 −4.7도의 타구에서 샤프트 눌러치기에 의한 8.3도의 로프트 감소를 고려하면 회전 로프트는 34.2도, 유효 로프트는 29.5도가 된다. 이때의 공 발사속도는 102mph, 발사각은 20.4도이다.[88] 이때 만약 전방 샤프트 기울기 없이 타구한다면 회전 로프트는 공칭 로프트와 같은 42.5도, 유효 로프트는 37.8도로 역회전 속도, 발사각 모두 비례해서 커지므로 탄도가 높아지는 것은 차치하더라도 무엇보다 공 발사속도가

$$102mph \times \frac{\cos(42.5°)}{\cos(34.2°)} = 91mph$$

로 현저히 줄어드는 단점이 있다. 그러면 차라리 공칭 로프트 34.5도인 7I를 영각 −4.7도로 전방 샤프트 기울기 없이 타구하면 어떻게 되는가이다. 이때의 회전 로프트는 34.5도이고 유효 로프트는 29.8도이므로 앞서 눌

---

88) TrackMan Average Tour Stats, https://blog.trackmangolf.com/trackman-average-tour-stats/ 참조

러치기 할 때의 9I 로프트 조건과 거의 같게 된다. 그러나, 전방 샤프트 기울기 없이 타구하려면 충격 시 마치 손목을 순간 회전 중심축으로 한 쓸어치기와 유사한 스윙을 해야 한다. 즉, 내리스윙 끝인 충격 시 손목의 전진 속도를 작게 하려면 자연 내리스윙 초기부터 일찍 팔-어깨 토크를 부자연스럽게 줄이게 되고 이 때문에 자연 손목의 전진 속도를 계속 유지하는 샤프트 눌러치기에 비해서 헤드 속도가 떨어진다. 또한, 팔-어깨 토크뿐 아니라 손목잠금 토크를 풀어주는 정확한 시점 조절이 어려워 타구의 방향성과 제어성능이 떨어진다. 즉 타구의 일관성, 안정성과 제어성능이 나빠진다. 거기다 스윙 원호의 하사점에서의 타구를 시도하다가 머리치기(thin shot, topped shot)나[89] 뒤땅치기(chunked shot, fat shot, duffed shot) 등 각종 빗맞은 타격으로 고생할 수 있다. 결론적으로 아이언 타구에서 샤프트 눌러치기의 이점을 두 가지로 요약하면[90]

- 공 속도를 크게 하여 사거리를 늘릴 수 있다.
- 타구의 일관성, 안정성과 제어성능이 향상된다.

그린 근처 50yd 이내에서 홀에 붙이는 타구(approach shot)를 할 때, 레슨 프로가 흔히 추천하는 두 가지 스윙 형태가 있다. 하나는 공을 양발 사이 중앙에 놓고 부드럽게 쓸어치는 방법인데, 회전 로프트와 유효 로프트가 같으면서 최대가 되므로 탄도도 높고 역회전도 커서 그린에서의 구름이 적은 특징이 있다. 다만, 스윙 원호의 하사점에서 정확히 공을 타격해야 하는 부담이 있다. 긴장해서 팔과 손목에 힘이 들어가거나 스윙 박자를 놓치면 자칫 머리치기나 뒤땅치기가 되기 쉽다. 또 한 가지 방법은 공을 오른

---

89) 제4.1절 '심한 빗맞은 타격' 참조.
90) "Golf contact drill: Is shaft lean at impact necessary?," Consistency Vault C050, Top Speed Golf. https://topspeedgolf.com/vault/golf-contact-drill-is-shaft-lean-at-impact-necessary/

발 쪽에 놓고 과감하게 눌러치는 방법인데, 회전 로프트와 유효 로프트 모두 작아져 역회전이 작은 대신 공 속도는 커져서, 탄도가 낮고 그린에서의 구름이 클 수 있다. 대신 타구의 안정성과 제어성능이 좋은 장점이 있다.

각 효과 – 회전 속도와 발사각

충격 관점에서 가장 기본인 로프트각은 충격 시 스윙 진로와 타면 수직 방향이 이루는 회전 로프트이다. 발사각은 수평면에 대해 상대적으로 정의되지만 여기서는 스윙 진로 기준 발사각을 먼저 다루고 나중에 수평면 기준 발사각과의 관계를 다루기로 한다. 이 회전 로프트와 스윙 진로 기준 발사각과의 관계는

(회전 로프트) = (스윙 진로 기준 발사각) + (회전 속도 비례각)

이 되는데 회전 속도 비례각은 대략[91]

(회전 속도 비례각) $\cong$ (0.4)(MOI 인자)(회전 매개변수)

여기서

$$(회전\ 매개변수) = \frac{(골프공\ 반지름)(공\ 회전\ 속도)}{(공\ 발사\ 속도)}$$

회전 매개변수(spin parameter)는 무차원 변수로 공 속도와 회전에 의한 공 표면의 선 속도가 같을 때 1이 된다. 즉 공 중심의 선 속도 대비 회전에 의한 공표면 속도의 상대적 크기를 나타내는 매개변수로 공의 선 속도는 크지만 회전 속도가 작은 드라이버 타구에서는 충격 직후 발사된 공의 회전 매개변수는 0.1 근처의 값을 갖는다. 공이 비행 중에는 보통 공 선 속도의 감소율이 회전 속도의 감소율보다 커서 착지 때 회전 매개변수는 발사 때보다 크다. 충격 직후 공 발사 속도 100mph, 회전 속도 9,000rpm

---

91) 부록 B '충돌인자' 참조.

인 웨지 타구에서 회전 매개변수는 0.45 정도 된다. MOI 인자(MOI factor)는 밀도가 균일한 표준 골프공 MOI 기준 실제 골프공의 MOI 크기 비율로 0.8~1.2 범위에 있다. 고급 골프공(premium ball)을 사용하는 PGA 투어 선수의 평균 데이터에 의하면 우드 타구에서는

$$(\text{스윙 진로 기준 발사각}) \sim 0.85 \times (\text{회전 로프트})$$

아이언 타구에서는

$$(\text{스윙 진로 기준 발사각}) \sim 0.75 \times (\text{회전 로프트})$$

관계가 있다.[92] 즉 PGA 투어 선수의 평균 스윙 진로 기준 발사각은 회전 로프트의 75~85%, 평균 회전 속도 비례각은 회전 로프트의 15~25% 정도인 셈이다. 예를 들어 회전 로프트 40도의 아이언 타구에서 스윙 진로 기준 발사각은 약 30도가 된다. 저회전(low spin) 골프공으로 바꾸어 똑같이 타구하면 스윙 진로 기준 발사각은 30도보다 커진다. 풀숲(rough)에 잠긴 공 타구에서 공과 클럽 사이에 미끄러운 풀이 끼어 역회전 속도가 감소하면, 대신 스윙 진로 기준 발사각은 그만큼 증가한다. 즉 초기 탄도가 높아진다. 물론 풀숲에서의 탈출을 도우려고 공을 표적 후방에 두고 샤프트 눌러치기 하면 회전 로프트가 작아지므로 스윙 진로 기준 발사각은 그만큼 감소하고 탄도도 높지 않다. 예를 들어, 여러 개의 다른 골프공을 사용해서 똑같은 클럽으로 똑같은 스윙 형태로 타구한다고 할 때, 고회전(high spin) 골프공일수록 역회전 속도가 큰 만큼 발사각은 낮아진다. 로프트가 작은 드라이버 타구 때는 발사각과 역회전 속도 차이를 맨눈으로 관측하기 어렵지만, 로프트가 큰 아이언이나 웨지 타구 때는 발사각 차이만큼 골프

---

92) 이 비례는 골프공의 특성에 따라 크게 바뀔 수 있다. 제2.5절 '골프공과 역회전' 참조.

공 회전 특성의 차이를 확연히 느낄 수 있다. 발사각과 역회전 속도는 공 속도는 물론 탄도에 결정적인 영향을 미친다.

그러면 수평면 기준 실제 수직 발사각(vertical launch angle)은 어떻게 되나? 그 답은 의외로 간단하다. 즉

(실제 수직 발사각) = (스윙 진로 기준 수직 발사각) + (영각)

예를 들어 실제 수직 발사각은 올려치면 커지고 내려치면 작아진다.

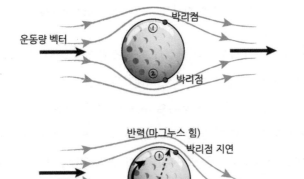

그림 2.8.1 공의 회전과 마그누스 효과

(위 그림) 공의 위아래 부분(①과 ②)에서는 유속이 빨라지며 공의 표면을 따라 형성된 경계층이 공의 후면(박리점)에서 공 표면으로부터 떨어져 나간다. 상하 대칭 유동으로 후방과 전방 유속 방향이 일치하여 상하 방향 힘은 작용하지 않는다. 운동량은 속도에 비례하는 벡터로 운동량 변화만큼 반력이 생긴다.

(아래 그림) 시계방향으로 공이 회전하게 되면 윗부분(①)에서는 공기가 공 표면과 함께 움직이게 되어 박리점이 후퇴하지만, 아랫부분(②)에서는 반대로 공기가 공표면 운동에 역행하므로 박리점이 당겨진다. 후방의 유동이 아래쪽으로 굴절되어 변하므로 반력인 마그누스 힘이 위쪽으로 작용하게 된다. 이를 마그누스 효과라고 한다.

역회전이든 횡회전이든 공기 중에서 회전하며 비행하는 공의 탄도는 어떻게 되나? 그림 2.8.1에 보였듯이[93] 회전하는 공이 휘는 탄도의 방향을 마그누스 효과(Magnus effect) 또는 마그누스 힘(Magnus force)이 작용하는 방향으로 설명하는데 축구, 야구, 탁구, 테니스 등 모든 구기 종목에서 공에 회전을 줄 때 비행 중 휘는 방향이다. 타면이 스윙 진로에 대해 열리거나 닫힌 상태에서 타구하면 수평면에서 생긴 횡회전 성분의 방향에 따라 공이 휘는 방향을 쉽게 볼 수 있는 반면, 수직면에서는 클럽의 큰 회전 로프트 때문에 반드시 역회전 성분을 갖고 공이 발사되므로 공 비행 방향의 직각 상향으로 마그누스 힘, 즉 양력(lift force)을 받는다. 발사 직후 골프공은 보통 탄도의 직각 상방으로 중력의 1.5배 수준까지 양력을 받게 되어 때로는 초기에 약간 솟아오르는 탄도를 관찰할 수도 있다.

그림 2.8.2는 아이언 타구에서 충격 시 스윙 진로가 수평인 가장 간단한 쓸어치기와, 스윙 진로와 샤프트 눌러치기로 음의 영각과 감소 로프트가 공존하는 전형적인 내려치기를 비교했다. 하지만 일단 회전 로프트가 스윙 진로에 대해서 정해지면 골프공은 회전 로프트를 스윙 진로 기준 발사각과 회전 속도 비례각으로 양분하면서 회전 방향으로 휘어지는 탄도를 형성한다. 이 현상을 각 효과(angle effect) 또는 쐐기 효과(wedge effect)라고 부른다. 한편 지면 수직면과 마찬가지로 수평면에서도 클럽 타면 수직 방향과 스윙 진로가 이루는 각을 페이스각(face angle)이라고 하는데 표적을 향해 스윙 진로와 타면이 모두 잘 정렬될 때만 페이스각이 0이 되고 똑바로 날아가는 탄도가 된다. 페이스각이 0이 아니면 횡회전(side spin) 성분이 발생하고 스윙 진로 기준, 옆으로 휘는 탄도를 형성하는 특성이, 중력의 영향과 샤프

---

93) 이종원의 역학골프 1: 각도 알고 타수 줄이기, 좋은땅, 2011, 제2.4절 '역회전과 마그누스 효과' 참조.

트 눌러치기에 의한 감소 로프트를 제외하고는, 수직면에서의 공의 탄도 특성과 유사하다. 물론 여기서 원심력과 샤프트 채찍질 효과에 의한 샤프트 휨이 로프트각과 페이스각에 미치는 영향은 논외로 한다.

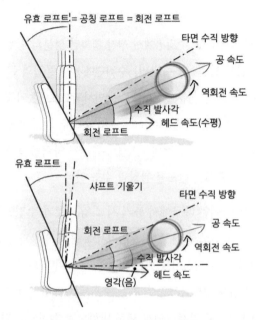

그림 2.8.2 수직면에서의 각 효과

(위 그림) 스윙 진로가 수평인 쓸어치기의 전형으로 회전 로프트와 공 발사각의 관계가 간단하다. 두 각의 차이는 역회전 속도에 따라 달라지는데 역회전 속도가 커지면 발사각이 작아진다.

(아래 그림) 전방으로 샤프트가 기울어진 상태에서 스윙 진로도 수평이 아니면 회전 로프트, 유효 로프트, 영각, 발사각, 눌러치기 효과에 의한 감소 로프트의 관계가 조금 복잡해진다.

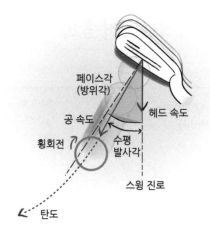

그림 2.8.3 수평면에서의 각 효과

편 페이스각(biase phase angle)을 갖는 클럽이라도 타구 때의 페이스각은 수평면에서 스윙진로와 타면 수직 방향이 이루는 각으로 수직면에서의 회전 로프트와 같은 역할을 한다. 즉 횡회전 속도 성분이 크면 수평 발사각이 작아지고 횡회전 속도 성분이 작아지면 수평 발사각이 커진다. 이를 각 효과라 하고 이 둘의 관계에 따라 구질이 정해진다.

그림 2.8.3은[94] 클럽 헤드가 스윙 진로에 대해 열린 전형적인 바깥으로 휘어나가는 구질(fade)의 예로 충격 시 수평면에서 클럽의 스윙 진로와 타면 수직 방향이 이루는 방위각인 페이스각이 수평면에서의 회전 로프트에 해당한다.[95] 이때의 수평면에서의 수평 발사각(horizontal launch)과 횡회전 속도 성분(side spin)도 상반된 경향을 보인다. 즉 횡회전 속도 성분이 크면 (작으면) 수평 발사각이 작아지지만(커지지만), 탄도가 더(덜) 바깥으로 휘어나간다. 이는 각 효과의 일반적인 특성이다. 물론 클럽 헤드가 스윙 진로에 대해 닫힌 안쪽으로 휘어드는 구질(draw)에서의 각 효과도 같다.

---

94) 이종원의 역학골프 1: 각도 알고 타수 줄이기, 좋은땅, 2011, 제2.3절 '흰공의 원인은 각 효과?' 참조.

95) 정확히는 벡터량인 회전 속도와는 달리, 각도는 스칼라량으로 수직과 수평 성분으로 분해하여 따로 해석할 수 없다. 여기서는 편의상 개념적으로만 설명했다. 자세한 내용은 제4.5절 '회전축 경사각과 이탈거리' 참조.

빗맞은 타격과 기어 효과

스윙 진로(swing path)에 대해 타면(face) 정렬이 잘 된 상태에서 스위트 스폿으로 정상 타격하면 아이언 타구든 우드 타구든 골프공은 내내 똑바로 날아간다. 타면 정렬이 잘 된 상태에서 안팎으로 빗맞으면 우드와 아이언 타구 모두 골프공의 속도가 감소하여 비거리 손실이 생기는 것은 당연하다. 이외에 빗맞은 아이언 타구의 구질에는 눈에 띄는 일관된 특징이 없

는데, 빗맞은 우드 타구의 구질은 타면(face) 바깥(안)쪽으로 빗맞으면 골프공의 수평 발사 방향은 바깥(안)쪽이지만 결국은 안(바깥)쪽으로 휘어드는 (휘어나가는), 눈에 띄는 뚜렷한 특징을 보인다. 이러한 특징은 타면 정렬이 약간 흐트러져도 크게 영향을 받지 않는다. 즉 우드와 달리 아이언 타구에서는 구질로부터 빗맞은 충격점 위치 확인이 어렵다. 왜 그럴까?

우선 우드의 빗맞은 타격을 생각해 보자. 우드의 헤드는 아이언 헤드보다 무게는 좀 가벼운 편이나 부피가 크고 무엇보다도 타면(face)과 배면(back)의 간격이 넓다. 즉 무게중심이 타면에서 뒤쪽으로 멀리 있다. 또 우드 타면은 앞오름(roll)과 옆오름(bulge) 곡률이 있는 볼록 곡면이므로 충격점(impact point)에 따라 페이스각(안팎으로 빗맞은 때)과 로프트각(위아래로 빗맞은 때)이 달라진다. 이 중에서 옆오름과 관련이 있는 안팎으로 빗맞은 타격이 수평면에서의 탄도 특성인 구질에 결정적인 영향을 미친다. 충격점이 헤드 무게중심에서 타면에 내린 수선의 발(foot)인 스위트 스폿에서 안팎으로 벗어나면 수평면에서 다음 3가지 효과가 동시에 발생한다.

● 기어 효과(gear effect) – 기어 효과를 제대로 이해하려면, 그림 2.9.1의 위 그림에 보였듯이, 우선 각 효과가 전혀 없는, 즉 스윙 진로에 대해 타면 정렬이 잘 된 상태에서 아이언 헤드처럼 타면이 편평한 우드에서의 빗맞은 타격을 예로 설명하자. 우드 헤드의 코(바깥, toe) 쪽으로 빗맞으면 타면에 수직 방향으로 헤드에 가해지는 충격력으로 무게중심에 대해 시계방향으로 토크가 작용한다. 이 토크로 헤드는 시계방향 회전 속도를 얻는다. 이때 충격점에서의 헤드 타면 수직과 접선 방향 속도 성분은

(수직 방향 속도 성분) = (헤드 회전 속도)×(빗맞은 거리)

(수평 방향 속도 성분) = (헤드 회전 속도)×(중심깊이)

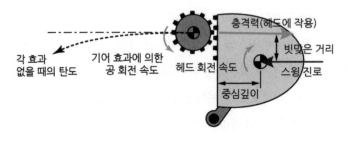

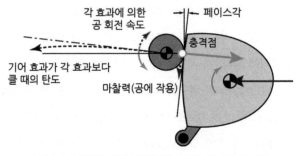

그림 2.9.1 빗맞은 우드 타격에서의 기어 효과와 각 효과

(위 그림) 타면이 편평한 우드 헤드 바깥쪽으로 빗맞은 타격에서는 헤드
에 작용하는 충격력으로 헤드는 시계방향으로 횡회전을 하면서 맞물린
한 쌍의 기어처럼 헤드와 접촉하고 있는 골프공에 반시계방향의 횡회
전을 준다. 말린공(hook)과 비슷한 구질을 보인다. 기어 효과는 빗맞은
거리와 헤드 중심깊이에 비례한다.

(아래 그림) 옆오름이 있는 볼록 곡면의 타면을 갖는 우드는 빗맞은 충격
점에 페이스각을 추가하여 그 각 효과로 생긴 시계방향 횡회전으로 기
어 효과에 의한 반시계방향 횡회전을 삭감하여 구질을 개선한다.

의 관계가 있는데, 헤드 속도의 반대 방향인 수직 방향 속도 성
분은 충격점에서 그만큼 헤드 속도를 감소시키므로 자연 공 발
사속도도 감소하고 비거리도 줄어든다. 위쪽을 향하는 수평
방향 속도 성분은 골프공과 헤드가 접촉하는 충격점에서 골프
공 표면 속도로 변환된다. 충격점에서 헤드와 골프공이 미끄럼
없는 이상적인 접촉 상태를 유지한다면 맞물린 한 쌍의 기어처

럼 헤드의 접선 방향 속도가 그대로 골프공의 표면 속도로 전환되고 미끄럼을 동반한 접촉 상태라면 맞물린 한 쌍의 롤러처럼 일부만 골프공에 전달된다.[96] 물론 이때 골프공의 횡회전 방향은 헤드의 회전 방향과 반대인 반시계방향이 된다. 따라서, 골프공의 수평 발사각은 대략 0도로 충격점에서의 타면 수직 방향으로 발사된 후 반시계방향 회전 때문에 안쪽으로 심하게 휘어드는 구질이 된다.[97] 안쪽으로 빗맞은 타격에서의 기어 효과에 의한 구질은 이와 반대이다.

● 각 효과(angle effect) - 스윙 진로 기준 충격점에서 타면이 향한 각도인 페이스각과 회전 로프트가 충격 직후 골프공의 발사각(launch angle), 회전 속도에 영향을 미치는 효과로 흔히 쐐기 효과(wedge effect)라고도 부르며 스위트 스폿으로 정상 타격할 때의 각 효과에 대해서는 이미 설명했다.[98] 안팎으로 빗맞은 우드 타구에서는 기어 효과로 골프공의 탄도가 지나치게 휘기 때문에 이를 개선하기 위해서 그림 2.9.1의 아래 그림처럼 우드 타면을 옆오름(bulge)이라 불리는 볼록 곡면으로 만들어 기어 효과처럼 빗맞은 거리가 커지면 각 효과도 커지게 한다. 이때 코 쪽으로 빗맞은 타격에서 각 효과는 골프공의 수평 발사각을 충격점에서의 페이스각만큼 열린 방향으로 바꾸고 공이 미끄러지는 경사 반대 방향으로 작용하는 마찰력으로 페이스각에 비례하는 시계방향 횡회전을 주는데, 기어 효과에 의한

---

96) 실제는 헤드도 충격 후 수평 방향 속도 성분을 갖게 되어 이보다는 더 복잡한 관계를 보인다. 더 자세한 내용은 부록 D '기어 효과' 참조.
97) 제2.9절 '빗맞은 타격과 기어 효과'와 제4.9절 '우드에 앞오름이 없다면?' 참조.
98) 제2.8절 '각 효과 - 회전 속도와 발사각'과 제4.7절 '빗맞은 아이언 타격의 탄도' 참조.

반시계방향 횡회전과 회전 방향이 반대다. 보통은 기어 효과에 의한 횡회전보다 각 효과에 의한 횡회전을 약간 작아지도록 옆오름의 곡률을 정하므로 골프공의 발사 시 횡회전은 반시계 방향이 된다. 안쪽으로 빗맞은 타격에서의 각 효과에 의한 구질은 이와 반대이다.

- 공 속도 감소 효과: 앞서 설명했듯이, 타면의 충격점에 가해지는 충격력이 빗맞은 쪽으로 헤드를 뒤로 비트는 회전운동을 발생 시켜 충격점에서의 헤드 속도가 감소하고, 충격점이 스위트 스폿에서 멀어지는 만큼 반발계수도 작아져 스위트 스폿으로 정상 타격할 때와 비교해서 공 발사속도가 감소한다.

안팎으로 빗맞은 타격에서는 타면의 옆오름에 따른 페이스각 효과에 의한 횡회전보다 기어 효과에 의한 횡회전을 약간 크게 한다. 따라서, 안팎으로 빗맞은 때에는 페이스각 효과로 초기에는 탄도가 약간 바깥쪽으로 향하다가 기어 효과에 의한 역방향 횡회전 영향으로 다시 표적선으로 서서히 휘어 들어오는 구질의 타구가 된다. 위(아래)로 빗맞은 때에는 타면의 앞오름에 따른 추가 로프트각 효과로 발사각을 더 크게(작게) 하면서 기어 효과를 추가 로프트각 효과보다 약간 크게 하여 발사 시 골프공의 역회전을 감소(증가) 시켜 위(아래)로 빗맞은 타격에서도 탄도를 개선하는 역할을 한다.

지금까지는 타면 정렬이 비교적 잘된 상태에서 빗맞은 우드 타구의 구질에 관해서 설명했다. 우드 타구에서 만약 타면 정렬이 잘 안된 상태에서 빗맞은 타격을 하면 어떻게 되나? 예를 들어 충격 시 페이스가 열린 상태에서 바깥쪽으로 빗맞으면 옆오름에 의한 페이스각이 추가되어 유효 페이스각이 커지므로 각 효과가 기어 효과보다 커질 수 있다. 이때는 타면이 열린 정도에 따라 수평 발사각이 더 바깥쪽으로 향하고 횡회전 방향도 각 효과 방향이 되어 바깥쪽으로 휘어나가는 구질이 될 수 있다. 페이스가 닫힌 상태에서 바깥쪽으로 빗맞으면 옆오름에 의한 추가 페이스각과 타면이 닫힌 각이 서로 상쇄하여 수평 발사각이 더 안쪽으로 향하고 기어 효과에 의한 횡회전 속도는 더 커져서 안쪽으로 심하게 휘어드는 구질이 된다. 안쪽으로 빗맞은 타격의 구질은 이와 반대가 된다.

아이언 헤드는 앞뒤로 두께가 얇은 형상이라 자연 무게중심이 타면 앞뒤에 가깝게 위치한다. 따라서, 중심깊이가 깊은 우드보다 기어 효과는 작지만, 무게중심이 헤드 내부에 있는지 외부 가상 공간에 있는지에 따라 기어 효과에 의한 회전 속도 방향이 바뀌는 복잡한 양상을 띤다. 우드와 달리 로프트각이 큰 아이언 타구에서는 스위트 스폿의 위아래로 빗맞더라도 로프트각 효과가 우세하여 기어 효과는 무시할 수 있다. 안팎으로 빗맞을 때도 충격 시 페이스각이 매우 작을 때만 기어 효과가 나타날 뿐, 보통은 주로 페이스각 효과가 구질에 영향을 준다.[99] 따라서 우드와 달리, 작은 기어 효과를 굳이 보상할 필요가 없는 아이언 타면은 곡률 없는 편평한 형상이다.

아이언 타구와 우드 타구의 구질 차이는 결국 기어 효과 차이라고 할 수 있다. 따라서, 기어 효과는 없고 페이스각 효과만 있는 스위트 스폿으로 정상 타격할 때는 타면 정렬이 잘 안 된 상태라도 우드와 아이언의 구질은 비슷하다. 즉 스윙 진로 기준 타면이 열린(닫힌) 상태에서 정상 타격할 때는 페이스각의 75~85%인 방향으로 발사되고 바깥(안)쪽으로 휘어나가는 (휘어드는) 구질이 된다. 이 경우는 구질과 타면 정렬 상태인 페이스각의 상관관계가 뚜렷하고 상식과 통한다.

---

99)   제4.7절 '빗맞은 아이언 타격의 탄도' 참조.

안팎으로 빗맞은 타격에서 아이언 타구의 구질은, 페이스각 효과가 기어 효과보다 훨씬 커서, 스위트 스폿으로 정상 타격할 때와 비슷하다. 물론 빗맞으면 공 속도와 비거리 손실은 빗맞은 거리만큼 커진다. 또 빗맞은 타격에서도 각 효과가 기어 효과보다 우세한 아이언 타구의 구질은 우드 타구와는 전혀 다르다. 예를 들어 스위트 스폿 근처에 맞아 비거리 손실이 별로 없는 아이언 타구에서 휘어나가는(휘어드는) 구질이면 타면이 열린(닫힌) 상태에서의 타격으로 바로 인식한다. 또 비거리가 예상보다 작으면 빗맞은 타격으로 인식하지만, 상하좌우 어느 쪽으로 빗맞았는지, 즉 충격점의 위치를 가늠하기 어렵다. 특히 약간 빗맞은 아이언 타구에서 구질과 충격점 위치와의 상관관계를 이해하기는 매우 어려운데, 아이언 모델뿐 아니라 같은 세트라도 아이언 번호에 따라 중심깊이의 분포가 천차만별인 이유도 있다.

앞서 누차 강조했듯이, 우드든 아이언이든 스위트 스폿에서 빗맞은 타격은 구질을 떠나 스위트 스폿에서 벗어난 충격점에서의 헤드 속도와 반발계수가 작아져 공 속도 손실이 생겨 비거리와 사거리도 짧아지는 치명적인 단점이 있다. 그래서 타구의 정확성이 떨어지는 초보자나 중급자의 빗맞은 타격에 대한 관용성(forgiveness)을 높이는 방법으로 클럽 헤드의 MOI를 크게 하여 빗맞은 충격점에서의 헤드 속도 손실을 줄이고, 타면의 고반발 지역(sweet zone)을 넓게 하여 반발계수를 보상하는 여러 가지 설계 방법이 시도되고 있다.[100]

초보자 중에는 안팎으로 빗맞은 타격에서 기어 효과가 페이스각 효과보다 우세한 우드 타구의 구질을 거꾸로 이해하기 쉽다. 예를 들어 타면 정렬이 비교적 좋은 상태의 우드 타구에서 공이 초기에는 바깥쪽으로 발사

---

100)　제3.4절 '고반발 지역이 넓은 클럽' 참조.

되다가 곧 안쪽으로 휘어드는 이유는 충격점이 타면의 바깥쪽에 위치하기 때문이며 다음 타구에서 이를 교정하려면 타구자세를 바꾸어 충격점을 안쪽으로 이동시켜야 하는 데 반대로 교정하면 큰 낭패를 보기 쉽다. 한편, 안팎으로 빗맞은 타격에서 페이스각 효과가 기어 효과보다 우세한 아이언 타구에서는 빗맞은 만큼 비거리가 줄어드는 현상 이외에 페이스각의 75~85%인 수평 발사각으로 발사되고 페이스각 효과에 의한 횡회전 성분을 갖고 타면이 향한 방향으로 휘는 예상하기 쉬운 구질이 된다. 페이스각이 0도 근처이면 거의 똑바른 구질이 된다. 따라서, 빗맞은 아이언 타구에서는 비거리 손실 여부와 구질로부터 정타 여부와 스윙 진로 기준 타면 정렬 상태를 가늠할 수는 있으나 우드와 달리 빗맞은 충격점의 위치를 분별하기는 어렵다.

스위트 스폿에서 위아래로 벗어나 빗맞은 타격의 구질은 이보다 약간 복잡하긴 해도 그 원리는 같으며, 더 자세한 내용은 제4장 '정상 타격과 빗맞은 타격의 탄도'에서 설명한다.

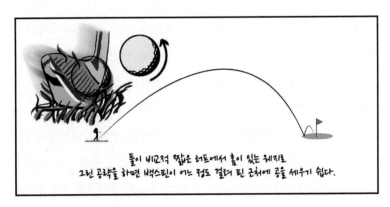

풀이 비교적 짧은 러프에서 홈이 있는 웨지로
그린 공략을 하면 백스핀이 어느 정도 걸려 핀 근처에 공을 세우기 쉽다.

그러나 풀이 긴 러프에서는 홈이 길어도 공이 풀의 좀 때문에 미끄러져져
백스핀이 잘 걸리지 않으므로 그린에 착지한 공의 런이 길어 그린 밖으로 나가기 쉽다.

소울에 세로로 홈이 있는 갈퀴형 웨지는
모래나 긴풀이 홈 사이로 잘 빠져나가므로
공이 덜 미끄러져 백스핀이 잘 걸린다.

그러나 이런 웨지는 비공인 클럽으로
공식 경기에서는 사용할 수 없다.

그림 2.10.1 클럽 타면의 홈

아이언 타면에는 홈이 있지만, 타이타늄 드라이버 헤드 타면에는 홈이 없거나, 있어도 깊지 않다. 홈의 방향이 모두 수평이고 수직 방향 홈은 없다. 홈은 공이 로프트각만큼 경사진 타면과 충돌할 때 미끄러지지 않게 함으로써 역회전이 크게 걸리도록 설계되지만 로프트각이 작은 우드나 아이언에서는 큰 효과가 없다. 타격 후 타면에 남는 공의 딤플 형상(dimple)이 밀린 자국을 보아도 홈의 유무와 관계없이 미끄러지는 거리가 1~3mm 이내로 작은 것을 볼 수 있다. 수직 방향 홈이 없는 이유이기도 하다.

그림 2.10.1에 보였듯이, 골프 클럽의 타면(face)에 파인 여러 줄의 홈(groove)은 자동차 타이어의 트레드(tread) 패턴처럼 충격 시 물기나 으깨어진 풀의 즙(汁)이 쉽게 빠져나가도록 하는 고랑 역할을 하여 공이 경사진 타면을 따라 쉽게 미끄러지지 않도록 할 뿐 아니라 타구자세에서 타면 정렬을 도와주는 표식(scoring line)의 역할도 한다. 로프트각이 작은 드라이버나 우드 타면의 홈은[101] 매우 가늘고 얕지만, 아이언이나 웨지의 타면에는 비교적 굵고 깊은 여러 개의 수평 홈이 있다. 예전의 단면이 V형인 홈보다 최근에 유행하는 U형 홈의 양쪽 모서리는 예리하고 홈의 폭과 깊이가 클 뿐 아니라 홈 사이의 간격도 좁다. 타면 경사도인 로프트각이 큰 클럽에서는 충격 시 타면과 공 사이의 마찰력이 크면 공에 걸리는 역회전이 크게 되므로 착지 후 달린거리도 줄어 그린 적중률을 높이는 데 도움이 된다.

1960년대 후반, 당시 유행하던 클럽 타면의 V형 홈이 탄도에 미치는 영향에 대한 연구 결과에 의하면, 홈 없이 타면을 매끈하게 사상 가공(sand blasted)한 아이언과 완만한 V형 홈이 있는 정상적인 아이언으로 타구한 공의 역회전을 측정한 결과, 놀랍게도 그 차이는 거의 없는 것으로 나타났

---

101) 'Score line'은 홈뿐 아니라 타면상의 어떤 표시도 포함해서 일컫는다.

다.[102] 타면의 거칠기(roughness, 조도)를 바꾸어도 비슷한 결과를 얻었으며, 충격 시 공과 타면 사이에 풀이 끼거나 타면에 약간의 물기가 있어도 탄도에는 큰 영향을 주지 않는 것으로 조사되었다. 한편 아이언보다는 로프트각이 큰 웨지라도 깊지 않은 보통 풀숲(light/mid rough)에서 타구할 때는 홈이 공의 역회전에 미치는 영향이 어느 정도 있지만, 풀의 길이가 3인치(7.6cm) 이상인 깊은 풀숲(deep rough)에서는 홈이 고랑 역할을 제대로 하지 못하므로 공의 역회전에 미치는 효과가 거의 없다는 주장도 있다.[103]

이러한 주장들을 비웃듯 한때 클럽 제조사 사이에는, 풀숲 탈출에서 클럽 타면과 공이 충돌할 때, 그사이에 미끄러운 풀이 끼더라도 공이 덜 미끄러지게 하여 역회전 손실을 보상할 수 있도록, 전보다 더 예리하고 깊고 넓고 촘촘한 U형 홈이 있는 아이언과 웨지의 출시 경쟁이 과열되었다. 한편 USGA(미국골프협회)와 R&A(영국골프협회)가 주도하여 2006년과 2007년에 수행한 연구 결과에 의하면, 단단한 설린 표피의 2겹 공을 제외하고, 90도 경사 모서리가 지나치게 예리하고 깊고 넓고 간격이 좁은 U형 홈은 예전의 모서리가 완만한 V형 홈보다 정상(마른) 충격 조건(dry condition)에서 골프공의 미끄럼 방지에 상당한 효과가 있어서 역회전이 지나치게 커지는 것으로 조사되었다.[104] 따라서 이를 규제하기 위한 USGA와 R&A의 공동 노력으로 홈에 대해 강화된 새로운 규정이 나오게 되었다. 이 홈에 대한 새 규정은 다소 강화된 규제로서 로프트각이 25도(대략 5I에 해당) 이상인 클럽

---

102) A. Cochran and J. Stobbs, Search for the Perfect Swing, The Golf Society of Great Britain, 1968, p.154-156. 아이언 중에서 5I, 7I, 9I (지금의 6I, 8I, PW에 해당)를 제작하여 실험하였다.

103) 풀의 길이가 4~6인치보다 긴 깊은 풀숲 탈출 때는 홈이 탄도에 미치는 영향이 없다는 주장도 있다. F. Thomas and V. Melvin, Dear Frank…: Answers to 100 of Your Golf Equipment Questions, Doubleday, 2008, p.58.

104) USGA and R&A, Report on Study of Spin Generation, August 7, 2006; Second Report on the Study of Spin Generation, Jan 11, 2007.

을 대상으로 타면에 가공되는 홈의 깊이, 폭, 간격, 모서리 둥글기(round)에 대한 세세한 제한 사항을 담고 있으며[105] 2010년부터는 제조 금지와 아울러 프로대회에의 적용을 시작으로 2014년에는 아마추어 대회, 2024년 이후는 모든 경기에 적용되고 있다.

2010년부터 발효된 이 새로운 홈에 관한 규정의 정신은 결국 정상(마른) 충격 조건에서의 아이언 타구에서 홈의 형태(새로운 U 또는 이전의 V형), 타면 가공 시의 거칠기(roughness), 그리고 골프공 표피 소재가 공의 역회전 또는 탄도에 미치는 영향을 최소화하는 것이다. 물론 아이오노머 골프공은 소재의 특성상, 우레탄 골프공과 비교해서 근본적으로 저회전 용이지만 정상 충격 조건에서 둘 사이의 차이가 지나치게 크지 않도록 했다. 그러나 새로운 규제를 따른 U형 홈은 이전의 V형 홈과 비교해서 습기나 풀기로 젖은 충격 조건(wet condition)에서는 아이언 타구에서 역회전을 현저히 개선하게 되었다. 즉, 로프트각이 큰 아이언이나 웨지로 깊지 않은 풀숲에 잠긴 공을 탈출시킬 때에 큰 효과를 발휘한다. 실제로 상급자나 프로선수 중에는 깊지 않은 풀숲에서 U형 홈을 갖는 아이언으로 타구하여 직접 그린 공략에 성공하는 예가 종종 있다. 이 때문에 드라이버 타구 실수를 쉽게 만회할 수 없게 하려면 타면 홈의 규격을 과잉 제한하기보다는 페어웨이 주변에 더 깊은 풀숲을 조성하는 편이 낫다는 주장도 있다.[106]

타구에서 공과 타면 사이에 풀이나 모래 등 이물질이 끼게 되면 역회전 속도뿐 아니라 반발계수가 작아져서 비거리도 줄어든다. 따라서 타구 전늘 클럽 헤드 타면을 깨끗이 닦아주는 습관이 바람직하다. 깊은 풀숲이나

---

105) USGA and R&A, A Guide to the Rules on Clubs and Balls, 2016(5th ed.)과 이종원, 골프역학 역학골프, 청문각, 2009, 제7.1.4절 '홈' 참조.
106) F. Thomas and V. Melvin, Dear Frank…: Answers to 100 of Your Golf Equipment Questions, Doubleday, 2008, p.58.

모래 구덩이(sand bunker) 탈출 때는 공이 타면 경사를 따라 미끄러지기 쉬우므로 역회전 속도가 작아져 착지 후 공의 달린거리가 멀어진다.[107]

그러면 왜 헤드 타면에 수직 홈은 없나? 스윙 진로 기준 좌우로 타면 정렬이 흐트러져도 실제 페이스각은 0도 근처에서 크게 변하지 않기 때문에 수직 홈의 유무와 관계없이 공이 헤드와 충돌 중 수평 방향으로 미끄러짐이 거의 없게 된다. 즉 로프트각이 매우 작은 드라이버 타면의 고반발 지역(sweet zone)에도 홈이 없는 것과 같은 이치다. 특히 요즘 유행하는 두께가 겨우 2~3mm 안팎인 타이타늄 드라이버 타면에 깊은 홈을 파게 되면 공과 충돌 때 강한 충격력으로 드라이버 타면이 쉽게 손상되어 드라이버 수명이 크게 단축된다.[108]

요즘 고급 골프공(premium ball)의 핵 소재로는 슈퍼볼(Super Ball)에 쓰였던 탄성이 매우 좋은 부타디엔, 표피 소재로는 내구성도 좋으면서 부드러운 우레탄 계열의 고분자 재료가 주로 쓰인다. 특히 내구성은 좋으나 단단한 아이오노머나 설린 소재의 표피와 비교하여 부드럽고 질긴 우레탄 소재의 표피는 두께를 얇게 하여 골프공이 클럽 헤드와 충돌 시 압축 및 전단 탄성이 좋은 부타디엔 소재의 핵이 클럽 헤드 타면에 고루 밀착하여 물림이 쉬워 역회전 속도가 커지도록 돕는다.[109] 예전의 V 홈과 비교해서 깊고 예리한 U 홈은 마른 상태에서의 정상 충격 시에는 역회전에 미치는 영향에 차이가 별로 없으나 젖거나 미끄러운 상태에서의 충격 시 로프트가 큰 클럽에서는 골프공의 표피가 홈에 잘 걸려 미끄러짐을 어느 정도 줄이는 역할을 하여 역회전 속도 감소를 억제하는 효과가 있다. 단단한 소재인 아이오노머 수지의 표피를 갖는 골프공은 로프트가 큰 클럽이라도 홈의 형상이

107) *ibid.*, p.140.
108) 이종원, 역학으로 배우는 골프, 한승, 2010, 제3.17절 '드라이버에는 왜 홈이 없나?' 참조.
109) 제2.5절 '골프공과 역회전' 참조.

나 유무와 관계없이 저회전 성능이 비슷하다.

웨지는 다른 클럽과 비교해서 로프트각이 크므로 웨지 타구에서 10,000 rpm 이상의 역회전 속도도 가능하여 그린 공략 시 골프공을 쉽게 홀 근처에 세울 수 있다. 따라서 웨지가 오래되어 홈이 닳게 되면 새 웨지로 바꾸려는 심리가 작용하는데 실제 역회전 속도 관점에서는 새 웨지와 비교해서 실익이 별로 없다고 보고되고 있다. 로프트각이 큰 클럽 타면에 사포(sand paper)를 붙이고 타구하면 오히려 역회전 속도가 줄어든다는 실험 결과도 있다.[110]

결론적으로 현재 규제를 받는 U 홈이 역회전 속도에 미치는 영향은, 예전의 V 홈과 비교해서, 정상 충격 시는 그리 크지 않으나, 로프트각이 큰 클럽에 대해서는 타면이 젖어있거나 풀숲 등에서 탈출할 때에는 역회전을 도와준다. 대신 발사각은 작아진다.

일반적으로 회전 로프트가 지나치게 크지 않는 한, 아이언 타구에서는 로프트가 커질 때 역회전 속도도 따라서 3,000rpm에서 10,000rpm으로 증가한다. 그러나 클럽 타면과 공 사이에 풀이 끼거나 물기가 있는 상태에서 타구하면 특이한 현상이 생긴다.[111] 우레탄 표피의 3겹 골프공인 타이틀리스트(Titleist) Pro V1을 사용하여 잘 관리된 페어웨이 조건과 깊지 않은 풀숲(light/mid rough) 조건에서 9명의 PGA 투어 선수를 대상으로 실시한 5I, 8I와 SW 타구 시험 결과를 정리하면[112]

---

110) R. Cross and P. Dewhurst, "Launch speed, angle and spin in golf," European J. Physics, 39(6), 2018.

111) B. Lieberman, "The effect of impact conditions on golf ball spin rate," In Science and Golf: Proceedings of the 1st World Scientific Congress of Golf, London(ed. A. J. Cochran), 1995, p.225-230.

112) USGA and R&A, Second Report on the Study of Spin Generation, Jan 11, 2007, p46과 P. Dewhurst, The Science of the Perfect Swing, Oxford University Press, 2015, p108 참조.

- 로프트가 33도(6I와 7I 중간) 부근인 아이언으로 페어웨이 타구 때는 풀숲 탈출 시와 비교해서 공의 발사각과 역회전 속도에 큰 차이가 없다.

- 로프트가 33도보다 큰 짧은 아이언이나 웨지로 풀숲 탈출 때는 페어웨이 타구와 비교해서 공의 역회전 속도가 작아지는 대신 발사각은 커진다. 8I 타구에서는 8%, SW 타구에서는 무려 60%가량 공의 역회전 속도가 줄어든다.

- 로프트가 33도보다 작은 긴 아이언으로 풀숲 탈출 때는 페어웨이 타구와 비교해서 공의 역회전 속도가 예상외로 커지면서 발사각은 작아진다. 5I 타구에서는 역회전 속도가 15%가량 커진다. 따라서, 풀숲에 빠진 공을 탈출시킬 때 긴 아이언으로 타구하면 풀의 저항이 커짐은 물론이고 예상과 달리 역회전 속도는 크지만 대신 발사각이 낮아져 탈출이 쉽지 않을 수 있다.[113]

실제로 깊지 않은 풀숲에 잠기거나 젖은 페어웨이에 놓인 공으로 그린을 공략할 때 소위 '플라이어(flyer/flier)'라고[114] 불리는 돌발 상황이 자주 생기는데, 이때는 관리가 잘 된 페어웨이에서의 타구와 비교해서 역회전이 매우 작은 대신 발사각이 커서 높이 상승한 후 급히 하강하면서도 사거리가 의외로 길어진다. 특히 TV 투어 경기 중계방송 중에, 프로 선수라도 플라이어가 나기 쉬운 공자리(flyer lie)에서 그린 공략 시 타구한 공이 홀을 예상보다 훨씬 더 지나가는 장면을 가끔 볼 수 있다. 이런 때는 갤러리도 모두 놀란 환성을 지르지만, 선수가 더 어처구니없는 표정을 짓기도 한다. 이러한

---

113) 제2.8절 '각 효과 – 회전 속도와 발사각'에서 설명한 발사각과 회전 속도의 회전 로프트 이분법 참조.
114) 'jumper'나 'rocket launcher' 등으로도 불리운다. L. Kerr-Dineen, "What is a flier?," Golf, July 2020.

현상은 플라이어 공자리에서의 중간 아이언 타구에서 자주 발생하고, 짧은 아이언이나 웨지 타구에서도 가끔 발생하나, 긴 아이언 타구에서는 잘 나타나지 않는다. 이는 앞서 설명했듯이 공이 풀숲에 잠겼을 때, 로프트가 큰 짧은 아이언 타구와 달리 로프트가 작은 긴 아이언 타구에서는 오히려 역회전이 예상보다 크고 발사각이 작아지기 때문이다. 플라이어 공자리에서는 의외로 거리가 많이 날 수 있음으로 타면을 약간 열고 부분 스윙으로 더 가파르게 내려치거나, 한두 클럽 짧은 아이언으로 타구하면 좋다.[115]

골프공 표피의 소재와 풀이나 물기의 상태에 따라 홈이 있는 타면과 골프공이 접촉하는 면에서의 마찰계수가 결정된다. 이때 역회전 속도의 역전이 일어나는 로프트각은 마찰계수에 비례해서 커진다. 예를 들어 정상(마른) 충격 조건에서 마찰계수가 0.55 정도인 우레탄 표피의 골프공으로 한정할 때, 역회전 속도의 역전이 일어나는 로프트각은, 충격 조건이 달라져 마찰계수가 0.05로 작아지면 15도가 되고, 마찰계수가 0.2로 커지면 45도까지 커진다. 즉 마찰계수가 0.05로 매우 미끄러운 충격 조건에서는 모든 아이언 타구에서 플라이어가 생기기 쉽지만, 마찰계수가 0.2~0.55 사이인 덜 미끄러운 충격 조건에서는 어떤 아이언 타구라도 플라이어가 생길 수 없다.[116]

이러한 '플라이어' 현상은 회전 성능이 더 우수한 발라타 공과 마찰력이 작은 V 홈이 유행하던 시절에는 충격 조건에 따른 역회전 속도 역전이 일어나는 로프트각이 자연 매우 작아서 거의 모든 아이언 타구에서 플라이어가 생기기 쉬웠다.[117] 다행이 21세기 진입하면서 부드럽고 질긴 우레탄 표피의 공과 예리한 U 홈의 등장으로 플라이어의 발생 빈도가 낮아진 셈이다.

115) M. Rose, "What is a flyer lie in golf?," Golfweek, https://golftips.golfweek.com/flyer-lie-golf-20575.html
116) USGA and R&A, Report on Study of Spin Generation, August 7, 2006, p.26.
117) ibid., p.15.

제3장
충격과 클럽 설계

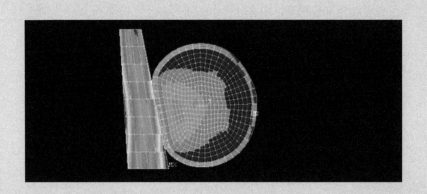

　골프 클럽은 드라이버, (페어웨이) 우드, 아이언, 웨지와 퍼터로 구분하며 경기자는 이 중 최대 14개의 공인된 클럽을 선택해서 공식 경기에 출전한다. 우드나 아이언이나 웨지로 이루어지는 12개 클럽의 조합은 경기자의 선택 사항이지만 퍼터와 함께 드라이버는 모든 경기자의 필수 클럽이다.[1] 요즘 유행하는 하이브리드(hybrid iron)나 유틸리티(utility club)는 제조사의 상술로 출현한 클럽으로 기본적으로는 드라이브 아이언이나 페어웨이 우드, 또는 점차 사라져 가는 긴 아이언의 변종이고[2] 치퍼(chipper)도 로프트각(loft angle)을 크게 한 퍼터나[3] 바운스를 없애고 바닥(sole)을 넓게 한 웨지에 지나지 않는다.

　"퍼터는 돈, 드라이버는 자존심"이라는 속설이[4] 있듯이 18홀 경기 중 퍼터가 가장 많이 쓰이는 클럽이고 드라이버는 기껏해야 14번 휘두르고 만다. 그래도 우리나라에서는 퍼터보다는 드라이버가 신제품이 나오기 무섭게 잘 팔린다고 한다. 자존심 탓도 있겠지만 아마도 퍼터보다 드라이버 타구가 다음 타구에 미치는 영향이 큰 때문이 아닐까 싶다. 또 퍼팅은 공이 놓인 그린의 상태에 따른 예측하기 어려운 변수가 많지만, 드라이버 타구는 바람의 영향을 빼고는 연습장에서의 타구와 전혀 다를 게 없다. 그래서 그런지 유독 연습장에서 드라이버 타구 연습으로 대부분 시간을 보내는 사람이 많다.

---

1) 물론 예외는 있다. LPGA 투어 태국 선수인 에리야 쭈타누깐(Ariya Jutanugarn)은 드라이버 거리가 먼 대신 페어웨이 안착률이 낮아 드라이버 없이 출전하기도 한다.
2) 이종원, 골프역학 역학골프, 청문각, 2009, p.371 참조.
3) 로프트각이 3~4도인 퍼터와 비교하여 치퍼의 로프트각은 대략 30도로 큰 편이다. *ibid.*, p.247 참조.
4) "드라이버는 쇼, 아이언은 과학, 웨지는 예술, 퍼터는 현금"이라는 우스갯소리도 있다.

같은 번호의 클럽이라면 우드가 아이언보다 로프트각이 작은 대신 클럽 길이가 길어서 사거리(distance)가 길게 설계되어 있지만, 헤드뿐 아니라 클럽 전체의 무게는 아이언이 무겁다. 웨지는 기본적으로 **바운스각**(bounce angle), **라이각**(lie angle), **로프트각**(loft angle)과 함께 **스윙무게**(swing weight)도 클 뿐아니라 클럽 중에서는 퍼터 다음으로 가장 무겁다. 흔히 클럽 길이가 긴 우드를 아이언이나 웨지로 대체하면 골프백이 가벼울 것으로 착각하는 수가 있는데 그 반대다.

표 3.1.1에 예시한 퍼터와 일부 웨지를 제외한 클럽의 기술 명세표를 보면 아이언 중에서는 샌드웨지(SW)가[5] 가장 무거운데, 가장 긴 3번 아이언 (3I)보다 길이는 4인치 짧은데도 총 무게는 오히려 50g가량 더 무겁다. 드라이버(1W)는 3번 아이언보다 6인치 정도 길지만, 무게는 30g 정도 가벼운 310g 안팎이다.[6] 가장 무거운 클럽인 퍼터는 대략 500g으로 드라이버 무게의 1.7배가 넘는다. 우드의 클럽 길이나 무게는 그 중간 정도로 보면 무난하다.

표 3.1.1 그래파이트 샤프트 장착 클럽 기술 명세 예 (4I, 6I, 8I는 편의상 생략)

클럽 번호	1W	3W	5W	7W	3I	5I	7I	9I	PW	SW
로프트각(도)	10	15	18.5	21.5	19	26	34	42	46	52
라이각(도)	57	56	57	58	60	61	62	63	63.5	64
길이(인치)	45	43	42.25	41.5	39	38	37	36	35.5	35
총 질량(g)	310	325	330	335	376	386	397	410	419	428
스윙무게	D1								D2	D4

드라이버는 다른 클럽과 그 용도가 전혀 다르다. 우드, 아이언, 웨지, 퍼

---

5) 샌드웨지(SW)보다 바운스각이 작은 대신 로프트각이 더 크고 무거운 최후의 웨지(Last Wedge)라는 별명을 가진 로브웨지(LW, Lob Wedge)가 있지만 흔치는 않다.
6) 초경량 샤프트의 출현으로 클럽의 총 무게가 작아지는 경향이 있으며 2012년 출시된 K사의 남성용 초경량 드라이버의 총 무게는 249g에 지나지 않는다.

터는 타구한 공을 정해진 표적거리(target distance)에 정확히 보내는 것이 주목적이지만, 드라이버 만은 가능하면 최대 사거리를 목표로 한다. 물론 타구의 방향성은 논외로 할 경우이다. 예를 들어 골프공을 되도록 멀리 보내야 하는 드라이버와는 달리 150yd 표적거리에서는 8번 아이언, 그린 근처에서는 웨지로 부분 스윙을 해서 표적거리를 맞춘다.

체력, 체격, 경기력에 따라 차이는 나지만 어느 경기자든 표적거리에 따라서 우드나 아이언을 적절히 선택하므로 클럽의 성능이 크게 스코어에 영향을 미치지 않지만, 드라이버 거리가 짧은 경기자는 기본적으로 스코어 향상에 불리한 조건을 가진다. 아이언이나 우드는 근본적으로 경기자의 체력, 체격 및 경기력이나 아니면 간단히 경기자의 헤드 속도에 맞추어 설정된 표적거리에 맞도록 로프트각, 헤드 무게, 샤프트 길이와 굽힘 강성(flex) 등을 설계하면 된다. 그러나, 드라이버는 일종의 무한경쟁 상품으로 여전히 드라이버 거리 경쟁이 치열하다.

R&A와 USGA의 골프 클럽 설계 및 제조 규제는[7] 퍼터와 드라이버에 관련된 내용이 많다. 그중 드라이버를 위주로 소개하면 다음과 같다.[8]

- 460cc 부피: 1991년 캘러웨이(Callaway)가 출시한 최초 대형 드라이버인 빅버사(Big Bertha)의 부피는 198cc였으나 1999년에는 테일러메이드(TaylorMade) 300시리즈의 부피가 300cc 정도로 대폭 늘어나더니 2000년에 들어서면서 350cc 드라이버가 출현했고 2001년에는 400cc, 2002년에는 500cc 드라이버가 등장하게 되었다. 부피가 커지면 빗맞은 타격(off-centered hit)에 대한 헤드의 비틀림 저항인 MOI, 즉 빗맞은 타격에 대한 관용성도 커질 수 있어서, 클럽 제조사 사이에 지나친 부피 경쟁이 붙게 되자 2003년 USGA와 R&A가 공동으로 460cc 부피 제한 규정을 만들고 2004년부터 발효하게 되었다. 그림 3.2.1에 보인 헤드 부피 750cc의 드라이버는 비공인 클럽이다.

그림 3.2.1 가장 큰 드라이버 헤드

인테그라(Integra)의 소오롱(SoooLong) 750은 비공인 드라이버로 체적이 무려 750cc나 된다.

---

7) The R&A and USGA, The Equipment Rules, Jan. 2019.
8) Jeff Summit, "What will now happen to the future of golf equipment?," editorial, Hireko Golf Blog, November 12, 2012.

- 0.83 최대 반발계수(COR): 질기고 강한 타이타늄을 드라이버 헤드 소재로 사용하면서 헤드 타면(face)을 얇고 넓게 만들 수 있게 되었다. 이에 따라 충격 시 에너지 소산이 큰 고분자 재료로 만든 공의 변형은 줄이는 대신, 에너지 소산이 거의 없이 탄성 복원이 가능한 타이타늄 소재의 타면 변형을 유도함으로써 공의 반발속도를 크게 할 수 있게 되었다. 이를 '스프링 효과(spring-like effect)' 또는 '트램펄린 효과(trampoline effect)'라고[9] 하며 반발계수가 커지면 당연히 드라이버 거리가 늘어나게 되어 골프 경기에서 드라이버가 차지하는 비중이 절대적으로 커지는 외에 기존의 골프장을 더 넓고 길게 만들어야 하는 부담이 생긴다. 1998년에 USGA에서 반발계수를 0.83 이하로 제한하는 규정을 시행했으나 복잡한 반발계수 측정 시험 시설과 방법 때문에 USGA의 공인 절차가 지연됨에 따른 제조사의 불만이 있어, 후에 간단히 휴대나 조작이 쉬운 진자 시험법 및 장치를 개발하였고 측정된 특성 시간(CT, characteristic time)을 반발계수로 환산하는 방법을 널리 보급하게 되었다.[10]

- 크기: 드라이버 헤드의 크기에 대한 규제로 좌우 폭은 5인치(12.7cm) 이하이면서 전후 깊이보다 커야 하고, 상하 높이는 2.8인치(7.1cm) 이하라야 한다.

- 5,900g-㎝² MOI: 부피 제한과 관련해서 2005년 USGA가 제안한 규정으로 헤드의 무게중심을 지나는 수직축에 대한

---

9) 제2.2절, '반발계수와 스프링 효과' 참조.
10) 부록 A 'COR과 CT 시험' 참조.

MOI 제한으로 타면 안팎으로 빗맞은 타격에 대한 관용성을 나타낸다. 크기 및 부피 제한이 있는 상황에서 MOI를 크게 하려면 주변 가중(perimeter weighting)으로 무게를 중심에서 멀리 분산시켜야 한다. 최근 출시되는 공인 드라이버의 MOI 는 3,900~5,600g-㎠로 넓게 분포한다. 위아래로 빗맞은 타 격에 대한 관용성을 나타내는 무게중심을 지나는 수평축에 대 한 MOI는 수직축에 대한 MOI의 대략 2/3 정도이다. 참고로 아이언 헤드의 MOI는 드라이버 MOI의 절반 정도에 지나지 않는다.

● **길이**: 43~44인치 스틸 샤프트를 장착한 드라이버가 대세이 던 20세기에는 퍼터를 포함한 클럽 길이는 최소 18인치 이상 이어야 한다는 규제 정도였다. 21세기로 접어들면서 가벼운 그 래파이트 소재의 샤프트가 유행하게 되었는데, 클럽의 스윙무 게(swing weight)를 맞추려면 샤프트 무게에 맞추어 일일이 클 럽 헤드의 무게를 크게 조정해야 하는 번거로움이 있다. 대신 클럽 헤드의 무게는 바꾸지 않고 간단히 클럽 길이를 길게 조 정해도 기존의 스윙무게를 맞출 수 있는데, 제조사 사이에 이 러한 편법을 상술로 반전 시켜 클럽 길이 경쟁이 일어나게 되었 다. 이에 따라 2005년에 USGA가 퍼터를 제외한 모든 클럽의 길이는 48인치(1.22m) 이하라야 한다는 규정을 내놓게 되었다.

● **홈**(groove): 2010년부터 로프트각 25도 이상의 클럽(대략 5I 이 상)에 적용되는 규정으로 로프트각이 10도 정도인 드라이버는 자연 홈에 관한 규정이 적용되지 않는다. 그 이유는 로프트각 이 작은 클럽으로 타구하면 로프트각에 비례하는 역회전도 매

우 작아서 홈의 형상이나 깊이가 역회전에 미치는 영향이 무시할 만큼 작기 때문이다.[11] 더구나, 타이타늄 소재로 2~3mm의 얇은 두께로 만든 타면에 홈을 내면 타구 때 1톤(1,000kg무게) 이상의 충격력으로 헤드 타면의 수명이 현저히 단축될 위험이 있음으로 드라이버 타면에는 홈을 거의 내지 않는다.

● 조정성(adjustability): 골프 클럽 설계의 원칙 중 하나는 경기 중 모양이나 성능을 쉽게 바꿀 수 없어야 한다는 것이다. 경기 중 손이나 동전 등을 이용한 손쉬운 방법으로 클럽의 모양이나 성능을 수시로 변경하는 것을 경계하는 한편, 특수 공구가 있어야 하는 조정성에 대해서는 맞춤 클럽 기술 보급 차원에서 USGA가 관대한 편이다. 그림 3.2.2에 보인 2005년 처음 무게 조정만 가능한 테일러메이드 R7 쿼드(Quad)를 뒤이어 무게 조정뿐 아니

그림 3.2.2 헤드 무게 조정 가능한 드라이버의 출현

2005년 처음 출시된 무게 조정 가능한 테일러메이드 R7 Quad 드라이버. 경기 중 수시로 손쉽게 모양이나 성능을 바꿀 수 없는 제한이 있으면서도 경기 전 클럽 헤드의 조정성을 향상할 수 있는 설계의 한 방법으로 여유 무게 나사의 무게 배분을 조정하여 구질을 바꿀 수 있는 구조이다. 다만, 전문가의 도움 없이 경기자가 원하는 구질을 내기 위해 어떻게 나사 무게를 배분해야 하는지 이해하기는 그리 쉽지 않다. https://www.golfassessor.com/golf-driver-technology/

---

11) 제2.10절 '홈과 역회전' 참조.

고 조정 가능한 목(adjustable hosel)을 임의로 비틀어 로프트각, 라이각, 편 페이스각(bias face angle)을 조정할 수 있는 드라이버도 출시되고 있다. USGA와 R&A에서 2008년부터 공식적으로 규정을 만들어 허용하였으며 테일러메이드의 FCT(Flight Control Technology)나 코브라(Cobra)의 AFT(Adjustable Flight Technology), 캘러웨이의 OptiFit, 나이키(Nike)의 STR8-FIT(Straight-Fit) 페이스각 기술(Face Angle Technology) 등이 이러한 유행을 선도하고 있다.[12] 2019년에 출시된 무게중심과 MOI 조정 폭이 가장 큰 드라이버는 그림 3.2.3처럼 테일러메이드 M5로 헤드 무게중심을 지나는 수직축에 대한 MOI 조정 범위가 무려 4,030~4,900g-㎠이고 전후로 6.8mm, 수직 방향으로 1.2mm 무게중심 이동이 가능하다.[13]

그림 3.2.3 조정 가능 맞춤형 드라이버 헤드 예

2019년 출시한 무게중심과 MOI 조정 가능한 드라이버 중 가장 조정 폭이 큰 테일러메이드 M5 드라이버 헤드이다. 2개의 무게추를 H자형 홈을 따라 움직여서 중립축 전후로 6.8mm, 직각 방향으로 1.2mm 무게중심 이동이 가능하다. 무게추 2개의 배치에 따라 실수 관용성인 수직축에 대한 헤드의 MOI를 4,030~4,900g-㎠, 구질을 결정하는 샤프트 축에 대한 헤드의 MOI를 6,760~8,220g-㎠ 범위에서 조정할 수 있다. https://mygolfspy.com/2019-driver-center-of-gravity-and-moi-report/

---

12) 제3.6절 '구질 맞춤 드라이버' 참조.
13) 제2.6절 '헤드 무게중심과 타구 성능' 참조.

3.3 빗맞은 타격을 유도하는 클럽

현대 골프 클럽 설계의 화두는 '빗맞은 타격에 대한 관용성 증대와 아울러 고의 빗맞은 타격의 유도'라고 해도 과언이 아니다. 이처럼 상반된 설계 개념이 공존할 수 있는 이유는 무엇일까?

우선, 우드와 아이언은 헤드 구조가 다르다. 우드는 타면 형상이 좌우 대칭에 가깝고 넓으며 타면 중앙 근처에 스위트 스폿이 있다, 아이언은 구조상 타면이 코(toe) 쪽이 높고 턱(heel) 쪽이 낮은 비대칭으로 타면 중앙 아래쪽에 있는 헤드의 무게중심 바로 앞에 스위트 스폿이 위치한다. 한편, 우드 특히 드라이버 헤드의 무게중심은 타면 중앙에서 타면에 수직으로 내린 중립축에 있지 않고 대부분 그 위쪽에 치우친 데다 좌우로도 편심 되어 위치한다.[14] 따라서 우드의 경우 타면 정중앙으로 타격(center-hit)해도 심하지는 않지만 빗맞은 타격이 되어 헤드가 어느 정도 뒤틀린다. 우드든 아이언이든 스위트 스폿에서 상하좌우로 벗어난 타면(face)에 타격이 되면

- 대부분의 빗맞은 아이언 타구에서는 기어 효과가 무시할 정도로 작고 각 효과만으로 탄도가 결정된다. 긴 아이언이나 드라이브 아이언 중에서 중심깊이가 큰 아이언은 예외이다.

- 빗맞은 우드와 아이언 타구에서는 헤드에 가해지는 충격력 때문에 헤드 무게중심에 대한 토크가 발생하여 헤드가 비틀리면서 스위트 스폿과 비교해서 빗맞은 충격점에서의 헤드 속도가 감소하고, 이와 더불어 반발계수도 감소하여 공 속도가 줄어든다.

---

14)   제2.6절 '헤드 무게중심과 타구 성능' 참조.

- 빗맞은 쪽으로의 발사각 변화는 기어 효과에 비례한다. 그러나 기어 효과가 큰 우드 타구라도 빗맞은 쪽으로의 발사각 증가는 작다.

- 중심깊이가 큰 우드 타구에서 위아래로 빗맞으면 로프트와 앞오름에 의한 각 효과에 기어 효과가 가세하여 위(아래)쪽으로 빗맞으면 역회전이 감소(증가)하는 대신 수직 발사각은 약간 커진다(작아진다). 결과적으로 비거리 손실을 줄인다.

- 중심깊이가 큰 우드 타구에서 안팎으로 빗맞으면 페이스각과 옆오름에 의한 각 효과에 기어 효과가 가세하여 바깥(안)쪽으로 빗맞으면 수평 발사 방향은 바깥(안)쪽으로 약간 기울지만 각 효과보다 기어 효과에 의한 횡회전이 우세하여 반대 방향으로 휘는 구질이 된다. 결과적으로 악성 구질을 개선한다.

이러한 현상은 헤드의 MOI가 작을수록, 무게중심이 깊을수록, 빗맞은 거리가 멀수록 크게 나타나며, 타구의 방향성이 나빠지고 비거리 손실도 크다. 무게중심이 깊은 드라이버 타구에서 빗맞은 타격에 대한 관용성을 높이려면 우선 헤드의 무게중심에 대한 MOI를 크게 하여 빗맞은 타격 시 헤드의 비틀림을 작게 해야 한다. 또, 타면에 앞오름과 옆오름 곡률(roll과 bulge)을 도입하여 각 효과를 증대 시켜 지나치게 큰 기어 효과를 덜어 주는 설계 개념을 도입하고 있다. 반발계수 손실을 줄이려면 가볍고 질긴 타이타늄 소재를 사용하여 타면을 얇고 넓게 하여 고반발 지역을 최대한 확대하면 된다.

대부분의 아이언 클럽은 헤드의 중심깊이가 7mm보다 작아 빗맞은 타격이라도 기어 효과를 무시할 수 있음으로 우드처럼 타면에 곡률을 줄 필요가 없는 대신, 주변가중(perimeter weighting) 기술을 도입하여 헤드의 MOI를 극대화하여 빗맞은 타격으로 발생하는 토크에 의한 헤드의 비틀림을 최소화한다. 클럽 헤드의 부피와 MOI는 USGA와 R&A 가 460cc와 5,900g-cm²를 초과하지 않도록 제한하는데, 실제 드라이버 헤드의 부피는 그 한계치에 가깝고, 무게중심을 지나는 수직축과 수평축에 대한 MOI는 대략 4,600g-cm²와 3,000g-cm² 근처이다. 드라이버를 제외한 우드, 특히 아이언 헤드는 구조상 이러한 제한 규정의 직접 적용 대상이 아니지만 배면 공간(cavity back)과 주변 가중 설계 개념을 적용한 관용성 큰 아이언 헤드의 해당 MOI는 2,600g-cm²와 1,500g-cm² 정도로 알려졌다.[15]

빗맞은 타격에 대한 관용성을 높이면 타구의 안정성이 좋아지지만 그만큼 제어성은 떨어진다. 즉 아마추어 경기자보다 타격 정확성이 높은 상급자나 프로선수에게는 상황에 따라 원하는 구질을 자유자재로 구사하는 데는 관용성 높은 클럽이 오히려 장해가 되므로 잘 사용하지 않는다. 아마추어 경기자가 사용하기 힘든 실수 관용성이 그리 크지 않은 선수 용 클럽이 따로 있는 이유이다.

드라이버 거리(total distance)를 늘리려면 비거리(carry)와 함께 달린거리(run)도 늘려야 효과적이다. 그러나 보통 비거리가 늘면 달린거리는 줄어든다.[16] 달린거리는 착지각에 반비례하고, 또 착지각은 역회전 속도에 비례한다. 즉 달린거리는 역회전 속도에 비례하는 회전 로프트를 작게 해야 커지지만, 대신 탄도가 너무 낮아져 비거리가 작아진다. 따라서 사거리 증대를 위해, 충격 직후 골프공의 발사각은 크게 하면서도 역회전 속도를 줄이는 방법으로는

---

15) P. Dewhurst, The Science of the Perfect Swing, Oxford University Press, 2015, p189-191.
16) 제4.4절 '비거리가 늘면 달린거리는 줄어든다' 참조.

- 로프트가 작은 드라이버로 올려치기
- 헤드 무게중심이 중립축에 가깝게 낮게 위치한 드라이버로 정상 타구
- 티를 높게 하고 타면 정중앙에서 위쪽으로 약간 빗맞은 타격 구사
- 저회전(low spin) 골프공 사용

하는 것이다. 중립축 근처까지 무게중심이 낮게 위치한 드라이버로 정상 타격(center hit)하거나 무게중심이 중립축 위쪽으로 편심된 대부분의 드라이버는 티를 조금 높게 하고 위쪽으로 빗맞은 타격하면, 공 속도 손실 없이 앞오름 곡률에 의한 각 효과로 발사각이 다소 증가하는 반면 기어 효과로 역회전 속도를 현저히 감소시킬 수 있다. 이로써 비거리와 달린거리의 배분을 최적화하여 사거리를 늘릴 수 있다.[17] 저회전 골프공을 사용하여 정상 타격하면 공 회전 속도가 줄어드는 만큼 발사각이 커진다.

재미있는 것은 최근에 출시되는 나사나 볼트 형태의 여유 무게를 배분, 조정할 수 있는 드라이버에서는, 휘어나가는 구질(slice)을 교정하려고 헤드의 목(hosel) 근처로 무게를 증가시키면,[18] 헤드의 무게중심이 샤프트 쪽으로 약간 이동하는 효과가 생긴다. 이에 따른 효과는[19]

- 샤프트 축에 대한 헤드의 MOI가 감소하여 헤드의 타면이 그만큼 더 쉽게 닫힌다.

- 무게중심이 타면의 안쪽(샤프트 쪽)으로 이동함에 따라 정상적

---

17) 제5.8절 '장타 치기' 참조.
18) 무게 조정을 할 수 없는 드라이버의 경우는 납 테이프를 헤드 목 근처에 붙이면 되지만 이로 인해서 증가하는 스윙무게를 보상하려면 납 테이프 무게 8g당 손잡이를 약 1인치 내려잡고 스윙해야 한다.
19) 제2.6절 '헤드 무게중심과 타구 성능' 참조.

인 타구는 그만큼 무게중심 바깥쪽으로 빗맞은 타격으로 유도되어 기어 효과가 발생한다.[20]

위 두 효과 모두 휘어나가는 공 구질을 개선하는 데 도움이 된다.

최근 출시되는 역회전 속도가 작은 드라이버의 비밀은 무게중심을 중립축까지[21] 낮추는 대신, 알게 모르게 '위로 빗맞은 타격을 유도'하는 데 있으며 무게 배분을 조정하여 무게중심을 중립축에서 벗어나게 하는 드라이버도 '헤드 타면 정중앙을 벗어난 빗맞은 타격을 유도'하는 역설적인 기능을 하게 된다. 그러나, 이러한 빗맞은 타격에 대한 관용성이나 비거리 증대의 실효성은 잘 알려지지 않았다. 확실한 것은 '늘 빗맞도록 설계된 신형 드라이버'라고 선전한다면 아마도 선뜻 거금을 내고 살 고객은 없을 것이다. 가장 바람직한 드라이버는 무게중심을 중립축까지 낮게 위치하는 것인데 드라이버 헤드 구조상 소수의 드라이버 모델을 제외하고는 아직 실현하기 어려운 문제로 보인다.

우드 중에도 잔디를 짧게 잘 관리한 페어웨이에서 공을 띄우기 쉽도록 타면 높이를 낮게 설계한 얇은 타면(shallow face) 우드도 결국 헤드의 무게중심 위로 빗맞도록 유도한 클럽이라고 할 수 있다.[22]

---

20) F. Thomas and V. Melvin, Dear Frank…: Answers to 100 of Your Golf Equipment Questions, Doubleday, 2008, p.8 참조.
21) 중립축은 타면 중심에서 타면에 수직으로 내린 선이다. 제2.6절 '헤드 무게중심과 타구 성능' 참조.
22) 제3.8절 '유효 타격 면적과 얇은 타면의 논란' 참조.

고반발 지역이 넓은 클럽

골프공의 비거리는 공 발사속도(공 속도)에 비례하고 공 속도는 대략 (1+COR)에 비례한다. 이때의 반발계수(COR)는 타면(face) 만의 반발계수가 아니고 타면과 충돌하는 공과 연성된 반발계수이므로 이를 극대화하기 위해서는 '스프링 효과'를[23] 이용한 타면 탄성 설계법을 적용해야 한다. 그러나 스프링 효과에 의해 날로 증가하는 반발계수에 대한 우려로 USGA와 R&A는 과도한 스프링 효과를 내는 타면 설계를 규제하기 위해서 특정 보정용 골프공과 클럽 헤드가 110mph로 충돌 시의 반발계수를 0.83

---

23) 제2.2절 '반발계수와 스프링 효과' 및 이종원, 골프역학 역학골프, 청문각, 2009, 제 2.2.3절 '임피던스 부합(impedance matching)' 참조.

이하로 제한하게 되었다.[24] USGA가 지정한 반발계수 시험[25] 방법에 따라 헤드 타면에서의 최대 반발계수를 제한하기 때문에 타면 전체에서의 고른 반발계수 분포 여부가 빗맞은 타격의 비거리 손실 최소화에 직접 영향을 준다. 따라서 스프링 효과를 이용한 반발계수 증대에는 한계가 있음으로 클럽 제조사들은 USGA와 R&A가 제시한 반발계수 제한치 내에서 타면의 고반발 지역(sweet zone/area)을 넓게 확대할 수 있는 타면 설계 기술을 경쟁적으로 개발해오고 있다.

2018년 출시한 C사의 아이언 클럽에 대한 광고 문안을 보자.

> 360도 페이스 컵 기술과 가변 페이스 두께(VFT) 기술을 접목해 획기적으로 페이스 두께를 줄여 공 속도와 비거리를 향상했다. 페이스에 탄성이 좋은 테두리(rim) 구조를 적용한 얇은 컵 모양의 페이스 컵은 임펙트 시 쉽게 변형하고 복원하여 공 속도를 증가시킨다. 또 가변 페이스 두께 기술은 스위트 스폿에서 빗맞은 타격에서도 공 속도를 보상한다. 얇은 페이스 두께로 나빠지는 타구감과 소리를 해결하기 위해 우레탄 소재도 활용했다. 텅스텐 무게 추를 이용하여 무게중심을 낮고 깊게 조정하여 공을 높이 띄우기 쉽고 비거리도 향상되도록 했다.[26]

그림 3.4.1에 보였듯이 가변 타면 두께(VFT: Variable Face Thickness) 기술은 [27] 타면 두께를 불균일하게 설계하여 고반발 지역을 넓혀서 빗맞은 타격에 따른 반발계수 손실을 감소하는 가장 보편적인 방안이다. 두께가 균일한

---

24) 제2.2절 '반발계수와 스프링 효과' 참조.

25) 근래에는 진자 시험기를 이용한 충돌 접촉 시간인 CT(Characteristic Time, 특성시간) 측정치로부터 반발계수를 추정하고 있다. 부록 A 'COR과 CT 시험' 참조.

26) https://www.callawaygolfpreowned.com/iron-sets/irons-2018-rogue-x.html 내용을 의역해서 정리했다.

27) 캘러웨이(Callaway)가 2002년 출시한 클럽에 적용하기 시작한 기술로 초기에는 아이언 헤드 타면의 두께가 샤프트에서 멀어질수록, 바닥에 가까울수록 두껍게 테이퍼를 주는 단순 설계 기술이었다. 'VFT'는 2002년부터 2009년까지 유효한 캘러웨이의 등록상표이기도 하다.

타면에서는 스위트 스폿에서 벗어나면 급격히 반발계수가 감소하는 특성
이 있다. 이보다 최적화된 불균일 두께 분포를[28] 갖는 타면의 최대 반발계
수 값은 거의 그대로 유지하면서도 고반발 지역이 비교적 넓게 퍼지는 특성
을 가진다. 따라서 가변 두께 타면이 균일 두께 타면보다 빗맞은 타격 시 비
거리 손실 면에서 관용성(forgiveness)이 크다고 할 수 있다.

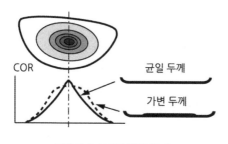

고반발 지역을 넓게 하기 위한 기술
로 보통 타면 중심보다 테두리의 두
께를 얇게 한다. 빗맞은 타격에 대한
관용성이 커서 중급 이하의 경기자
들이 선호한다.

그림 3.4.1 가변 타면 두께

현재 드라이버나 아이언 모두에 적용하는 가변 타면 두께 설계 방법은
타면 중앙을 두껍게 하고 클럽의 뒤 덮개에 연결되는 가장자리 부근에서
잘록하게 얇은 두께로 만드는 것이 보편적이며 단면을 보면 마치 멕시코 모
자와 유사한 설계도 있다. 요즘에는 컴퓨터 해석 기술의 발전으로 'X' 자,
'O' 자형, 또는 별 모양으로 타면 두께를 부분적으로 보강한 다양한 형태의
가변 타면 두께 설계도 가능하다.[29]

수년 전 출시한 C사의 아이언 클럽에 대한 광고 문안을 보자.

넓은 스위트 스폿을 갖춘 클럽 페이스가 빠른 볼 스피드를 낼 수 있도록 도

---

28) 공이 직접 충돌하는 타면은 편평하므로 겉으로는 타면의 두께 변화를 알 수 없고 그 단면을
보아야 불균일한 두께를 가늠할 수 있다.
29) FEA 기술을 이용한 전형적인 형상 최적화 문제로 많은 연구가 진행되고 있다. 한 예로 W.
Petersen and J. McPhee, Shape optimization of golf clubface using finite
element impact models, The Engineering of Sport 7, Vol. 1, Springer-Verlag,
Paris, 2008, p.465-473.

와줘 비거리가 뛰어나다. VFT 기법으로 헤드 주변에 무게를 적절히 배분해 안정된 방향성을 제공한다.

VFT 기술과 주변가중 기술은[30] 근본적으로 전혀 다른 설계 개념으로 VFT 기술은 안정된 방향성을 제공하기보다는 주로 고반발 지역(sweet zone) 확대를 통해 빗맞은 타격에 의한 비거리 손실을 감소시키는 것이 주목적이다. 굳이 광고주의 편을 들자면 VFT 기술 적용으로 얇아진 부분에서 절약한 만큼의 소재를 주변가중 시킴으로써 클럽 헤드의 MOI(mass moment of inertia, 질량 관성모멘트)도 미미하지만 커져 그만큼 빗맞은 타격에 따른 헤드의 비틀림 저항을 크게 할 수 있다는 정도이다.

최근에 등장한 또 다른 고반발 지역 확대 설계 방법으로 컵형 타면(cup face) 기술이 있다.[31] 그림 3.4.2처럼 2개에서 4개 부분을 조립하여 클럽

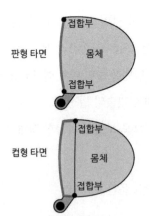

몇 개 부분으로 이루어지는 조립형 드라이버 헤드의 단면 구조를 보인다.

(위 그림) 판형 타면을 몸체에 접합할 때 보강재 역할을 하는 접합부가 타면 가장자리에 있게 되어 탄력을 받는 유효 타격 면적이 제한된다.

(아래 그림) 컵형 타면을 몸체에 접합하면 접합부가 타면 뒤쪽으로 물러나게 되어 탄력을 받는 유효 타격 면적이 타면 가장자리까지 넓어진다. 베젤 없는 스마트폰 개발 경쟁을 연상시킨다.

그림 3.4.2 컵형 타면 기술

헤드를 제작하는 기술의 진보로 부품을 접합(주로 용접)하는 방법을 개선하

---

30) 주변가중(perimeter weighting)기술은 무게중심에서 먼 곳에 무게를 배분함으로써 헤드의 비틀림에 대한 저항, 즉 MOI를 증대시킴으로써 빗맞은 타격의 방향성을 향상하는 기술이다.
31) 2012년 캘러웨이가 내놓은 기술이다.

여 헤드 부피를 크게 하지 않고도 유효 타격 면적을 넓게 하는 기술이다. 예를 들어 흔히 서너 개의 부분(몸체, 타면, 관(crown) 등)으로 조립되는 드라이버 헤드의 경우, 타면을 몸체에 접합할 때 용접 위치를 달리하도록 설계함으로써 유효 타격 면적을 넓히고 따라서 고반발 지역도 확대하는 방법이다. 두세 개 부분으로 조립되는 아이언 헤드의 경우에도 드라이버 헤드와 같은 원리를 적용할 수 있다.

요즘 출시되는 일부 신형 드라이버 광고문은 가관이다. '고반발'로도 모자라 '초 고반발'이라더니 드디어 '극초 반발' 또는 '초극강 반발' 드라이버가 등장하고 있다.

> 비공인 극초 반발 드라이버,
> 세계 최고 반발계수(COR) 0.900, 24yd 비거리 증가….

올림픽 공식 체조 종목은 기계 체조, 리듬 체조와 트램펄린 체조 등 세 분야로 나뉜다. 남녀 개인 2개의 메달이 걸린 트램펄린은[32] 2000년 시드니 올림픽에서 정식 체조 종목으로 채택되었지만, 지금까지 출전 선수를 내지 못한 우리에게는 비교적 생소한 종목이다. 트램펄린은 직사각형의 매트 주위를 탄력이 좋은 스프링 또는 고무줄을 연결하여 고정한 장치로 체조 경기자를 공중 높이 띄우는 역할을 한다. 우리의 널뛰기와 비슷한 역학 원리로, 그림 3.5.1에 보였듯이 드라이버 헤드의 얇은 타이타늄 소재 타면(face)이 트램펄린이 되고 골프공이 체조 선수 역할을 하게 되면, 공이 타면과 충돌 후에 탄력을 받아 반발 속도가 크게 될 수 있다. 이러한 물리 현상을 스프링 효과(trampoline effect)라고 하는데, USGA와 R&A가 1998년에 이를 제한하는 규정을 만들었다. 트램펄린 체조에서는 경기자가 그네 타기

그림 3.5.1 공과 클럽 헤드 충돌

공이 정지한 드라이버 헤드의 타면에 정면충돌하면 질기고 얇고 탄성이 좋은 타이타늄 소재 타면은 트램펄린처럼 탄력을 받는다. 따라서 타면과 공의 공진 주기를 잘 맞추면 스프링 효과가 극대화된다.

---

32) 공중 곡예에서 사용하던 '안전그물'에서 암시를 받은 프랑스인 곡예사 트램펄린(Du Trampoline)에 의해 고안되었다는 주장이 있다.

에서와같이 적정한 시점에 에너지나 운동량을 추가함으로써[33] 트램펄린에서 초기 높이보다 더 높이 솟아오를 수 있다. 반면, 골프공과 같이 무생물인 물체를 떨어뜨리면 절대 초기 높이보다 충돌 후 더 높이 솟아오를 수는 없고, 물체와 트램펄린의 공진 주기를 잘 맞추면 거의 초기 높이까지 튀어오르게 할 수 있다.[34] 이때 반발계수(COR)는 절대 1보다 클 수 없다.

드라이버 클럽 헤드의 공식 반발계수는 압축공기식 공 발사기를 이용하여 보정용 지정 골프공을 규정 속도인 110mph로 시험대 위에 놓인 헤드 타면에 정면으로 쏘았을 때 충돌 전후 공 속도만으로도 구할 수 있다.[35] 즉,

$$COR = \left[1 + \frac{(공무게)}{(헤드무게)} \right] \frac{(공반발속도)}{(공발사속도)} + \frac{(공무게)}{(헤드무게)}$$

예를 들어 (공 무게)/(헤드 무게) = 0.229일 때, 공 반발속도가 54mph이면 반발계수는 0.83이 된다. 현재 보정용 지정 골프공으로 110mph 발사 속도에서 얻을 수 있는 최대 반발계수는 이론적으로 0.9이므로 초극강 반발 드라이버라도 반발계수는 이 값을 초과하기 어렵다.[36]

USGA와 R&A는 스프링 효과에 의한 클럽 헤드의 과도한 반발 성능 향상을 규제하기 위해서 0.83 이하의 반발계수를 가진 클럽만을 공인하고 있으나,[37] 거리가 나지 않아 고민하는 일반 경기자를 위해서 반발계수가 이를 초과하는 비공인 드라이버가 출시되기도 한다. 반발계수를 크게

---

33) 보통 몸을 앞뒤로 흔들거나 위아래로 자세를 낮추었다 높이는 등의 동작에 해당한다.

34) 공학 용어로 두 물체의 '임피던스 부합'이라고 한다. 이종원, 골프역학 역학골프, 청문각, 2009, 제7.2.4절 '임피던스 부합과 반발계수 극대화' 참조.

35) 미국골프협회에서는 2004년부터 진자 시험기를 이용한 간편한 CT(특성 시간) 측정 방법을 추천하고 있다. 부록 A 'COR과 CT 시험' 참조.

36) 제2.2절 '반발계수와 스프링 효과' 참조.

37) USGA가 1998년 제정 당시에는 15도 이하의 로프트각을 가진 드라이버에만 한정하였으나 2006년부터는 모든 클럽에 확대 적용하고 있다.

하려면 타면의 두께를 얇게 하여야 하는데 지나치면 반복되는 충격에 따른 재료의 피로파괴가 가속하여 헤드의 수명이 크게 단축될 수 있다. 특히 초고반발 드라이버의 헤드 타면은 강한 충격에 약하므로 골프용품 매장에서는 소위 파워 타격을 하는 상급자에게는 시타도 허용하지 않는다.

드라이버 타구에서 헤드 속도가 일정하면 공 속도는 (1+COR)에 비례한다. 예를 들어 반발계수 0.83의 공인 드라이버 대신 반발계수 0.90인 초고반발 비공인 드라이버로 타구하면 드라이버 교체 전후 공 속도 비율은

$$\frac{\{1 + COR(비공인)\}}{\{1 + COR(공인)\}} = \frac{1.90}{1.83} = 1.038$$

즉, 반발계수는 8.4% 커졌지만, 공 속도는 3.8% 커진다. 헤드 속도 80mph인 경기자는 비거리가 10yd가량 길어지고, 헤드 속도가 110mph인 프로 선수의 경우 비거리는 14yd가량 길어진다.[38]

요즘에는 타면의 두께를 2mm로 얇게 하되 타면 뒤와 헤드 뒷면 사이에 나선형 스프링(용수철)을 장착한 초 고반발 비공인 드라이버가 출시되기도 하는데 그 효능 여부를 따지기에 앞서 심각한 내기 골프에서는 예기치 않은 다툼의 여지가 있다.

---

38) 제4.3절 '헤드 속도와 비거리' 참조.

3.6 구질 맞춤 드라이버

골프를 배우면서 초보자가 흔히 겪는 문제는 공을 띄우기 어렵다는 것과 아무리 애를 써도 바깥쪽으로 휘어나가는 소위 '슬라이스(slice)' 구질에서 벗어나기 어렵다는 것일 테다. 공을 띄우려고 하면 할수록 가라앉는 이유와 공을 잘 띄우는 클럽 명세에 대해서는 따로 논의하였으므로[39] 여기에서는 구질 관련하여 경기자 개개인에 따라 달라지는 타구자세(set-up)와 스윙 형태는 논외로 하고 드라이버의 명세에 초점을 맞추어 설명하기로 한다.

스윙 박자(tempo)나 스윙 형태를 바꾸지 않고도 구질을 교정하는 데 도움이 되는 드라이버 명세는 아래와 같다.

● 편 페이스각(bias face angle): 정상적인 타구자세에서 페이스각이 닫히거나 열리도록 설계한 드라이버에 H1.0(1도 닫힌 페이스각, -1도로도 표기), 0(정상), S0.5(0.5도 열린 페이스각, +0.5도로도 표기) 등의 편 페이스각 명세를 표시한다. 휘어나가는 구질이 심한 경기자는 H1.0 또는 H2.0으로 닫힌 편 페이스각이 있는 드라이버가 좋다.

● 중심각(angle of gravity): 그림 3.6.1에 보였듯이 드라이버의 샤프트 쪽만 수평으로 탁자에 올려놓으면 공중에 고개를 내민 헤드는 무게중심에 작용하는 중력, 즉 자중으로 평형 상태를 이루게 된다. 이때 타면(face)이 연직선과 이루는 각을 중심각이라고 하며 보통 20~30도 정도이다. 내리스윙 중에는 클럽

---

39)　이종원의 역학골프 1: 각도 알고 타수 줄이기, 좋은땅, 2011, 제2.10절 '공을 띄우려고 하면 할수록 가라앉는 이유' 및 제3.2절 '공을 잘 띄우는 클럽 명세' 참조.

헤드가 큰 원호를 그리며 가속하게 되는데 이때 헤드의 무게 중심에 작용하는 큰 원심력 때문에 헤드가 중심각에 비례해서 표적선(target line)에 대해 닫히려는 경향이 생긴다. 따라서 중심각이 크면 클수록 휘어나가는 구질(fade)을 교정하는 데 유리하다.[40)]

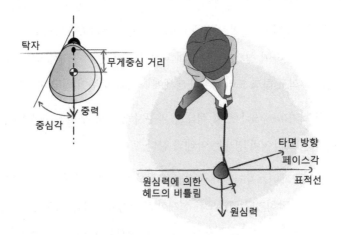

그림 3.6.1 중심각과 원심력

스윙 진로가 표적선과 일치하더라도 중심각이 크면(무게중심이 깊으면) 충격 직전 타면이 닫히는 경향이 커진다. 충격 시 타면이 닫히는 현상을 보이는 오른쪽 그림에서는 중심각의 효과를 과장한 것으로 실제는 헤드의 비틀림에 대한 저항인 MOI가 커서 중심각보다는 훨씬 작게 닫힌다.

● MOI(mass moment of inertia, 질량 관성모멘트): 어려운 공학 용어로 비틀림에 대한 저항을 의미하며 MOI가 크면 실수로 빗맞은 타격에 대한 관용성(forgiveness)이 커진다. 즉 잘못 맞아도 공이 크게 휘지 않고 나가게 된다. 반대로 MOI 즉 회전 저항

---

40) 제2.6절 '헤드 무게중심과 타구 성능' 참조.

이 크면 충격 시 클럽 헤드의 타면을 표적선에 정렬시키기 위해 내리스윙 중 필요한 손목의 비틀림 토크도 커야 한다. 즉, MOI가 큰 만큼 타면의 표적선 정렬 제어가 어려워지므로 충격 시 타면이 열려 휘어나가는 구질이 되기 쉽다.

- 깊고 낮은 무게중심: 무게중심이 깊으면 자연 중심각이 커지므로 휘어나가는 구질 교정에 유리하기는 하나 무게중심 거리가 커지게 되어 샤프트 축에 대한 클럽 헤드의 MOI가 커져서 이 효과를 상쇄할 수 있다. 또 무게중심이 낮으면 무게중심 거리가 작아져 바깥쪽으로 휘어나가는 구질 교정에 유리해진다. 한마디로 무게중심과 구질과의 관계는 매우 복잡하여 무게중심 위치만으로 구질과 직접 관련시키기는 쉽지 않다.[41]

- 스윙무게(swing weight): 스윙무게가 무거워지면 충격 직전 타면 정렬 시점이 늦어져 충격 시 타면이 열리기 쉽고 반대로 가벼워지면 닫히기 쉽다.

표 3.6.1 드라이버 기술 명세 예[42]

로프트각 (도)	10	중심거리 (mm)	39.0
길이 (인치)	45.5	중심높이 (mm)	35.5
스윙무게	D1	중심깊이 (mm)	38.5
총중량 (g)	288	중심각 (도)	26.0
라이각 (도)	60	편심폭 (mm)	35.0
편 페이스각 (도)	H0.5	편심깊이(mm)	17.0
MOI (g-cm²)	4400	헤드 부피 (cc)	460

---

41) 제2.6절 '헤드 무게중심과 타구 성능' 참조.
42) 표에서 진한 색으로 표시한 항목은 직접 구질에 영향을 주고 연한 색으로 표시한 항목은 간접적으로 구질에 영향을 준다. 여기서 (편심 폭)=(중심 거리)×cos(중심각), (편심 폭)=(중심 거리)× sin(중심각)의 관계가 있다. 또, 클럽 제조사가 제공하는 중심 깊이 38.5mm는 타면 하단의 앞날 기준이나 이 책에서처럼 타면 중심 기준으로 정의하면 33mm가 된다. 그림 2.6.1 참조.

표 3.6.1은 남자용 드라이버의 기술 명세 예를 보인다.

결론적으로 바깥쪽으로 휘어나가는 구질로 고생하는 경기자는 스윙 박자나 스윙 형태를 바꾸지 않더라도 닫힌 편 페이스각이 있고, 헤드의 무게중심 거리가 짧고, 중심각이 크고, 헤드의 MOI가 너무 크지 않은 드라이버를 선택하면 구질을 개선할 수 있다. 또 이왕이면 스윙무게가 가볍고, 샤프트의 굽힘 강성(flex)이 작고, 헤드의 중심이 낮고 깊은 드라이버 명세를 선택해도 어느 정도의 효과를 볼 수 있다.

요즘 출시되는 드라이버는 USGA에서 2008년부터 허용한 조정 가능한 클럽이 대세를 이루고 있다. 샤프트의 목(hosel)을 비틀어 로프트각과 페이스각을 미세 조정할 수도 있고 1~3개의 조정 가능한 무게추의 무게 배분을 바꾸어 구질을 조정할 수 있게 하기도 한다. 특히 무게추를 이용하여 헤드 무게 배분을 조정할 때 유의할 점은 위에서 언급한 MOI, 중심각, 스윙무게와 무게중심 위치를 모두 동시에 바꿀 수 있음으로 정작 원하는 구질 변경이 될 수 있는가 하는 점이다.[43) 따라서 고도로 숙련된 전문가의 도움이나 전문 지식 없이 무게추를 임의로 바꾸게 되면 역효과나 예상외로 구질이 다르게 바뀔 위험이 있다.

---

43) 제2.6절 '헤드 무게중심과 타구 성능'의 표 2.6.1 '드라이버 무게중심 이동의 효과' 참조.

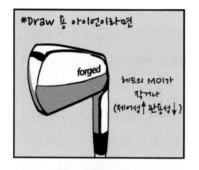

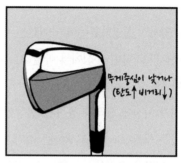

2010년 말 미국 캘리포니아 산호세 근처에 있는 한국인이 경영하는 골프 장비 판매장에 잠시 들른 적이 있다. 그때 진열대에서 'Draw bias iron'이라는 선전 문구가 적힌 아이언 세트가 눈에 들어왔다. 당시 '드로우(draw)' 전용 드라이버는 익히 알고 있었지만, 아이언은 생소하여 점원에게 무엇이 다른지 문의하자 '헤드의 무게중심을 코(toe) 쪽으로 옮긴 클럽'이라고 했다. 드라이버를 포함해서 드로우 전용 클럽에서는 무게중심이 오히려 턱(heel) 쪽에 가까워야 타당하다고 이의를 제기했으나 점원은 그럴 리 없다고 계속 우긴 적이 있다. 점원의 말이 맞을 한 가지 가능성은 아이언 헤드를 가볍게 하면서 무게중심을 코 쪽으로 옮기는 설계 방법을 적용하는 것

인데, 일단 헤드가 가벼워지면 충돌 효율과 빗맞은 타격에 대한 관용성이 나빠지고 스윙무게를 맞추려면 샤프트 길이를 길게 조정해야 하는 등 현실성이 낮다.

앞서[44] 설명하였듯이 아이언은 우드와 달리 스윙 진로 기준 똑바로 타구하더라도 타면 중심에서 바깥(코, toe)쪽으로 빗맞으면 바깥쪽으로 휘어 나가고(fade) 안쪽으로 빗맞으면 안쪽으로 휘어든다(draw).[45] 물리 법칙을 따지기 이전에 상식과 통하는 현상이다. 그러니 바깥쪽으로 심하게 휘어 나가는 구질(slice)로 고생하는 경기자는 헤드의 무게중심 안쪽 타면으로 고의 빗맞은 타격을 유도하면 고질적인 휘어나가는 구질을 해결할 수 있음으로 산호세의 점원이 이해하듯이 헤드의 무게중심을 바깥쪽으로 옮긴 클럽을 사용하면 '슬라이스'가 해결될까?

물론 무게중심이 코 쪽으로 치우쳐 있는 클럽 헤드의 타면 정중앙으로 타구하면 자연 안쪽으로 빗맞은 타격이 되어 일시적으로 타면이 닫히는 '각 효과'가[46] 발생할 수 있다. 그러나 그보다는 샤프트 축에 대한 헤드의 무게 중심거리(CG distance)가[47] 멀어짐으로써 샤프트 축에 대한 헤드의 MOI, 즉 헤드의 샤프트 축에 대한 회전 저항이 커져서 내리스윙(down swing) 끝 충격 직전, 타면이 표적선에 제대로 정렬하지 못하고 열리는 효과가 더 커진다. 드로우 전용 아이언에서 중심거리를 작게 하기 위해 가장 쉽게 채택했던 설계 방법은 아이언 헤드를 작게 하거나 목(hosel)을 길게 하여 목 쪽의 무게를 크게 하는 것인데 모두 빗맞은 타격에 대한 관용성이 나

---

44) 제2.9절 '빗맞은 타격과 기어 효과' 참조.
45) 물론 지나치게 클럽 타면 안쪽 샤프트 연결부인 목에 맞으면 목치기(shank)가 되어 공이 심하게 바깥쪽으로 휘어져 나갈 수 있다.
46) 제4.7절 '빗맞은 아이언 타격의 탄도' 참조.
47) 무게 중심거리(Center of Gravity distance)는 헤드의 무게중심에서 샤프트 축의 연장선에 내린 수선의 길이로 헤드의 무게중심이 샤프트 축 선에서 떨어진 거리이다. 무게중심이 낮아져도 중심거리는 짧아진다. 제5.3절 '원심력과 헤드의 고개숙임' 참조.

쁜 단점이 있다.

2006년 테일러메이드(TaylorMade)에서 아이언의 무게중심을 깊게 그리고 틱 쪽으로 가깝게 하는 새로운 DWT(Draw Weighted Technology) 기술을 선보인 적이 있는데 드로우 전용 아이언 세트에 대한 설명을 보면

- 목 편심(hosel off-set)을 크게 하여 충격 시 클럽 타면이 쉽게 표적선에 정렬하도록 한다.

- 그림 3.7.1처럼 클럽 헤드의 틱(heel) 쪽에 무게 추를 삽입하여 클럽의 무게중심을 깊게 그리고 샤프트 축에 가깝게 하여 편 페이스각(bias face angle)을 유도한다.

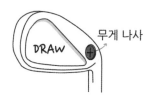

그림 3.7.1 드로우 전용 아이언 구조

틱 쪽 배면(back)에 무거운 소재를 분배하면 헤드의 무게중심이 샤프트 축에 가깝고 깊어져 중심각이 커진다. 헤드 무게가 같다면 샤프트 축에 대한 헤드의 MOI도 작아져 충격 시 타면이 쉽게 닫히는 추가 효과가 있으나 무게 나사로 헤드 무게가 변하면 매우 복잡한 현상이 생긴다.

- 헤드 타면 두께를 얇게 하는 대신 배면 공간(cavity back)을 넓게 하여 헤드 무게중심을 낮고 깊게 하여 높은 탄도를 유도한다.

- 헤드 바닥을 넓고 부드러운 곡면으로 만들어 일관되고 부드러운 타구를 유도한다.

우선 헤드의 무게중심을 깊게 하면 그림 3.7.2에 보였듯이 중심각이[48] 커져서 충격 시 원심력으로 타면이 중심각 증가만큼 닫히는 효과가 있다. 문제는 무게중심을 틱 쪽으로 옮기면 늘 타면 헤드의 무게중심이 지나는

---

48) 이종원의 역학골프: 각도 알고 타수 줄이기, 좋은땅, 2011, 제4.7절 '클럽 맞춤' 참조.

타면 안(턱)쪽으로 타구 해야 하는 부담이 있다. 타면 중앙으로 정상 타격하더라도 충격력이 무게중심을 지나지 않게 되므로 반발계수가 작아져 공의 발사속도가 그만큼 떨어져 비거리가 줄어드는 단점이 있다.

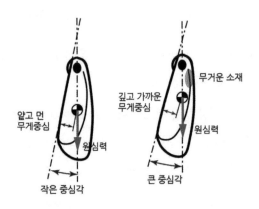

그림 3.7.2 드로우 전용 아이언과 중심각

(왼쪽 그림) 무게 중심이 타면 가까이에 있고 샤프트 축에서 먼 보통 아이언의 중심각은 작다.
(오른쪽 그림) 헤드 무게는 그대로 하면서 샤프트 축 쪽을 무겁게 하면 무게중심이 깊어지고 샤프트 축에 가까워져 중심각이 커진다. 타구 시 헤드 무게중심에 작용하는 원심력으로 타면이 표적선에 대해 중심각 증가만큼 더 닫히게 된다.

헤드의 부피를 크게 하면 타면 면적이 커져(deep face) 고반발 지역(sweet zone)이 넓어지고 무게중심 기준 헤드의 MOI도 커져서 빗맞은 타격에 대한 관용성이 증가하는 장점이 있지만, 샤프트 축에 대한 헤드의 MOI도 커지게 되어 샤프트 축에 대한 클럽의 회전 저항이 커지므로 자연 심하게 휘어 나가는 구질(slice)이 되기 쉽다. 이렇게 반대 방향으로 뛰는 두 마리 토끼를 모두 잡기 위해서 배면에 공간을 만들거나 주변 가중(perimeter weighting) 설계 도입 등을 통해서 헤드의 MOI를 키우는 한편 여분의 무게를 턱 쪽이나 바닥 쪽으로 옮김으로써 샤프트 축에 대한 헤드의 MOI도 작게 하는 설계기술이 주로 드라이버에 적용됐으며 여러 종류의 무게 나사 등을 적절히 배분하여 구질을 자유자재로 변경할 수 있는 근래의 여유 무게 배분 기술도 모두 이에 해당한다.

결국 무게중심을 타면 중심에서 안팎으로 옮기는 기술은 궁여지책으로 바람직한 설계기술이 되지 못한다. 드라이버보다 타면의 면적과 고 반발지역이 넓지 않은 아이언에서 섣불리 무게중심을 타면 중심선에서 안팎으로 옮기는 발상은 위험할 수 있다. 그래서 아마도 DWT 기술을 적용한 휘어드는 구질 전용 아이언이 주변에서 잘 보이지 않는 이유가 아닐까? 휘어나가는 구질로 고생하는 초보자나 중급자는 목 편심이 있거나 무게중심이 깊고 낮은 아이언을 구매하는 편이 안전하다. 목 편심이 크고 클럽 헤드 바닥이 넓고 배면 공간이 큰 주조 아이언이 이에 해당한다. 아니면 정반대로 프로들이 선호하는 바닥이 얇아 MOI가 작은 단조 아이언도 해당하나 대신 빗맞은 타격에 대한 관용성이 떨어진다. 참고로 음(-)의 편 페이스각이 있는 드라이버도 '드로우' 구질용 클럽이지만 DWT와는 다른 설계 개념이다.

헤드의 무게중심을 턱 쪽으로 이동 시켜 샤프트 축선에 대한 클럽의 MOI를 작게 한 드로우 전용 아이언이 충격 직전 표적선에 대해 쉽게 닫히는 성질을 가진다면 역설적으로 스윙 형태의 미묘한 변화에 따라 표적선에 대한 타면 정렬도 민감하게 변할 수 있어 오히려 타구의 안정성과 제어성이 나빠진다는 주장도 있다.[49]

---

49) R. Maltby, "What is draw bias irons," http://ralphmaltby.com/what-is-draw-bias-irons/ 참조.

얇은 타면(shallow face) 클럽이란 보통보다 타면의 높이가 낮은 우드나 하이브리드를 일컫는다. 이때 무게중심도 따라서 낮아지므로 공이 무게중심 위로 빗맞기 쉬운 구조를 갖는다. 무게중심 위로 빗맞은 아이언 타구에서

는 각 효과 때문에 충격 시 유효 로프트(dynamic loft)가 약간 커지므로 발사각과 함께 역회전도 커져 공이 쉽게 떠오르므로 자연 탄도도 높아진다. 하지만, 무게중심 위로 빗맞은 우드 타구에서는 각 효과로 발사각이 커지기는 하나, 순회전(top spin)을 주는 기어 효과 때문에 역회전이 오히려 작아져[50] 달린거리를 멀게 하는 부수 효과도 생긴다. 다만 아이언이든 우드든 충격점이 스위트 스폿에서 너무 멀어지면 반발계수가 작아져 공 속도와 함께 비거리가 줄어들 수 있다.

그림 3.8.1 단단한 지면에서의 타구

골프공이 비교적 단단한 지면에 놓인 때는 얕은 타면을 가진 우드 B가 보통의 우드 A 보다 타구 안정성이 더 좋다. 같은 높이의 타면을 가진 우드라도 타면의 형상에 따라 타구 안정성에 차이가 생긴다. 우드 C가 우드 B보다 유리하다.

그림 3.8.1은 보통의 우드 A보다 전체 타면의 높이가 낮아진 우드 B와 C를 비교하고 있다. 타면의 높이를 낮게 설계하면 자연 무게중심은 낮아지는 대신 타면의 폭을 크게 하지 않는 한 타면의 절대 면적이 작아진다. 공이 잘 다듬어진 페어웨이(tight fairway) 등, 비교적 단단한 지면(tight lie)에 놓여 있다고 가정하면 그림에 옅은 색 음영으로 구별한, 타구 때 공과 충돌 가능한 타면의 면적 −이를 유효 타격 면적(EHA: effective hitting area)이라고 한다− 은 타면 절대 면적이 큰 우드 A가 오히려 타면 절대 면적이 작거나 비슷한 B나 C보다 작아질 수 있다. 비슷한 타면 높이를 가진 우드 B와

---

50) 무게중심이 깊은 우드에서는 기어 효과가 각 효과보다 크다. 제2.9절 '빗맞은 타격과 기어 효과' 참조.

C라도 타면의 형상에 따라 유효 타격 면적에 차이가 날 수 있다. 그림에서 유효 타격 면적(음영 부분) 이외의 흰색 부분 타면은 스윙 형태와 관계없이 충격점이 생길 수 없는 구역이다.

그러나 공이 단단한 지면이 아닌 부드러운 모래나 풀숲에 놓이면 최대로 공이 모래나 풀에 떠 있는 높이(이를 공자리 높이라고 한다)뿐[51] 아니라 타구 때 클럽이 파고 들어갈 수 있는 부드러운 지층의 깊이(이를 굴착 깊이라고 한다)의 합만큼의 여유 공간이 공 밑에 생길 수 있음으로 극단적으로는 그림 3.8.2 처럼 유효 타격 면적이 변하게 된다. 이때 보통의 우드 A로는 타격이 가능한 타면에 여유가 있으나 얕은 타면 우드인 B나 C로는 공 밑을 파고드는 비정상적인 타구가 되기 쉽다. 마찬가지로 티에 올려놓고 타구할 때는 오히려 깊은 타면(deep face) 우드가 제격이라고 할 수 있다.

그림 3.8.2 풀숲에서의 타구

눈에 잘 띄지는 않지만 부드러운 지면이나 긴 풀이 공을 떠받치고 있을 때는 타구 시 클럽이 공 밑으로 빠져나갈 여지가 생겨 얕은 타면을 가진 우드 B가 보통의 우드 A보다 타구 안정성이 오히려 나빠진다. 같은 높이의 타면을 가진 우드라도 타면의 형상에 따라 타구 안정성에 차이가 생긴다. 우드 C가 우드 B보다 불리하다.

결론적으로 얕은 타면의 우드는 공자리 높이가 낮은 페어웨이에 공이 놓이면 타구 안정성이 좋아져 공을 띄우기가 수월해지지만, 페어웨이를 벗어난 풀숲에서는 오히려 타구 안정성이 떨어지고 필요 이상으로 높은 탄도의

---

51) 이종원의 역학골프 1: 각도 알고 타수 줄이기, 좋은땅, 2016, 제5.5절 '충격점 높이와 타구 안정성'과 제6.4절 '깊은 풀숲 탈출' 참조.

타구가 되기 쉽다. 깊은 풀숲(deep rough)에 공이 잠긴 때에는 클럽 헤드가 공을 제대로 타격하지 못하고 심하면 공 밑으로 빠져나갈 위험이 커진다. 속칭 '스카이 볼(sky shot)'이 되기 쉽다. 이와 똑같은 문제가 그린 근처 깊은 풀숲에 빠진 공을 핀에 붙이고자 할 때의 웨지 타구에서도 발생할 수 있는데 로프트각이 커서 타면이 뒤로 누운 웨지 헤드는 자연 타면의 높이가 낮아져 얕은 타면의 우드 타구와 비슷한 상황을 연출한다.

얕은 타면 우드와 깊은 타면 우드 중 어느 클럽을 선택할지 결정하기 전에 개인의 스윙 형태(style)도 고려해야 한다. 깊은 타면 우드는 타면이 높아서 위아래로 빗맞더라도 반발계수 손실이 작아 공 속도도 크게 줄지 않는다. 하지만 안팎(toe-heel)으로 빗맞을 때는 타면의 폭이 좁아서 관용성이 나쁘고 단단한 지면에 공이 놓일 때는 머리치기(topped shot) 할 위험성이 높다. 풀숲에 공이 잠겼을 때는 위로 빗맞더라도 기어 효과 때문에 역회전이 줄어드는 대신 발사각이 커져 탈출이 쉬워진다.[52] 물론 미끄러운 풀이 공과 타면 사이에 끼게 되어 공 속도와 역회전이 약간 줄 수 있다. 반면, 얕은 타면 우드는 타면 높이가 낮아 위아래로 빗맞을 때의 반발계수 손실이 커서 공 속도가 크게 줄 수 있다. 대신 안팎(toe-heel)으로 빗맞을 때는 타면의 폭이 크므로 관용성이 좋고 단단한 지면에서는 안정적인 타구가 가능하며 공을 쉽게 띄울 수 있는 장점이 있지만, 티 타구(tee shot)나 풀숲에서 탈출할 때는 물론, 가끔은 잘 다듬어지지 않은 페어웨이에서도 '스카이 볼'에 주의해야 한다.

---

52) 제2.8절 '각 효과 – 회전 속도와 발사각' 참조.

헤드가 크면 공기저항이 커져
드라이버 거리가 준다?

요즘 출시되는 타이타늄 소재 드라이버의 대세는 대형 헤드다. 드라이버 헤드가 커질 수 있는 것은 가벼우면서도 질기고 강성이 큰 신소재인 타이타늄 덕분이다. 타이타늄 소재는 강성을 유지하면서도 얇게 만들 수 있음으로 부피가 큰, 가운데가 빈 통 모양으로 헤드를 제작할 수 있다. 따라서 소재를 무게중심으로부터 먼 곳에 배치하는 주변 가중(perimeter weighting)이 쉬워 헤드의 회전 저항인 MOI가 커질 수 있음으로 빗맞은 타격으로 말미암은 헤드의 비틀림 효과인 각 효과(angle effect)를[53] 최소화하여 타구의 방향성을 향상할 수 있다. 당연히 타면의 면적도 커지므로 소위 고반발 지역(sweet zone)의 면적을 크게 하여 빗맞은 타격에 대한 반발계수 손실도 줄일 수 있다. 이러한 타격 실수에 대한 관용성(forgiveness)이 커지면 일반 경기자에는 희소식이지만 선수의 경기력 측정에 대한 변별력이 떨어져 공정한 경쟁이 기본인 스포츠 정신에 어긋나게 된다. 이 때문에 USGA에서는 일찍이 헤드의 MOI를 5,900g-㎠ 이하로, 헤드의 부피를 460cc 이하로,[54] 타면의 크기를 2.8인치(높이)×5인치(폭)[55] 이하로 제한하기에 이르렀다.

이러한 제한 조건에서도 예전의 감나무나 알루미늄 합금으로 만든 헤드

---

53) 이종원의 역학골프: 각도 알고 타수 줄이기, 좋은땅, 2011, 제2.3절 '휜 공의 원인은 각 효과?' 참조.
54) USGA는 "클럽은 전통적이고 관습적인 형태 및 제조 방식과 크게 달라서는 안 된다"라는 매우 모호한 클럽 명세에 대한 규제 철학을 갖고 있다. 헤드 체적 제한도 애초에는 375cc로 제한하려고 하였으나 기존 제조사와의 법적 소송을 피하고자 460cc로 단순 상향 조정되었다. F. Thomas, The USGA's latest equipment crackdown causes only more harm than good, Golf World, 2002년 1월 25일.
55) 현재 출시되고 있는 드라이버의 타면 면적은 대략 40㎠이며, 직사각형 모양으로 타면을 설계하면 타면 면적이 최대 90㎠까지 될 수 있다.

에 비해서는 그 크기가 매우 커졌다. 예를 들어 타이타늄 드라이버가 처음 출시된 1990년대 중반에는 부피가 250cc에 그쳤으나, 2000년대 초반에는 360cc로, 현재는 대부분 400cc를 초과하고 있다. 문제는 이렇게 커진 헤드로 스윙할 때 타면의 면적에 비례해서 커진 공기저항이 헤드 속도를 느리게 하는데, 이 때문에 '드라이버 거리가 얼마나 줄어드는가?'이다.

충격 직전 헤드의 운동에너지는

$$0.5 \times (헤드\ 질량)(헤드\ 속도)^2$$

으로 헤드 질량 200g, 헤드 속도 50m/s(113mph, PGA 투어 선수 해당)일 때 운동에너지는 250joule(N-m)이[56] 된다. 한편 내리스윙(down swing) 중 헤드 타면이 받는 공기저항 즉 항력(drag force)에 의한 손실 에너지는 내리스윙 중 헤드 속도가 시간에 따라 변하므로[57]

$$\frac{(항력\ 계수)(공기\ 밀도)(타면\ 면적)}{2} \int_0^{0.25초} (내리스윙\ 중\ 헤드\ 속도)^3 d(시간)$$

로부터 대략 계산할 수 있는데, 헤드를 반구(半球) 형태로 근사화할 때의[58] 항력 계수(drag coefficient) 1.17, 표준 공기 밀도 1.2kg/m³, 타면 면적 0.004 m²라 하고 표준 스윙 동역학으로부터 계산된 내리스윙 중 헤드 속도를 시간의 함수로[59] 대입하고 적분하면 약 13joule이 된다.

---

56) 1joule은 무게 1Newton(약 100g 무게) 물체를 1m 들어 올리거나 1 Watt 전구를 1초 켰을 때 소비되는 에너지나 일에 해당한다.
57) 계산을 간단하게 하기 위해서 내리스윙 내내 타면 면적과 항력 계수는 일정하다고 가정하였다.
58) 실제는 내리 스윙 중 스윙 궤도에 대해 헤드 타면이 향하는 방향이 계속 변하지만 여기서는 간단히 헤드 타면이 스윙 궤도에 줄곧 정렬된다고 가정했다.
59) 이종원, 골프역학 역학골프, 청문각, 2009, 그림 3.1.12 '지지점 이동과 헤드 속도'로부터 유도.

즉 충돌 시 헤드 속도가 50m/s일 때 충격 직전 운동 에너지 대비 내리 스윙 중 공기 저항에 의한 헤드의 에너지 손실률은 5.2%가량 된다. 문제는 헤드의 공기 저항에 의한 에너지 손실뿐 아니고 샤프트의 공기 저항에 의한 에너지 손실도 상당하다. 그 이유는 원형 단면을 갖는 샤프트의 항력 계수는 1.2로 비슷하고 샤프트의 평균 속도가 헤드 속도의 약 50%로 작지만, 샤프트의 운동 방향에 수직인 단면적이 약 0.014㎡로 헤드 타면 면적의 3.5 배 정도로 크기 때문이다. 충돌 시 헤드 속도가 50m/s일 때 내리스윙 중 샤프트의 공기저항에 의한 손실 에너지는 약 15joule로 헤드에 의한 손실 에너지보다 오히려 약간 크다. 따라서 충격 시 운동에너지 대비 총 에너지 손실률은 대략 11.2%로 추정된다.[60]

문제는 여기서 타면의 면적을 50% 크게 하면 샤프트에 의한 손실 에너지는 변동이 없고 헤드의 에너지 손실률만 7.8%가 되어 총 에너지 손실률이 2.6%만큼 증가한다. 즉 충격 직전 헤드 운동에너지는 250joule에서 243.5joule로 감소하는데 운동에너지는 속도의 제곱에 비례하므로 충격 시 헤드 속도 감소율은 1.3%가 된다. 타면이 50% 커지기 전 헤드 속도가 50m/s이었다면 타면이 50% 더 커짐으로써 감소하는 헤드 속도는 0.65m/s로 드라이버 비거리는 4m가량 감소한다.[61] 헤드 속도가 30m/s인 초보자에서는 헤드 속도 감소율이 약 0.8%로 비거리는 1.5m가량 감소한다. 물론 위에 보인 근사계산 예는 엄밀한 해석 결과는 아니지만, 전체적인 경향을 보여주는 데는 충분하다.

---

60) 대형 드라이버의 공기저항에 의한 손실 에너지는 10~20joule이며 샤프트에 의한 손실 에너지를 합하면 약 30joule이라는 주장과 잘 일치한다. John Wesson, The Science of Golf, Oxford University Press, 2009, p.33.
61) 제4.3절, '헤드 속도와 비거리' 참조.

내리스윙 중 드라이버 헤드와 샤프트는 공기의 저항을 이기고 충격 위치를 향해 이동한다. 이 과정에서 에너지 손실이 생기게 되어 충격 시 헤드 속도를 약간 감소시키게 되나 헤드 대형화로 말미암은 순수 드라이버 거리 손실은 미미하다. 또한, 유동 방향이 대체로 변하지 않는 비행체와 달리 내리스윙 중 클럽 헤드 기준 유동 방향이 계속 바뀌어 항력 계산이 매우 복잡하다.

그림 3.9.1 클럽의 공기 저항

한때 자동차의 저연비 관련해서 항력 계수 경쟁이 공공연히 벌어졌었는데 요즘 생산되는 자동차의 항력 계수는 0.25~0.45 범위로 항력 계수 0.25는 거의 최적화된 값으로 더 이상의 항력 계수 감소를 기대하기 어려워, 향후 자동차 산업에서의 항력 계수 공개 경쟁은 무의미하다. 2010년 이후 드라이버 헤드 설계에서도 항공기나 자동차 분야에서 적용한 공기 저항 감소 기술을 경쟁적으로 도입하였지만, 헤드 속도 증가는 1% 미만으로[62] 비거리 이득은 기껏해야 2~3m로 추정된다. 그나마 자동차와는 달리 실제로 골프 장비 제조사들이 풍동실험에서 측정하거나, 전산 유체역학 프로그램으로 계산한 항력 계수 자료를 구체적으로 공개하지 않아 그 주장의 신빙성을 확인할 수 없다. 특히 자동차에서는 공기가 정면에서 후면으로 일관성 있게 불지만, 그림 3.9.1에 보였듯이 내리스윙 중 헤드에서는 공기의 흐름 방향이 초기의 턱-코(heel-toe) 방향에서 충격 직전에는 타면-배면(face-back) 방향으로 바뀌는, 헤드 입장에서는 매우 복잡한 유동 변화

---

62) Zak Kozuchowski, Review: Ping G30 Driver, Golf WRX, Oct 1, 2014. 공기 저항 감소 기술 채택으로 얻은 순수 헤드 속도 증가율은 0.7%에 그친다. http://www. golfwrx.com/226339/review-ping-g30-driver/ 2016년 캘러웨이에서 보잉과의 기술 협력하에 공기 저항 감소 기술을 적용해서 출시한 XR 9° 드라이버와 기존의 Razr X Black 9.5° 드라이버의 자체 시험 결과 평균 2%의 공 속도 증가율을 얻었다고 주장하지만 이를 뒷받침할 만한 구체적인 자료는 제시하지 않았다.

를 보인다. 일례로 2010년대 중반 드라이버 헤드 설계에 선보인 캘러웨이 (Callaway)의 Speedstep Crown이나 핑(Ping)의 Turbulator 개념은 비행체의 항력을 줄이기 위해 항공 분야에서 개발한 기술을 적용한 것이다.

결론적으로 대형 드라이버의 내리스윙 중 공기저항에 의한 드라이버 거리 손실은 우려할 만한 수준은 아니다.

제4장

정상 타격과
빗맞은 타격의 탄도

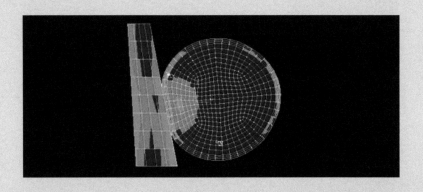

심한 빗맞은 타격

야구에서 배트 스윙 시작부터 타격까지 걸리는 시간은 대략 0.15초로 골프에서의 내리스윙(down swing) 시간 0.25~0.35초보다 짧다. 골프 스윙 기준으로 야구 스윙은 전 스윙(full swing)이라기보다는 부분 스윙(partial swing)에 가깝기 때문이기도 하다. 이때 만약 배트 스윙 동작이 이보다 0.01초 빠르거나 느리면 타격이 정확해도 좌우 파울 라인 밖으로 나가는 파울 볼이 된다.[1] 골프에서의 드라이버 타구에서는 충격 시점(impact timing)이 0.001~0.002초 느리거나 빠르면 깎이거나(slice) 감기는(hook) 등 심하게 휘는 구질로 페어웨이 밖으로 나가는 타구가 된다. 즉 충격 시점에 스윙 진로가 표적을 향하더라도 클럽 헤드의 타면(face) 정렬이 2~4도 어긋나게 된다.

야구에서 밀어치기나 당겨치기 때도 중앙 안타 때와 비교해서 자연 스윙 박자(tempo)와 타격 시점(timing)의 정확성이 더 중요해진다. 골프에서 말하는 스윙 진로(swing path)에 해당한다. 스윙 진로가 표적 중앙을 향한다면 타면 정렬 오차가 탄도에 미치는 영향이 좌우 같게 되지만, 스윙 진로가 표적 오른쪽이나 왼쪽이 된다면 한 방향 타면 정렬이 반대 방향보다 더 중요해진다.

야구에서 설사 배트 스윙 박자와 타격 시점 모두 정확하더라도 배트의 스위트 스폿(sweet spot)으로 공을 정확히 타격하지 못하면 빗맞은 타격이 되어 탄도가 비정상적이 된다. 골프에서도 타면과 스윙 진로 모두 표적선에 잘 정렬되더라도 클럽 헤드의 스위트 스폿에서 좌우 상하로 벗어나 공이

---

1) 로버트 어데어, 야구의 물리학, 2006, 한승, 제3장 참조.

맞으면 빗맞은 타격(off-center/mis hit)이 되어 탄도가 비정상적이 된다. 심하게 빗맞은 타격에는 **목치기**(shank), **코치기**(toe shot/hit), **머리치기**(topped/thin shot), **뒤땅치기**(chunk/fat/duffed shot) 등이 해당하는데, 헛스윙은 예외로 한다.

타면의 스위트 스폿에서 좌우로 심하게 빗맞은 아이언 타구는 목치기나 코치기가 되기 쉽다. 타면 위 모서리에 걸쳐 빗맞으면 소위 '스카이 볼'이 되어 공이 공중으로 높이 솟아오르게 되므로 무엇보다도 비거리 손실이 크다. 타면 아래 모서리인 앞날(leading edge)에 걸쳐 빗맞은 타격은 두 가지 유형이 있는데, 스윙 원호 하사점 전 타격이면 **머리치기**, 하사점 지난 후 타격이면 **뒤땅치기**가 되기 쉽다. 이 중 뒤땅치기 때는 지면이 헤드의 운동에 너지를 미리 상당히 흡수하므로 헤드 속도와 함께 공 속도 손실이 매우 크지만, 머리치기에서는 가끔 탄도가 낮긴 해도 공 속도 손실이 작으면 표적 근처에 안착하는 행운의 타구가 되기도 한다.

그림 4.1.1 빗맞은 아이언 타구에서의 공과 헤드 충격

(왼쪽 그림) 공과 헤드가 정상적으로 충돌할 때의 충격점 위치를 보인다.
(가운데 그림) 공과 헤드가 정상적으로 충돌하는 동안 공이 D자형으로 찌그러지는 모양으로 접촉면은 대략 지름이 2.5cm(1인치)인 원형이다.
(오른쪽 그림) 머리치기가 심하지 않을 때 공이 찌그러지는 모양을 보이며, 발사각은 낮아지나 발사 속도는 많이 감소하지 않는다.

충격 때 공이 헤드 타면과 접촉하는 시간은 1/2000초로 순식간에 충돌

이 끝나지만 그사이 공은 크게 압축 변형하다가 원상회복한다. 그림 4.1.1
에 보였듯이 정상 타격에서는 골프공이 순간적으로 공 지름의 최대 20%까
지[2] 압축하지만, 평균적으로는 대략 공 지름의 10% 미만으로 압축한다.
이를 압축률이라고 하는데 10% 압축할 때 원형 접촉면의 지름은 2.5cm(1
인치) 정도이다.[3] 만약 스위트 스폿에서 벗어나 머리치기가 되면 헤드 앞날
이 공에 파고드는 형상이 되어 타면과의 접촉 면적이 공 무게중심 위쪽에
집중된다. 따라서 역회전 속도가 작아지고 발사각이 낮아져 탄도는 예상보
다 낮게 형성되면서 낮게 굴러가는 구질이 될 수 있다. 그리 심하지 않은 머
리치기에서는 충격 시 공에 전달되는 운동량이 정상 타격보다 많이 감소하
지 않아, 탄도는 낮으나 의외로 달린거리를 포함한 사거리는 어느 정도 확
보할 수 있다.

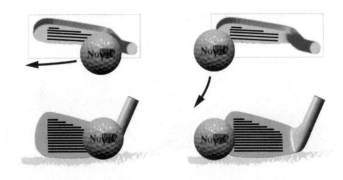

그림 4.1.2 목치기와 코치기

목치기(왼쪽 그림)와 코치기(오른쪽 그림)는 충격점이 스위트 스폿에서 멀리 벗어나 클럽
헤드의 목(hosel)과 코(toe)끝일 때 생긴다. 충격점 위치가 정반대 방향인데 모두 깎인
공(slice)과 유사한 구질 때문에 자주 혼동한다. 차이점이라면 코치기보다 목치기 때
탄도가 표적선에서 훨씬 벗어나 거의 직각에 가깝게 옆으로 날아가는 구질이 된다.

---

2) 야구공은 타격 순간 최대 50%까지 압축한다고 알려졌다. 공의 앞뒤 거리가 타격 순간 원래
   지름의 반까지 줄어든다는 얘기다.
3) 압축률 20%로 계산하면 최대 접촉면 지름이 대략 3.6cm(1.4인치)로 증가한다.

초보자들이 흔히 겪는 어려움 중에 '목치기'를 들 수 있다. 한번 목치기를 하면 이를 피하고자 더욱 몸의 근육이 긴장되어 개선되기는커녕 악순환의 연속으로 경기 의욕을 떨어뜨리는 목치기를 피하기 어렵다. 이럴 때 많은 초보자는 울고 싶은 심정으로 골프를 그만두고 싶다는 생각마저 들 수 있다.

그림 4.1.2에 보였듯이 아이언 타구에서 목치기란 경기자가 공에 너무 가까이 타구자세를 취함으로써 공이 클럽 헤드 타면의 스위트 스폿에서 멀리 떨어진 헤드의 목(hosel) 쪽 타면(heel shot) 또는 목에 직접 충돌함으로써 타구 한 공이 마치 심하게 깎인 공(slice)처럼 바깥쪽으로 휘어 나가는데 그 구질이 코치기 때와 엇비슷하여 초보자 중에는 헤드의 목이 아니라 헤드의 코(toe)끝으로 타격하는 줄 잘못 이해할 수 있다.[4] 따라서 이를 교정하려고 더욱 공에 다가서는 타구자세를 취하고 그 결과 헤어날 수 없는 목치기를 반복한다. 이때는 반대로 과감하게 공에서 멀리 떨어진 타구자세를 취하면 자연 해결될 수 있다. 목치기를 근본적으로 방지하려면 경기자의 평소 타구 습관을 확인하여 교정하는 것이 중요하다. 예를 들어 골프 연습장에서 타구 연습 때 또는 라운드 중 동반자의 양해를 구하여, 클럽 타면에 충격점이 표시되는 특수 테이프를 부착하여 당일 자신의 타구 습관을 즉시 확인하면서 타구자세를 교정할 수 있다. 또 한 가지 좀 부정확할 수도 있지만, 라운드 중 습기가 약간 남아 있는 수건으로 클럽의 타면을 잘 닦은 직후에 타구하면 충격 때 타면에 남겨진 공의 딤플 자국을 보고 충격점을 확인할 수 있다.[5] 또 페어웨이에서 타구 직후 타면에 붙어있는 풀의 흔적을 관찰하여 스위트 스폿에서 빗나간 충격점 위치를 직접 확인한 후 다음 타

---

4) A. Cochran and J. Stobbs, Search for the Perfect Swing, The Golf Society of Great Britain, 1968, p.115 참조.
5) 제4.2절 '충격점 분포와 확인법' 참조.

구에서 이를 참작하여 교정할 수 있다.

굳이 목치기의 원인을 스윙 형태에서 찾는다면 대부분 타구자세를 취할 때 몸 무게중심을 발끝에 집중할 때 생기기 쉽다. 이 타구자세에서 내리스윙 때 몸이 앞으로 넘어지면서 타구하면 목치기가 틀림없다. 이를 교정하려면 타구자세 때 몸 무게중심을 오히려 발뒤꿈치에 둔 안정된 기마자세를 취하고 내리스윙을 하면 몸이 앞으로 넘어지는 것을 예방할 수 있다. 코치기를 방지하려면 이와 반대로 하면 된다.

목치기는 부드러운 모래 구덩이에서 탈출할 때에도 자주 발생하는데 그 이유는 확실하게 모래 구덩이에 빠진 공을 쳐 내야 한다는 강박관념에서 공에 가깝게 다가서서 타구자세를 취하면서 있는 힘껏 타격할 때 자주 발생한다. 부드러운 모래 구덩이 탈출 시는 오히려 평소보다 약간 공을 멀리 두고 타면을 충분히 열여 유효 로프트(dynamic loft)와 바운스각(bounce angle)을 확보한 상태에서 부드럽게 타구해야 목치기를 피하면서 헤드 앞날이 모래에 박히지 않고 미끄러지면서 높은 탄도의 탈출을 구현할 수 있다.

4.2 충격점 분포와 확인법

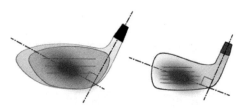

그림 4.2.1 우드와 아이언의 충격점 분포 비교

타면 위에 분포된 충격점은 고반발 지역을 중심으로 기울어진 타원 형상의 정규 분포
에 가깝다. 타원의 장축은 대략 샤프트 축선에 직각 방향으로 라이각이 작은 우드에서
는 타원의 기울기가 심하고 라이각이 큰 짧은 아이언과 웨지에서는 타원의 기울기가
그만큼 완만하다.

클럽 타면(face)의 충격점(impact point) 분포는 그림 4.2.1처럼[6] 스위트
스폿을 중심으로 약간 기울어진 타원형의 정규 분포(normal distribution)에
가까우며 그 장축은 대략 샤프트 축에 수직인 방향이다. 따라서 타원의 기
울기는 [90도−라이각(lie angle)]에 가까우므로 라이각이 조금 작은 드라이
버나 우드 타구에서 충격점 분포의 평균 기울기는 크고 반대로 라이각이
조금 큰 짧은 아이언이나 웨지 타구에서는 그 기울기가 완만하다.[7] 주로
코(toe) 쪽에서는 위쪽으로, 힐(heel) 쪽에서는 아래쪽으로 충격점이 집중되
는 경향을 보이는 데 이를 반영해서 코 쪽 타면은 높고 힐 쪽 타면은 낮게
아이언 헤드 타면 형상을 설계하는 것이 자연스럽다.[8] 아이언보다 라이각

---

6) James, "The COBRA S3 driver: a closer look," Golfcrunch: golf equipment
news & reviews, March 2011. http://www.golfcrunch.com/golf-equipment/
cobra-s3-driver-overview/

7) F. D. Werner and R. C. Greig, How Golf Clubs Really Work and How to
Optimize their Designs, Origin Inc., 2000, p.17-21.

8) 물론 힐 쪽은 샤프트를 단단히 연결할 목(hosel) 구조 때문에 무거워지므로 이와 균형을 맞추
어 무게중심을 타면 중앙에 두도록 코 쪽을 무겁게 해야 한다.

이 조금 작은 우드도 대부분 코 위쪽 타면이 높은 대신 코 아래쪽 타면은 충격점 분포 형상을 따라 자연스럽게 비탈지게 설계하는 이유도, 통계적으로 잘 알려진 기울어진 타원형 충격점 분포로 설명할 수 있다. 우드의 곡면인 앞오름(roll)과 옆오름(bulge) 곡률 반지름을 다르게 할 때는, 이러한 기울어진 타원형의 충격점 분포 특성을 이용하여 이 기울어진 타원형 충격점 분포의 장축과 단축에 대해서 각각의 곡률을 적용하는 '비틀린 타면(twist face)'의[9] 드라이버를 설계하거나, 수평축을 기준으로 아래로 빗맞은 타격의 탄도를 개선하기 위해 윗부분의 앞오름 곡률 반지름보다 아랫부분의 앞오름 반지름을 크게 하는 '이중 앞오름(dual roll)'의[10] 타면을 설계하기도 한다. 즉, 아래로 빗맞을 때의 각 효과를 줄여서 단일 곡률 타면과 비교해서 발사각과 역회전 속도가 약간 더 커지도록 한다.

그림 4.2.2 우드와 아이언 용 충격점 마커

시판되고 있는 종이테이프로 만든 우드(왼쪽 그림)와 아이언(오른쪽 그림) 용 충격점 마커로 충격점을 확인 후 교정하는 데 유용하다.

자기의 스윙 및 타구 습관을 점검하려면 충격점 마커(impact marker, impact tape, impact point checker)를 사용하면 편리하다. 그림 4.2.2처럼 타면에 붙일 수 있는 테이프 형태가 흔하고 타면에 크레용처럼 바를 수 있는 립밤이나 액체를 뿌릴 수 있는 분무기 형태도 있다. 모두 타면 탄성을 낮추기 때문에 반발계수가 작아질 수 있고 또 경기 규칙에도 반하고 준비 작업도

---

9)   2018년 출시된 테일러메이드(TaylorMade)의 M3와 M4 드라이버에 이 기술이 적용되었다.
10) 코브라(Cobra) 사가 2012년 드라이버에 적용한 E9 Face Technology로 King F8 드라이버가 대표적이다.

거추장스러워서 골프 연습장에서만 적용할 방법이다. 실제 경기 중에는 매직 펜으로 타면에 선을 그리거나, 물기가 남아있는 수건으로 타면을 닦은 후, 또는 좀 지저분하지만 타면에 침을 약간 바르고 마르기 전에 타구해도 충격점을 쉽게 확인할 수 있다. 또 풀숲(rough)이나 잔디가 그리 짧지 않은 페어웨이에 놓인 공을 타구하면 대부분 타면 충격점 근처에 선명한 풀즙 자국이 남기 때문에 정확히 충격점을 확인할 수 있다. 그 외에 매직 펜으로 공에 그린 퍼트 기준선이나 경기자 인식 표식, 인쇄된 각종 로고 등이, 타구 때 타면에 남긴 잉크 자국도 도움이 된다. 충격점을 확인하면 그날의 스윙 및 타구 습관을 파악하고 잘못을 쉽게 교정할 수 있다. 특히 구질이 평소와 다르고 그 원인 파악이 잘 안 될 때 유용하다.

중급자라도 흔히 저지르는 실수 중에 타구한 공이 계속 심하게 바깥쪽으로 휘어나가는 목치기(shank)가[11] 있다. 공이 타면의 코(toe)끝에 맞아서 바깥쪽으로 휘어나가는 코치기(toe shot)로 오해하기 쉬워 계속 공에 다가서는 타구자세를 취하기 때문에 목치기의 악순환에서 벗어나지 못하기도 하는데 이때 정확히 충격점을 확인하면 그만큼 자신 있게 잘못된 타구 습관을 현장에서 바로 교정할 수 있다.

요즘도 진화를 거듭하고 있는 실내외 골프용 런치 모니터(launch monitor) 중에는 타구 후 즉시 타면의 충격점 위치를 추정하여 보여주기도 하는데 이를 잘 활용하여 충격감(impact feel)이나 충격음(impact sound)과 충격점 위치와의 상관관계를 익혀두면 실전에서 직접 충격점 위치 확인 없이도 그날의 타구 습관을 알 수 있다.

---

11) 헤드가 샤프트와 연결되는 목(hosel)에 공이 맞으면 목치기(shank)가 된다. 제4.1절, '심한 빗맞은 타격' 참조. 용어 번역의 일관성을 위해서 헤드의 'toe'를 '코'로, 'heel'을 '턱'으로, 'hosel(neck)'은 '목'으로 번역했다. 제1.1절 '기본 장비 용어' 참조.

헤드 속도와 비거리

    탄도학 기본 이론에 따르면, 중력은 작용하지만, 공기가 없는 진공 상태에서 발사된 공은 회전과 관계없이 이상적인 포물선을 그리며 비행한다. 이때 공기저항이 전혀 없는 진공에서 비행 중 공 속도의 수평 성분은 그대로 지만, 공 속도의 수직 성분은 상승 구간에서는 중력을 이겨야 하므로 계속 줄어들다가 포물선 탄도 정점에서는 0이 된다. 하강 구간에서는 중력의 도움으로 공 속도 수직 성분은 방향이 반대되면서 다시 커져 발사점과 착지점의 고도가 같으면 착지 시 공 속도는 초기 발사속도(초속도)와 크기가 같게 된다. 이때 발사점에서 착지점까지의 거리인 수평면에서의 비거리(carry)는 정확히 초속도의 제곱에 비례한다. 예를 들어 진공상태에서의 드라이버 타구에서 PGA 투어 선수의 공 속도 167mph(74.6m/s)를 LPGA 투어 선수의 공 속도 140mph(62.6m/s)와 비교하면 공 속도비는 1.19이지만 비거리 비는 그 제곱인 1.42가 된다. 물론 발사각이 같아야 한다는 가정이지만 한마디로 진공에서는 골프공 발사속도 차이가 비거리에 주는 영향이 상상 외로 크다.

    그러나 공기 중에서는 다르다. 비록 공기가 가볍기는 해도 그 공기 속을 헤치고 날아가는 공에 걸리는 공기저항인 항력은 대략 속도의 제곱에 비례하므로 진공과는 달리 비행 중 속도가 급격히 줄어들어 착지 속도는 초속도보다 훨씬 작아지고 탄도도 초기에는 포물선 형태로 급격히 상승하다가 정점에 이른 후에는 급격히 추락하는 곡선 궤도를 그리며 낙하한다. 또 한 가지 진공상태와 다른 점은 골프공이 발사될 때 초속도뿐 아니라 클럽 헤드의 회전 로프트로 생성되는 역회전(back spin) 때문에 마그누스 효과

(Magnus effect)에[12] 의해 발사 초기에는 중력보다 약간 큰 양력(lift force)이 발생하여 공의 체공 시간이 연장된다. 물론 비행 중 역회전 속도도 회전을 억제하는 공기저항인 토크(torque)를 받아 비행 중 역회전이 지속해서 감소하는 복잡한 현상을 동반한다.

진공에서와 달리 공기 중에서는 공 발사속도가 증가할 때 대략 비거리가 일정하게 증가하는 것으로 알려졌다. 예를 들면, 로프트각이 작은 클럽에 대해서[13]

$$(비거리, yd) = 2.2 \times (공 속도, mph) - 103$$

또는 (공 속도)=(충돌 인자)(헤드 속도) 이므로[14]

$$(비거리, yd) = 3.25 \times (헤드 속도, mph) - 103$$

의 간략화한 경험식을 제한적으로 적용한다. 이 식은 2가지 측면에서 중요한 의미가 있다. 첫째는 로프트각이 작은 우드에서는 비거리가 헤드 속도나 공 속도가 증가하면 비거리도 증가한다는 점이고 둘째는 공 속도(헤드 속도)가 1mph 증가할 때마다 대략 비거리가 2.2(3.25)yd 늘어난다는 점이다. 여기서, 각자의 헤드 속도에 최적화된 로프트의 드라이버로 최적의 영각으로 타구하는 PGA와 LPGA 투어 선수의 드라이버 비거리를 비교해보자. 즉, 공 속도가 각각 167mph, 140mph로 그 차이가 27mph인 PGA와 LPGA 투어 선수의 드라이버 타구에 위 식을 적용하여 비거리를

---

12) 모든 구기 종목에서 공이 비행 중 회전하게 되면 회전 방향으로 힘을 받아 진로가 꺾이게 된다. 이를 마그누스 효과라고 한다. 제2.8절 '각 효과 – 회전 속도와 발사각' 참조.
13) A. Cochran and J. Stobbs, The Search for the Perfect Swing, The Golf Society of Great Britain, 1968.
14) 충돌 효율이 매우 좋은 타구에만 적용된다. 제2.3절 '충돌 인자' 참조.

추정하면, 264yd와 205yd로 그 차이는 59yd이다. 실제 PGA와 LPGA 투어 선수의 드라이버 평균 비거리는 275yd와 218yd로 그 차이는 57yd가 되어, 위 식으로 예측한 비거리 차이 59yd와 비슷하다. 따라서, 절대적인 비거리 추정식으로는 약간의 편차가 있으나[15] 공 속도 차이에 따른 비거리 차이는 잘 예측하는 편이다. 흔히 현장에서는 위 식을 더 단순화하여 드라이버 타구에서는 '공 속도가 1mph 증가하면 비거리는 2yd 늘어난다'고 말한다.[16]

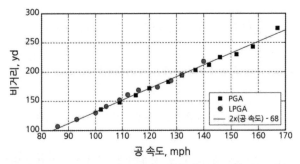

그림 4.3.1 PGA/LPGA 투어 선수의 클럽 별 공 속도와 비거리

참고로 그림 4.3.1에 보였듯이 PGA와 LPGA 투어 선수의 평균 공 속도와 비거리를 전 클럽에 대해 직선 맞춤을 하면

$$(비거리, yd) = 2 \times (공 속도, mph) - 68$$

로 클럽의 헤드 속도와 회전 로프트, 영각과 그로 인한 회전 속도, 발사각 등의 차이가 커도 앞서 비거리 공식과 유사한 것은 우연의 일치로 보인다.

---

15) 편법이지만 (비거리, yd) = 2.2×(공 속도, mph) − 91로 기존 식의 103을 91로 바꾸면 잘 맞는다.

16) 원문으로는 'Every mile per hour extra of ball speed equates to two extra yards of carry'라고 표현한다. "What is ball speed in golf: breaking down the data," Foresight Sports, Aug. 2019. https://www.foresightsports.com/blog/tag/launch-monitors

이 식이 가지는 흥미로운 점 중 하나는 투어 선수처럼 아이언 클럽 간 비거리 차이를 10yd 근처로 유지하려면 인접 아이언 클럽 간 공 속도 차이가 5mph 정도라야 한다는 것이다.

드라이버 헤드의 반발계수는 0.83가량 되고, 무게도 헤드 속도를 극대화하도록 200g 정도로 정해지므로[17] 공 속도는 결국 헤드 속도에 단순 비례하게 된다. 따라서 장타를 치려면 헤드 속도를 크게 해야 하고, 이를 위해 내리스윙 중 과도하게 손목이나 팔 힘을 쓰는 때가 잦은데, 문제는 힘과 속도가 꼭 비례하지 않는다는 것이다. 즉 힘 자체보다는 힘을 쓰는 시점(timing)이 더 중요하다. 내리스윙 초기에는 클럽에 손목이나 팔 힘(토크)을 계속 가하면 클럽의 (각)속도가 증가하지만, 타구 직전에는 클럽의 속도가 이미 손목이나 팔의 (각)속도보다 높아서 계속 손에 힘을 주고 있으면 오히려 클럽이 손을 끌고 가야 하므로[18] 클럽의 속도가 줄어든다. 많은 힘센 아마추어 경기자가 착각하는 부분이다. 이때는 클럽 헤드가 자유롭게 제 속도를 갖고 골프공을 타격하도록 내리스윙 후반에는 손목 힘(토크)을 풀어[19] 클럽을 손에서 놓아주어야 한다. 소위 '클럽을 뿌려준다거나 던진다'라는 표현이 이에 해당한다. 물론 내리스윙 초기 즉 클럽이 제 속도를 내기 전 일찍 클럽을 놓아주게(던지게) 되면 '조기 손목풀기(early hand release)'가 되어 클럽 속도가 떨어지게 되고, 클럽 (각)속도가 손목의 (각)속도보다 커지기 직전에 놓아주면 '지연 타구(late hitting, delayed hand release)'로 헤드 속도를 가장 크게 할 수 있게 된다.[20] 골프는 힘이 아닌 헤드 속도로 쳐야 한다. 야구에서도 홈런을 치는 타자의 스윙을 자세히 보면 타격 후 자연스럽

---

17) 제2.1절, '변치 않는 헤드 무게' 참조.
18) 클럽이 손보다 더 빨리 나가지 못하도록 손이 클럽을 붙잡는다는 표현이 더 적절하다.
19) 이를 손목풀기(wrist uncocking)라고 한다.
20) 이종원, 역학으로 배우는 골프, 한승, 2010, 제3.2절 '손목잠금과 풀기 시점의 논쟁' 참조.

게 배트를 던지는 듯한 동작(bat flip)으로 마무리하는 장면을 자주 볼 수 있는데, 이는 타자가 배트의 가속을 방해하지 않도록 타격 직전 배트를 손에서 거의 놓아준다는 증거이다. 동반 경기자들이 나에게 '힘도 별로 없는 노인이 어떻게 장타를 치느냐?'고 물을 때마다 농담 반 진담 반으로 '드라이버는 힘 빼고 세게 쳐야 비거리가 는다'고 조언해주는 까닭이기도 하다.

또 한 가지 최근 연구 결과에 따르면 역스윙 끝(back swing top)에서 반동을 주어 내리스윙으로 급히 전환하는 스윙은 내리스윙 초기에는 헤드 속도가 전보다 빨리 가속하는 것처럼 느껴지지만 정작 충격 시에는 헤드 속도가 더 느려진다고 한다. 따라서 충격 시 헤드 속도를 되도록 빠르게 하려면 역스윙 끝에서 오히려 잠시 멈춘 후 천천히 내리스윙으로 전환하면서 빠르고, 지속해서 가속하는 스윙이 좋다. 골프 스윙은 자주 장작 팰 때의 도끼질을 상기시키는데 도끼를 높이 들어 올린 후에 잠시 정지한 듯하다가 높아진 도끼의 위치 에너지와 내가 가하기 시작하는 힘으로 도끼가 가속하고 일단 도끼의 속도가 내 손의 속도보다 빨라지기 직전에 도끼를 놓아주어야 도끼 자체의 무게와 속도의 곱인 운동량으로 장작을 쪼갤 수 있다. 만약, 도끼를 들어 올리면서 반동을 주어 내리치려고 일찍 서두르면 초기에 내 힘이 도끼를 반동시키는 데 소모되면서 일찍 가속이 끝나버려 장작을 제대로 쪼개는 데 실패하는 이치와 같다.[21]

---

21) 제5.6절 '손목풀기 효과' 참조.

4.4 비거리가 늘면 달린거리는 줄어든다

우리말 골프 용어에서 가장 기본적이면서도 매우 혼란스러운 용어 중 하나는 '비거리'이다. 어떤 때는 타격한 공의 최초 착지점까지의 순수 비행거리인 'carry'를, 어떤 때는 공이 착지 후 굴러서 정지한 지점까지의 총 거리인 'distance'를,[22] 어떤 때는 표적까지의 거리인 'target distance'를 지칭하기 때문이다. 이들 영어 용어는 분명히 다른 의미로 오해 없이 잘 사용되지만 안타깝게도 우리말 용어에서는 구별 없이 혼용되고 있다. 나는 'carry'는 말 그대로 '비거리(飛距離)', 'distance'는 '사거리(射距離)', 'distance to target'은 '표적거리(標的距離)'로 'run'은 '달린거리'로 용어를 정착시키려고 오래전부터 시도하고 있다. 즉 사거리는 비거리와 달린거리를 합한 거리로 정의한다. 영어 용어에서도 혼동을 피하려고 'distance' 대신 'total distance' 또는 'driving distance'라고도 부르는 것으로 미루어 '사거리' 대신 '총 거리'나 '드라이버 거리'로 번역해도 무방할 듯싶다. '달린거리' 용어의 근거에 대해서는 다시 논의하기로 한다.

그림 4.4.1은 PGA 투어 선수의 드라이버 타구에서 골프공의 평균 탄도를 보인다. 탄도의 특성은 보통 발사각, 정점 높이(apex height), 착지각, 비행시간과 비거리 또는 사거리 등으로 판단한다. 물론 장타대회에서는 골프공이 최종 정지한 지점까지의 드라이버 거리인 사거리를 측정하고 프로선수의 통계로 잡히는 평균 드라이버 거리도 사거리를 의미하는데, 실제로 사거리 실측은 가능하지만, 예측은 매우 어렵다. 비거리는 풍향 및 풍속에 따라 예민하게 달라지지만, 공기역학적으로 어느 정도 예측이 가능한 과학적 자료이다. 달린거리는 풍향 및 풍속보다는 지면의 경사 및 타구 위치와

---

22) 드라이버 제조사들이 제품의 성능과 함께 언급하는 비거리는 대부분 총 거리를 일컫는다.

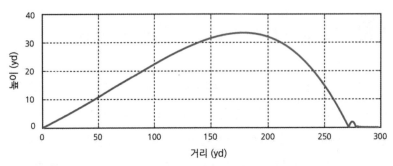

그림 4.4.1 PGA 투어 선수의 드라이버 타구를 시뮬레이션으로 재현한 전체 탄도
(공 속도 167mph, 역회전 2,686rpm, 발사각 10.9도; 스팀프 5, 동 마찰계수 0.4의 페어웨이)

달린거리는 여러 번의 뛴거리와 구른거리의 합으로 26yd(24m)이며 비거리는 273yd
(249m)이므로 사거리는 299yd(273m)가 된다. 정점 높이는 33yd(30m)로 실측 평균
치와 1yd 이내의 오차 범위에 있다.

착지점의 고도 차이, 착지 후 페어웨이의 잔디 조건, 불규칙 바운스 등과
관련한 불규칙 변동인자가 너무 많아 예측하기 매우 어렵다. 즉, 달린거리
는 지면 상태에 매우 민감하다. 예를 들어 비행장 활주로에서 개최하는 활
주로 장타대회를 보면 알 수 있듯이 활주로라도 비거리는 보통 페어웨이 비
거리와 같지만 달린거리 또는 사거리는 엄청 차이가 난다. 2005년 영국의
폴 슬레이터(Paul Slater)가 런던 골프 쇼 주최로 런던 공항 활주로에서 수립
한 활주로 장타대회의 최고 기록은 720yd로 같은 해 미국의 스콧 스미스
(Scott Smith)가 수립한 장타대회 세계신기록 539yd보다 훨씬 길다. 공기
중에서 골프공이 날아가는 비거리보다는 당연히 골프공이 상태가 다른 지
면에 착지한 후 뜀(bounce)과 구름(roll)에 의한 달린거리 차이가 그만큼 크
기 때문이다.

'run' 중에 있는 골프공은 그림 4.4.2처럼[23] 여러 차례 공중으로 뜀뛰기
후 지면과 접촉한 상태에서의 구름(roll) 운동을 하므로 'run'을 단순히 '구

---

23) 이종원, 골프역학 역학골프, 청문각, 2009, 제5.2.1절 '직선 타구 탄도와 비거리' 참조.

른거리'로 번역하는 것은 오해의 소지가 많다. 'run'의 우리말 사전적 직역은 '달리다' 이므로 뛴거리와 구른거리를 아우른 '달린거리'로 번역해야 뜻이 제대로 통한다.

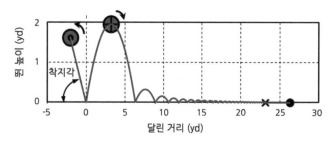

그림 4.4.2 PGA 투어 선수의 드라이버 타구에서 페어웨이 착지 후 골프공 뜀과 구름 운동 시뮬레이션 (스팀프 5, 동 마찰계수 0.4의 페어웨이)

2,110rpm의 역회전 속도와 착지각 38도, 착지 속도 63mph로 페어웨이 최초 착지 후 즉시 순회전으로 바뀌면서 2yd(1.8m) 튀어 오른 후 뜀 운동을 반복하다가 X 표시 점에서 구름 운동으로 바뀐 후 ● 표시 점에서 정지한다. 앞서 비거리 예측은 정확한 편이나 X점의 위치와 달린거리 예측에는 불확실성이 크다.

흔히 드라이버 거리 관련 오해하기 쉬운 점으로 헤드 속도가 매우 빠른 프로선수나 상급자가 헤드 속도가 느린 중급자나 초급자보다 사거리가 먼 이유는 달린거리가 멀기 때문으로 잘 못 이해하는 것인데, 실제는 그 반대로 헤드 속도가 빠를수록 비거리는 멀어지지만 달린거리는 오히려 줄어든다.[24] 그 이유는 헤드 속도가 커지면 그만큼 역회전이 비례해서 커지므로 체공 시간이 늘어나 비거리는 증가하지만, 착지 때 역회전과 착지각이 모두 커서 뛴거리와 구른거리가 짧아지기 때문이다.

---

24) D. Williams, 'Drag force on a golf ball in flight and its practical significance," Q. J. Mech. Appl. Math. XII -3, 1959, p.387 - 392 및 A. R. Penner, "The physics of golf: the optimum loft of a driver," American Journal of Physics, 69(3), 2001 참조.

비거리는 비교적 밀도가 균일한 공기 중을 비행하는 공의 탄도 특성으로 풍속과 풍향, 공 속도, 발사각, 역회전 속도 그리고 딤플과 공의 제원이 주어지면 어렵지 않게 추정할 수 있고 현장에서 도플러 레이더(Doppler radar)로[25] 공의 탄도를 직접 측정할 수 있다. 그러나 지면에 착지하면서 여러 번 뜀(bounce) 운동을 하다가 구름(roll) 운동으로 마감하는 공의 달린거리(run) 계산이나 측정을 일관성 있게 시행하기는 매우 어렵다. 페어웨이나 그린의 경사나 관리 상태, 습기와 이물질의 여부 등 같은 골프장이라도 공의 착지 조건이 매번 같을 수 없다. 그래서 통계에 나오는 투어 선수의 달린거리는 골프공 착지 속도와 역회전 속도, 착지각, 편평하다고 가정한 페어웨이 잔디의 변형, 마찰계수와 반발계수 등을 고려한 시뮬레이션 모형을 이용하여 계산하기도 한다. 이에 따르면 PGA와 LPGA 투어 선수의 평균 드라이버 비거리인 275yd, 218yd의 착지 조건과 정상 페어웨이 조건을 이용하여 계산한 달린거리는 각각 12yd, 19yd이다.[26]

달린거리에 대한 이론식과 경험식을 소개하면, 대표적인 두 경우의 자료를[27] 근거로 단순 선형화한 Dewhurst의 경험식은[28]

$$(달린거리, yd) = 84 - 1.13×(착지각, 도)$$

달린거리가 주로 공 착지각의 영향을 받는다는 가정에서 트랙맨(TrackMan)이[29] 제시한 모형에 PGA 투어 선수의 PW 타구에서 착지각 52도 이상에서는 달린거리가 0이 된다는 가정을 임의로 추가하면

---

25) 최근에는 우리나라 고속도로에서도 과속 측정 장치로 많이 사용한다.

26) "TrackMan parameter definitions," Trackman University, 2013, p.10.

27) TrackMan News, "TrackMan's 10 fundamntals," #7, Oct. 2010.

28) P. Dewhurst, The Science of the Perfect Swing, Oxford University Press, 2015, p.97.

29) TrackMan, "Land angle," https://blog.trackmangolf.com/landing-angle/

$$\text{(달린거리, yd)} = (1.5\sim2)\text{x}\{52-\text{(착지각, 도)}\}$$

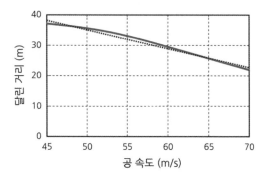

그림 4.4.3 공 속도와 달린거리

Penner가 제한된 실측 자료에 근거해서 전개한 이론으로 계산한 공 발사속도(대략 헤드 속도의 1.45배)와 달린거리의 관계를 보인다. 상식과 달리 공 발사속도가 커지면 달린 거리는 오히려 줄어든다. 점선은 직선 맞춤 모형이다.

한편, 그림 4.4.3에 보였듯이 골프공이 페어웨이에 착지 때 지면과의 충돌 경험식을 이용한 Penner의 달린거리 추정 이론식을[30] 간략화한

$$\text{(달린거리, m)} = 66 - 0.62\times\text{(공 발사속도, m/s)}$$

를 들 수 있다. 이 세 식을 PGA와 LPGA 투어 선수의 드라이버 타구에 적용하면 표 4.4.1과 같다.

표 4.4.1 드라이버 달린거리 추정치 비교

	공속도 (mph)	착지각 (도)	비거리 (yd)	사거리 (yd)	달린거리 (yd)	추정 달린거리, yd		
						Dewhurst	TrackMan	Penner
PGA	167	38	275	287	12	41	21~28	22
LPGA	140	37	218	237	19	42	23~30	30

30) A. Penner, "The physics of golf: the optimum loft of a driver," American Journal of Physics, 69(3), 2001.

결론적으로 달린거리는 모형에 따라 크게는 2배까지 차이가 나는데 그만큼 실제로 달린거리를 정확히 추정하기 어려움을 방증한다. 이러한 경험식과 이론식 사이의 달린거리 추정 차이에도 불구하고, 이들의 공통점은 같은 타구 조건이라면 공 발사속도가 커질 때 비거리와 착지각은 커지지만, 달린거리는 줄어든다는 사실이다.

4.5 회전축 경사각과 이탈거리

스윙 진로(swing path)에 대해 클럽 헤드 타면(face)이 잘 정렬된(square) 상태, 즉 페이스각 0도인 정상 타격에서는 스윙 진로 방향으로 똑바로 날아가는 탄도(trajectory)를 이룬다. 물론 여기서는 편의상 바람의 영향은 고려하지 않는다. 이때는 골프공이 수직축에 대한 횡회전(side spin) 속도 성분 없이 수평축에 대해 역회전만 하므로 회전축 경사각은 수평면 기준 0도가 된다. 그러나 실제로는 이러한 이상적인 똑바로 날아가는 탄도보다는 좌우로 휘는 곡선 탄도를 더 자주 보는데 그 이유는 헤드 타면이 스윙 진로에 대해서 열리거나 닫히게 되면, 그만큼 충격 시 페이스각만큼의 각 효과로 탄도가 좌우로 휘게 된다. 탄도가 휘는 원인은 그림 4.5.1에 보였듯이 골프공이 발사될 때 수평축에 대한 역회전 속도 성분과 함께 수직축에 대한

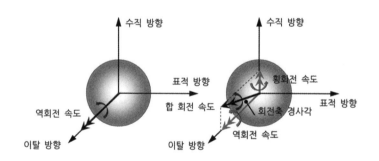

그림 4.5.1 횡회전과 회전축 경사각

(왼쪽 그림) 횡회전 속도 성분이 없고 순수한 역회전만 있을 때는 회전축 경사각이 수평면에 대해 0도이다. 이때 발사된 공은 똑바로 진행하는 탄도를 그린다.
(오른쪽 그림) 회전 속도는 벡터로 역회전 속도 성분과 횡회전 속도 성분의 벡터 합이 합(총) 회전 속도 벡터가 된다. 횡회전 속도 성분이 있으면 회전축이 수평면에 대해 기울어지며 그 방향으로 탄도가 휜다.

횡회전 속도 성분이 추가되기 때문인데 탄도가 휘는 정도는 수직축에 대한 횡회전 속도 성분의 절댓값이 아니고 대략 수평축에 대한 역회전 속도 성분과의 상대 비율인 회전축 경사각(spin axis tilt angle)에 비례한다.

여기서 잠시 좀 더 전문적인 관점에서 부연 설명하자면, 충격 시 클럽의 로프트각과 페이스각으로부터 각각 독립적으로 수평축에 대한 역회전과 수직축에 대한 횡회전이 생긴 후 합성되지 않고, 페이스각이 0이 아니면 타면 수직 방향과 스윙 진로 방향이 이루는 D-평면(D-plane)이[31] 수직 평면에서 회전축 경사각만큼 기울어질 뿐 D-평면에 직각인 단일 회전축을 갖는 역회전 속도가 발생한다. 즉 기울어진 하나의 역회전 속도 벡터가 생긴다. 기울어진 D-평면에서 정의되는 회전 로프트각은 벡터가 아니므로 수직과 수평 성분으로 나누어 따로 처리할 수 없지만, 다행히 회전 속도는 벡터라 수직축과 수평축 성분으로 나눌 수 있어서, 편의상 수평축에 대한 회전 속도 성분을 역회전으로, 수직축에 대한 회전 속도 성분을 횡회전이라고 부른다. 하지만 회전 속도 회전축은 하나로 양력, 항력, 토크 등 공기역학을 적용하여 탄도를 계산할 때는 기울어진 하나의 회전축에 대해서 먼저 계산한다.

다시 주제로 돌아와서, 이때 수직면에서의 회전 로프트, 수평면에서의 페이스각과 회전축 경사각의 근사 관계식은[32]

$$(\text{회전축 경사각}) = \tan^{-1}\left[\frac{\sin(\text{페이스각})}{\sin(\text{회전 로프트})}\right]$$

또는 페이스각과 로프트각이 작을 때는 위 식을 더 간략화하여

---

31) 제2.7절 '회전 로프트와 감소 로프트' 참조.
32) P. Dewhurst, The Science of the Perfect Swing, Oxford University Press, 2015, p154.

$$\text{(회전축 경사각, 도)} = 57 \, \frac{\sin(\text{페이스각})}{\sin(\text{회전 로프트})}$$

여기서 (57)은 호도법에 의한 각 표시 단위인 라디안(radian)을 도(degree)로 환산하는 인자이다. 예를 들어 회전 로프트각 14.1도인 드라이버 타구에서 페이스가 1.2도 열렸다면 회전축 경사각은 약 5도가 된다. 그림 4.5.2는 PGA 투어 선수의 드라이버 타구로 회전축 경사각이 5도일 때 바깥쪽으로 휘는 곡선 탄도를 보인다. 여기서 비거리는 273yd로 정상 타구보다 2yd 짧고 표적에서 이탈거리가 10.5yd이므로

$$\text{(이탈거리 비율)} = \frac{\text{(이탈 비거리)}}{\text{(비거리)}} = \frac{10.6}{273} = 0.039$$

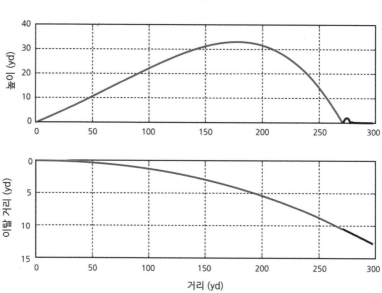

그림 4.5.2 PGA 투어 선수의 휘는 드라이버 탄도

167mph 공 속도, 2686rpm 역회전 속도, 발사각 10.9도인, PGA 투어 선수의 드라이버 타구에서 타면이 스윙 진로에 대해서 1.2도 열리면(닫히면) 바깥쪽(안쪽)으로 휘는 탄도를 보인다. 회전 로프트가 14.1도로 회전축 경사각이 5도이다.

이고 불확실성이 크지만 달린거리까지 포함하면

$$(\text{이탈거리 비율}) = \frac{(\text{이탈 사거리})}{(\text{사거리})} = \frac{12.9}{299} = 0.043$$

다른 클럽에도 같은 방법을 적용할 수 있는데 스윙 진로 기준으로 타면이 열리거나 닫힐 때 매 5도의 회전축 경사각에 대해 표적으로부터의 이탈거리는

$$(\text{이탈거리}) = \left\{ \frac{(0.035 \sim 0.045)(\text{회전축 경사각, 도})}{5} \right\}(\text{거리})$$

로 근사화할 수 있다. 예를 들어 회전축 경사각이 4도라면 (이탈거리) = (0.028~0.036)×(거리) 이므로 100yd 비거리나 사거리에 대해서 2.8~3.6yd 의 이탈거리가 발생한다. 흔히 간단히 '100yd 거리에서 매 5도 회전축 경사각에 대해 표적선에서 3.5yd 이탈한다'고 말한다.[33] 이는 표적선으로부터의 이탈각 2도에 해당하므로 회전축이 1도 기울면 공의 착지점은 표적선으로 부터 0.4도(0.7%) 벗어나는 셈이다.

한편, 회전축 경사각은 (페이스각)/(회전 로프트)에 근사 비례하므로 같은 타면 정렬 불량으로 페이스각이 생기더라도 로프트각이 작은 우드보다 로프트각이 큰 웨지의 회전축 경사각이 작고 또 비거리도 짧아서 표적으로 부터의 이탈거리도 짧아진다. 따라서, 그린 공략 시 표적거리가 같더라도 회전 로프트가 큰 웨지 타구가 그린 적중에 유리한 이유이기도 하다. 반면 에 가상 표적 사이에 나무 등 장애물이 가로막고 있을 때 이를 회피하기 위 해 타면(face)을 스윙 진로에 대해 조금 열거나 닫아서 고의로 휘는 구질을

---

33) TrackMan News, "TrackMan's 10 Fundamntals," #7, Oct. 2010.

구사해야 할 때는 로프트각이 작은 긴 아이언으로 부분 스윙하는 편이 유리하다. 비거리가 짧은 탓도 있지만 짧은 아이언이나 웨지로는 휘는 구질을 구사하기 매우 어렵다. 가장 타면 정렬에 민감한 클럽은 당연히 로프트가 가장 작고 비거리가 긴 드라이버이다. 회전 로프트가 14.1도인 PGA 투어 선수의 드라이버 타구에서는 페이스각 1도라도 회전축 경사각이 4도가 되므로 드라이버 거리 275yd일 때 표적 이탈거리가 (0.028~0.036)×(275) = (7.7~9.9) yd가 된다. 따라서, 폭이 30yd 정도인 페어웨이 중앙을 조준하고 드라이버 타구 한 공이 페어웨이에 안착하려면 페이스각 ±2도 이내의 타구 정확도가 필요하다. 실제 200순위까지의 PGA 투어 선수의 페어웨이 평균 안착률(fairway in regulation)도 60%에 지나지 않는다.[34]

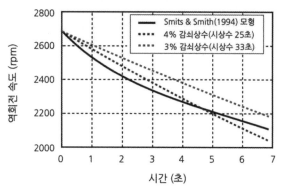

그림 4.5.3 PGA 투어 선수 드라이버 타구 역회전 속도 감소

비행 중 골프공의 회전 속도는 공기로부터 회전 저항인 **토크**(torque)를 받아 회전 속도가 점차 줄어든다. 이 회전 속도 감소에 대한 모형은 풍동실험 자료를 근거로 한 경험식이 주를 이루는데 보통 공 회전 속도와 공 속도 의존 함수 형태를 취한다. 하지만 실제 탄도 실측 과정에서 가장 측정

---

34) 페어웨이 안착률은 47%~73%로 넓게 분포되어 있다. P. Dewhurst, The Science of the Perfect Swing, Oxford University Press, 2015, p154.

이 어려운 변수가 회전 속도이므로 이러한 회전 속도 모형에 대한 엄밀한 실증 작업도 매우 어렵다. 가장 단순화한 모형은 그림 4.5.3에 보였듯이[35] 지수적 감쇠(exponential decay) 모형으로 흔히 드라이버 등 우드 타구에서는 3.3~4%의 감쇠 상수(decay constant)를 제시하지만, 아이언 타구의 감쇠 상수는 2%까지 작아지는 것으로 추정된다.[36] 감쇠 상수는 비행시간 1초마다 지수적으로 감소하는 비율을 뜻하는 데 실제 골프공의 비행시간(flight time)이 전 스윙(full swing)의 경우 PW 타구에서의 5초에서 드라이버 타구에서의 7초 정도로 감쇠 상수의 역수인 시상수(time constant), 즉 25~50초와 비교해서 훨씬 짧아서 단순 선형 감쇠 모형과 별로 차이가 나지 않는다. 표 4.5.1에 보였듯이, 실제로 착지 때 골프공의 회전 속도는 발사 때 회전 속도와 비교해서 최소 10%에서 최대 24%밖에 회전 속도가 줄지 않는다, 즉 비행 중 골프공의 초기 회전 속도는 2,500~10,000rpm이므로 착지 시의 회전 속도는 1,900~9,000rpm 범위에 있다. 골프공은 공중에 떠서 외부와 직접 접촉 없이 날아가므로 공기로부터의 회전 저항인 토크 이외의 외부 토크가 없음으로 회전축 경사각을 그대로 유지하면서 비행한다.[37] 골프공의 탄도에 결정적인 영향을 미치는 항력이나 양력, 중력 등은 토크가 아닌 힘이므로 회전 특성에는 직접 영향을 주지 않는다.

---

35) A. J. Smits and D. R. Smith, "A new aerodynamic model of a golf ball in flight," Science and Golf II: Proceedings of the World Scientific Congress of Golf, London, 1994, p.340-347.

36) D. Tutelman, "Spin decay for a ball in flight," Jan. 2016, The Tutelman Site, https://www.tutelman.com/golf/ballflight/spinDecay.php. 회전 속도 감소율이 초당 3.3~4%라고 주장하나 이는 드라이버 등 우드 타구에는 적용되나 다른 클럽에는 적용할 수 없다. 초당 3.3~4% 감쇠는 선형 감소로 오해할 소지가 많으며 전문 용어로는 지수적 감쇠를 의미하는 시상수(time constant) 25~30초라고 해야 한다. 제2.5절 '골프공과 역회전' 참조.

37) 동역학 이론에 따르면 골프공 회전축의 경사각을 바꾸려면 회전축 수직 방향의 외부 토크가 주어져야 하는데 공기로부터의 회전 저항인 토크는 회전축 방향으로만 작용하여 회전축 경사각을 바꾸지 않은 상태에서 회전 속도만 감속하는 작용을 한다.

표 4.5.1 감쇠 상수에 따른 회전 속도 감소: ( )는 단순 선형 감쇠

감쇠 상수(%)	5초 후	6초 후	7초 후
4	82%(80%)	79%(76%)	76%(72%)
3	86%(85%)	83%(82%)	81%(79%)
2	90%(90%)	89%(88%)	87%(86%)

4.6 환상의 웨지 그린 공략의 비결

프로선수의 골프 경기 중계방송을 시청할 때, 뭐니 뭐니 해도 압권은 역시 환상의 웨지 그린 공략이 아닌가 싶다. 특히 큰 연못을 건너 그린 앞쪽에 깃대가 있어서 보통 프린지(fringe)에 맞고 구르는 타구로는 홀 공략이 어려울 때, 짧은 아이언이나 웨지로 골프공의 역회전을 극대화하여 깃대보다 멀리 그린에 착지시킨 후 깃대 쪽으로 끌어당기는 장면을 보노라면 '역시 프로는 다르구나, 어떻게 하면 저런 엄청난 역회전을 구사할 수 있는가?'하고 부러워하게 된다.

그림 4.6.1은 흔히 갤러리들이 탄성을 지르는 환상적인 그린 공략에서의 전형적인 탄도의 예를 보인다.[38] 즉 그린에 최초 착지 후 골프공이 역회전 방향은 그대로 유지한 채 한 번 전진 뜀 운동 후에 여러 차례 후진 뜀 운동

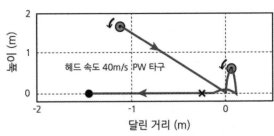

그림 4.6.1 환상의 웨지 그린 공략 시뮬레이션
(동 마찰계수 0.22와 스팀프 지수 12의 그린;
로프트 46도인 PW; 헤드 속도 90mph와 9,000rpm의 역회전)

골프공은 그린 최초 착지 후 한 번 전진 뜀 후에 후진 뜀으로 전환하고 후진 구름으로 운동을 마감한다. 공의 병진 운동 방향은 바뀌지만, 회전 방향(역회전)은 변하지 않는다.

(이때는 역회전 방향이 후진 운동을 도와주게 됨)과 구름 운동을 하는 때로 이러한 묘기가 가능하게 하려면 그린 상태도 좋아서 매끄럽고 단단해야 하고 무엇보다 골프공에 강한 역회전을 줄 수 있는 타구 기술이 필요하다.[39] 만약, 그린 상태를 유리 표면처럼 매끄럽게 할 수 있다면 골프공은 착지 후에도 역

38) 이종원, 골프역학 역학골프, 청문각, 2009, 제5.3.4절 '그린 운동학' 참조.
39) 또는 역회전이 잘 걸리는 공을 사용하면 가능하다. 이종원, 골프역학 역학골프, 청문각, 2009, 제6.2절 '공의 사양' 참조.

회전 방향을 그대로 유지한 채 세 번 또는 네 번 전진 뜀 운동 후에 후진 뜀이나 구름 운동을 할 수 있다. 이러한 현상은 간혹 탁구 경기에서 관찰할 수 있는데, 예를 들어 강한 역회전을 건 상태에서 상대방에게 짧게 서비스한 공을 상대방이 받지 못할 때 여러 번 전진 뜀 운동 후에 방향을 바꾸어 후진 구름 운동을 하는 것을 볼 수 있다. 이러한 후진 구름 운동 전에 여러 번 전진 뜀 운동이 가능한 것은 탁구대가 매우 단단하고 매끄럽기 때문이다. 그린을 그런 상태로 만드는 것은 현실성이 없어 보인다.

만약 탁구대 표면이 현재보다 더 거칠다면 어떤 일이 벌어질까? 강한 역회전을 받은 공이 상대편 탁구대에 착지한 후 즉시 후진 뜀으로 자기편 탁구대로 돌아올 수 있게 되어 상대 선수가 속수무책으로 공을 받을 수 없게 될 수 있다. 이런 지경이면 스포츠가 아니다. 따라서 아무리 강한 역회전으로 서브하더라도 최소한 한 번은 전진 뜀을 할 수 있을 정도로 탁구대의 표면이 매끄러워야 탁구 경기가 재미있게 된다. 예외적으로 강한 역회전을 받은 공의 착지각이 90도에 가까울 때(즉 거의 수직으로 낙하할 때)는 매끄러운 탁구대에서도 후진 뜀이 가능하다.

이론적으로는 두 번, 세 번 또는 그 이상 뜀 후 후진이 가능하나 실제 프로 경기에서 볼 수 있는 현상은 대개 한 번 또는 두 번 전진 뜀 후 후진을 하게 된다. 이는 현재 프로 경기에서 채택하고 있는 스팀프 지수 11~13(3.3~3.9m) 정도의 빠르기를 갖는 그린 상태에서는 가장 일어나기 쉬운 현상이다. 다시 말해서 그린 관리가 잘 되어 있는 골프장에서는 이런 환상적인 그린 공략 기회가 더 잦다. 매끄러운 그린에서 최초 착지 후 후진 운동보다 한 번 전진 뜀 후에 후진이 쉬워지는 이유는 최초 착지 시 공이 미끄러지면서 반발하게 되는데 강한 역회전을 그대로 갖고 반사하므로 반사각이 작아지게 된다. 첫 전진 뜀 후 두 번째 착지에서는 이 작은 반사각이 다음 뜀 운동에서는 큰 착지각(작은 입사각)이 되어 그때까지 남아있는 역회전으로 뒤로 끌려 올 확률이 높아진다. 물론 역회전이 충분하지 않으면 계속 전진 뜀을 하다 가 계속 구르게 된다.

결론적으로 환상적인 그린 공략의 비결을 요약하면 다음과 같다.

- 매끄럽고 단단한 빠른 그린
- 고회전(high spin) 골프공 사용
- 착지 때 충분한 역회전 속도
- 그린에 역 경사가 있거나(홀 뒤쪽이 높거나) 마파람이 셀 때.

강한 역회전을 줄 수 있는 타구를 구사할 능력이 있는 프로선수뿐 아니 라 역회전 속도가 충분하지 않은 아마추어 경기자도 그린이 빠르고 그린 경사가 유리한 골프장에서 경기하면 환상적인 그린 공략을 실현할 가능성 이 커진다. 전보다 남자 프로선수 못지않게 환상적인 그린 공략을 하는 여 자 프로선수가 늘어나고 있는데 물론 여자 선수의 손목 힘이 강해져 큰 역 회전을 줄 수 있다고는 하지만 그것 못지않게 단단하고 빨라진 그린 탓도 크다. 참고로 PGA와 LPGA 투어 선수의 PW 타구 평균 헤드 속도는 각 각 83mph(37m/s)와 70mph(31m/s), 착지 때 골프공의 역회전 속도는 각각 9,304rpm과 8,403rpm이다.

끝으로 만약 그린이 무르고 느리면 어떻게 되나? 투어 경기에서도 자주 보는 현상으로 특히 비가 온 후 그린이 제대로 마르기 전, 특히 비교적 표 적거리가 멀지 않은 파3홀에서 타구 한 공은 그린에 착지한 직후 전진 대신 뒤쪽으로 튀어 오른 후 바로 후진 뜀을 하거나 아니면 바로 착지점 근처에 바로 정지하는 것을 볼 수 있다. 물론 이때는 그린에 제법 깊은 공 자국을 남긴다.

아이언 클럽 헤드의 무게중심에서 타면(face)에 내린 수선의 발을 스위트 스폿(sweet spot)이라고 하며 타면 정렬이 잘 된(square) 상태에서 여기로 공을 타격해야 공의 발사속도뿐 아니라 타구 안정성도 가장 크다. 만약 충격점이 스위트 스폿에서 벗어나면, 즉 빗맞은 아이언 타구 때 탄도는 어떻게 되나?

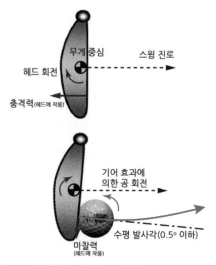

그림 4.7.1 빗맞은 아이언 타격에서의 각 효과와 기어 효과

(위 그림) 그림처럼 코(toe) 쪽으로 빗맞은 아이언 타격에서는 무게중심에서 벗어난 충격력으로 무게중심에 대해 시계방향으로 비틀림 모멘트가 걸려 타면이 스윙 진로 기준으로 열리는 방향으로 회전 운동을 한다.

(아래 그림) 코 쪽으로 빗맞으면 대략 열린 타면 방향으로 공이 발사되지만, 수평 발사각은 매우 작다. 즉, 각 효과는 무시할 수 있을 정도로 작다. 한편, 공이 타면에 충돌하는 짧은 시간 동안 압축되면서 타면을 따라 미끄러질 때 이에 저항하는 마찰력이 작용하여 기어 효과로 발사 시 공에 반시계방향의 횡회전(side spin)이 걸리게 되어 오히려 안쪽으로 휘는 탄도를 형성한다. 이때는 우드와 달리 아이언 헤드의 무게중심이 타면에 가까우므로 헤드의 회전운동이 마찰 접촉을 하는 공에 전달하는 횡회전은 우드와 비교해서 매우 작다.

우선은 그림 4.7.1에 보였듯이, 중심깊이가 양(+)의 값을 갖는 아이언에서의 헤드 안팎으로 빗맞은 타격을 고려하자. 공이 안팎으로 빗맞으면 무게중심에서 벗어난 충격력 때문에 헤드에 순간적으로 비틀림 모멘트가 걸려 헤드가 회전한다. 이때 헤드의 순간 회전중심은 샤프트 축선이 아니고 헤드만의 무게중심이 되는데[40] 그 이유는 충격력이 1/2000초 정도로 극히 짧은 시간 동안 작용하기 때문이다. 코(바깥, toe) 쪽으로 빗맞으면 헤드가 열리는 쪽으로, 턱(안, heel) 쪽으로 빗맞으면 헤드가 닫히는 쪽으로 회전하면서 공과 헤드가 충돌 접촉하는 1/2000초 직후 공이 발사될 때는 마치 타면 정렬 불량처럼 타면이 스윙 진로에 정렬하지 못하고 타면이 뒤로 비틀린다. 빗맞은 충격점의 반발계수가 스위트 스폿보다 작기도 하지만, 타면이 순간적으로 뒤로 물러나는 효과로 공의 발사속도가 더 감소한다. 테니스 경기에서 공이 라켓의 스위트 스폿에서 벗어나 약간 빗맞을 때 순간적으로 라켓이 비틀리는 현상도 같은 원리로 설명할 수 있다. 스위트 스폿에서 벗어난 충격점에서의 반발계수도 작지만, 라켓의 충격점이 뒤로 물러나는 효과로 공 속도도 감소한다.

한편 우드보다 중심깊이가 작기는 하지만, 우드와 마찬가지로 아이언의 빗맞은 타격에서도 **기어 효과**(gear effect)가 작용하여 작지만, 골프공에 헤드 회전 반대 방향의 횡회전을 발생시킨다. 이때 아이언의 페이스각이 열리거나 닫히는 각 효과는 0.5도도 채 안 되기 때문에 이에 따른 수평 발사각은 무시할 정도로 작아서, 기어 효과 만에 의한 횡회전 성분에 따라 회전축 경사각이 정해지고 이에 따라 탄도의 휘는 방향과 정도가 결정된다. 우드와 비교해서 중심깊이가 작은 아이언의 빗맞은 타격에서의 기어 효과는 매

---

40) 엄밀하게는 샤프트 질량의 약 1/4인 유효 샤프트 질량과 헤드 질량으로 구성된 질량 계의 무게중심에 대해 회전한다. 제2.3절 '충돌 인자' 참조.

우 작지만, 중심깊이의 부호에 따라 구질이 바뀌는 특이한 성질이 있다.[41]

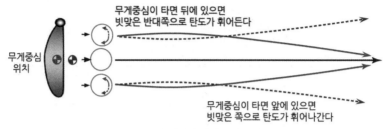

무게중심이 타면 뒤에 있으면
빗맞은 반대쪽으로 탄도가 휘어든다

무게중심
위치

무게중심이 타면 앞에 있으면
빗맞은 쪽으로 탄도가 휘어나간다

그림 4.7.2 무게중심 위치와 빗맞은 아이언 타구의 탄도

빗맞은 아이언 타구에서 아이언 헤드의 무게중심이 타면의 앞쪽(뒤쪽)에 있으면 작지
만 각 효과로 표적선으로 모이는(표적선에서 흩어지는) 수평 발사각을 갖고 빗맞은 쪽
(반대쪽)으로 탄도가 휜다. 작지만 중심깊이가 0이 아니면 기어 효과로 빗맞은 공에
그만큼 횡회전이 걸린다. 이 그림은 편의상 스위트 스폿을 지나는 수평 단면에서의 무
게중심 위치를 보였다.

그림 4.7.2는 아이언 헤드의 중심깊이가 양(+)일 때와 음(−)일 때, 안팎
으로 빗맞은 타격에서의 구질을 비교한다. 중심깊이가 양(+)일 때는 미소하
지만 각 효과로 수평 발사각은 빗맞은 쪽을 향하는 대신, 기어 효과로 생긴
횡회전으로 서서히 반대쪽으로 휘어드는 구질이 된다. 중심깊이가 음(−)일
때는 미소하지만 각 효과로 수평 발사각은 빗맞은 반대쪽을 향하고, 기어
효과로 생긴 횡회전으로 서서히 빗맞은 쪽으로 휘어나가는 구질이 된다.

그림 4.7.3은 PGA 투어 선수의 헤드 중심깊이가 4, 0, −2mm인 6번
아이언 타구에서 정상적인 스위트 스폿 타격과 코(바깥, toe) 쪽으로 0.5인
치(1.25cm) 빗맞은 타격 상황을 재현한 결과다. 이때 사용한 표준 클럽은
TOUR-M6로[42] 스위트 스폿과 빗맞은 위치에서의 반발계수는 0.74와
0.70이라고 가정했다. PGA 투어 선수의 6I 타구에서는 헤드 속도 향상과

---

41) 제2.9절 '빗맞은 타격과 기어 효과' 참조.
42) 클럽 명세는 표 2.6.2 '표준 드라이버와 6번 아이언 명세' 참조.

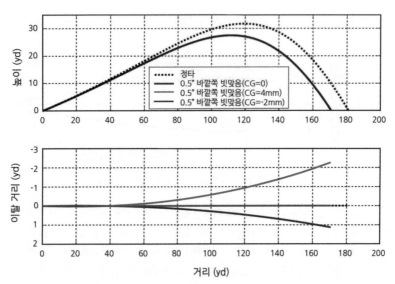

그림 4.7.3 정상과 바깥쪽으로 빗맞은 6I 타구의 탄도

PGA 투어 선수의 6I 정상 타격과 코 쪽으로 0.5인치 빗맞은 타격의 탄도 특성을 비교한다. 중심깊이가 4mm(−2mm)인 경우, 빗맞은 아이언 타격의 탄도 특성은 충격 시 순간적으로 헤드가 뒤로 젖혀지면서 헤드 속도가 그만큼 작아지고, 작지만 타면이 표적에 대해 열린(닫힌) 방향으로 기어 효과에 의한 횡회전 속도를 갖고 발사된 후 서서히 휘어드는(휘어나가는) 구질 특성을 보인다. 중심깊이가 0인 경우는 빗맞은 쪽과 관계없이 공 속도는 줄어들지만, 똑바로 나간다. 턱 쪽으로 빗맞은 타격의 탄도는 이와 대칭이다.

타구 안정성을 위한 샤프트 눌러치기(forward shaft lean)에 의한 감소 로프트는[43] 6.7도로 실제 타격에서 회전 로프트는 23.8도로 줄어들고 영각 −4.1도로 내려친다. 정상 타격하면 표 4.7.1에 보였듯이 중심깊이와 관계없이 골프공의 충격과 탄도 특성은 변하지 않는다.[44] 헤드의 중심깊이가 0, 즉 무게중심이 타면 스위트 스폿에 있을 때, 코(toe) 쪽으로 0.5인치 빗맞아도 골프공은 수평 발사각 0도로 발사된다. 이때 헤드의 뒤틀림과 빗맞

---

43) 제2.7절 '회전 로프트와 감소 로프트' 참조.

44) 골프공과 타면의 충돌 중 접촉 상태를 지시하는 미끄럼/스키드 인자 k_s는 1.247로 가정했다. P. Dewhurst, The Science of the Perfect Swing, Oxford University Press, 2015, p112.

은 충격점에서의 반발계수 저하로 골프공의 발사속도는 정상 타격보다 6mph 줄어들고, 역회전 속도도 약간 감소하여 10yd의 비거리 손실이 있지만 역시 똑바로 나간다. 즉 헤드의 중심이 타면에 있으면 빗맞은 타격 모두 비거리 손실은 있지만, 똑바로 나간다.

표 4.7.1 안팎으로 빗맞은 PGA 투어 선수 6I 타구의 충격과 탄도 특성
(TOUR-M6, 92mph 헤드 속도, 23.8도 회전 로프트, -4.1도 영각)

무게중심 깊이(mm)	충격점 위치	COR	공속도 (mph)	발사각(도) 수직	발사각(도) 수평	역회전 (rpm)	회전축 경사(도)	높이 (yd)	비거리 (yd)	이탈거리 (yd)	착지각 (도)	비행시간 (초)
0	중앙	0.74	127	14.0	0	6249	0	32	181	0	46	6.4
0	0.5" 바깥쪽	0.70	121	13.8	0	6184	0	28	171	0	44	6.0
4	0.5" 바깥쪽	0.70	121	13.8	0.2	6175	-1.8	28	171	-2.3	44	6.0
-2	0.5" 바깥쪽	0.70	121	13.8	-0.1	6182	0.9	28	171	1.1	44	6.0
PGA 평균			127	14.1		6231		30	183		50	

공 속도, 발사각과 역회전 등의 충격과 수직면에서의 탄도 특성은 헤드의 중심깊이와 거의 무관하다. 중심깊이는 주로 수평 발사각과 회전축 경사각의 크기의 차이에 의한 수평면에서의 탄도 특성인 구질에 미세한 영향을 미친다. 중심깊이가 양(음)일 때 코 쪽으로 빗맞으면 골프공이 바깥쪽(안쪽)으로 발사되지만 작은 기어 효과에 의한 횡회전 성분으로 안쪽(바깥쪽)으로 휘어들어(휘어나가) 표적의 왼쪽(오른쪽)으로 휘지만, 표적 이탈거리는 몇 야드 이내로 중심깊이가 크지 않는 한 매우 작다.[45]

턱(안, heel) 쪽으로 빗맞은 타격의 탄도 특성은 코 쪽으로 빗맞은 타격의 탄도 특성과 대칭이다.[46] 다른 아이언 타구에서도 스위트 스폿에서 안팎으로 0.5인치 빗맞을 때 아이언 비거리 손실은 5% 정도로 알려졌고, 아이언

---

45) 0.5인치 코 쪽으로 빗맞은 6I 타구의 탄도 특성으로 수평 발사각 0도, 회전축 경사각 -7도, 비거리 170yd, 이탈거리 8yd라는 자료도 있으나, 헤드의 MOI와 중심깊이 등 클럽 헤드 명세와 스윙 형태에 대한 자료는 없다. TrackMan News, #5, July 2009, p3.
46) 실제 타구에서 충격 직전 헤드의 회전 속도와 타면의 비대칭 반발계수 분포까지를 고려하면 안쪽보다는 바깥쪽으로 빗맞은 타격의 비거리 손실이 작다. 제2.4절 '스위트 스폿' 참조.

의 중심깊이가 크지 않다면 우드와 비교해서 표적 이탈거리는 작은 편이다.

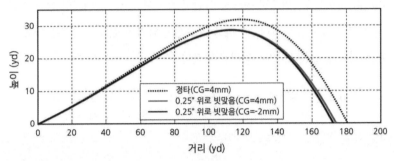

그림 4.7.4 정상과 위로 빗맞은 6I 타구의 탄도

중심깊이가 4mm와 −2mm인 경우, PGA 투어 선수의 6I 정상 타격과 위쪽으로 0.25인치 빗맞은 타격의 탄도 특성을 비교한다. 중심깊이가 깊을수록 비거리 손해가 약간 적다.

표 4.7.2 위로 빗맞은 PGA 투어 선수 6I 타구의 탄도 특성
(TOUR-M6, 92mph 헤드 속도, 23.8도 회전 로프트, −4.1도 영각)

무게중심 깊이(mm)	충격점 위치	COR	공속도 (mph)	발사각(도)	역회전 (rpm)	높이 (yd)	비거리 (yd)	착지각 (도)	비행시간 (초)
4	중앙	0.74	127	14.0	6236	32	181	47	6.4
	0.25" 위쪽	0.70	122	14.0	6037	29	175	49	6.1
-2	0.25" 위쪽	0.70	122	13.7	6345	29	173	50	6.1
PGA 평균			127	14.1	6231	30	183	50	

아이언 클럽의 무게중심을 지나는 수평축에 대한 MOI는 수직축에 대한 MOI의 50% 정도밖에 안 되므로 안팎보다는 위아래로 빗맞은 타격에 대한 관용성이 그만큼 떨어진다. 그림 4.7.4와 표 4.7.2에 보였듯이 PGA 투어 선수의 중심깊이 4mm인 TOUR-M6 아이언 타구에서 스위트 스폿보다 위쪽 0.25인치(0.64cm)에 빗맞으면 공 속도가 5mph 감소하고 비거리도 6yd 정도 줄어든다. 기어 효과로 역회전 속도는 약간 감소하지만, 발사각은 14도로 거의 바뀌지 않는다. 중심깊이가 −2mm일 때, 위쪽 0.25인치에 빗맞으면 역회전 속도는 약간 커지는 대신 공 속도는 5mph 줄어들고

발사각도 0.3도 낮아져 8yd의 비거리 손실이 생긴다.

결론적으로 빗맞은 아이언 타구에서의 기어 효과는 우드와 비교해서 탄도에 미치는 영향이 매우 작다. 몇 가지 특징을 정리하면

- 아이언 헤드의 중심깊이가 클수록 위아래로 빗맞은 타격에서 비거리 손실이 작아진다.

- 아이언 헤드의 중심깊이의 절댓값이 클수록 안팎으로 빗맞은 타격에서 이탈거리가 커진다. 중심깊이가 음(−)이면 빗맞은 쪽으로, 양(+)이면 빗맞은 반대쪽으로 휘는 구질이 생긴다. 이때의 비거리는 빗맞은 거리에 영향을 받지만, 중심깊이의 영향은 거의 없다.

- 위아래 또는 안팎으로 빗맞은 타격에서 수직 발사각이나 수평 발사각은 주로 스윙 진로 기준 유효 로프트각과 페이스각에 따라 정해진다. 즉 타면 정렬이 완벽하지 않은 한, 아이언 타구에서는 기어 효과를 무시해도 좋다.

우드 타구와 마찬가지로 아이언 타구에서의 이상적인 충격 조건도 충격 순간 타면이 스윙 진로에 대해 잘 정렬된, 즉 페이스각이 0도인 상태에서 스위트 스폿으로 정확하게 타격하는 것이다. 그러나 대부분 아이언 타구에서는 정도의 차이는 있지만 타면이 약간 열리거나 닫힌, 즉 페이스각이 0인 아닌 상태에서 스위트 스폿의 안팎으로 약간 빗맞은 타격을 한다. 이러한 타격 조건이라면, 중심깊이가 우드보다 훨씬 얕은 아이언 타구에서는 무게중심의 위치와 관계없이 대부분 페이스각의 각 효과가 기어 효과보다 훨씬 커서, 각 효과에 의한 골프공의 탄도 특성만 고려해도 무방하다. 한편, 위아래로 빗맞은 아이언 타구에서는 큰 로프트각에 의한 각 효과가 탄

도 특성을 이미 지배함으로 우드와는 달리 이때의 기어 효과는 무시할 정도로 작다.

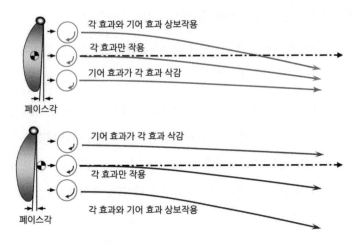

그림 4.7.5 페이스각과 빗맞은 아이언 타구의 탄도

아이언 헤드의 중심깊이와 관계없이 타면이 열리거나 닫힌 상태에서의 빗맞은 아이언 타구에서는 각 효과가 기어 효과보다 커져 페이스각 쪽으로 발사되고 횡회전이 걸린다. 타면이 열린 상태에서 바깥쪽으로 빗맞거나(위 그림), 닫힌 상태에서 안쪽으로 빗맞은 타격에서는 중심깊이가 양(+)이면서 큰 아이언의 구질이 좋고, 타면이 열린 상태에서 안쪽으로 빗맞거나(아래 그림), 닫힌 상태에서 바깥쪽으로 빗맞은 타격에서는 중심깊이가 음(−)이면서 큰 아이언의 구질이 좋다.

그림 4.7.5는 페이스각과 무게중심 위치에 따른 구질 변화를 보인다. 타면이 열린(닫힌) 상태에서의 빗맞은 아이언 타구는 무게중심의 위치나 빗맞은 충격점의 위치와 관계없이 각 효과가 기어 효과보다 커서 대부분 페이스각 방향으로 휘어나가는(휘어드는) 구질을 만든다. 예를 들어 PGA 투어 선수의 0.5인치 안팎으로 빗맞은 6I 타구에서 설사 중심깊이가 1cm까지 커도 회전축 경사각이 4.5도가 되는데 이는 스위트 스폿으로 정상 타격할 때의 페이스각 1.8도에 해당한다. 즉 중심깊이 1cm인 6번 아이언 타구

192

에서 타면이 1.8도 열린 상태에서 바깥쪽으로 0.5인치 빗맞은 타격은 똑바로 나가는 구질을 만든다. 물론 정상 타구 시의 공 속도 127mph에서 121mph로 줄어든 공 속도로 비거리 손실은 약 5%가 된다. 한편, 타면이 1.8도 닫힌 상태에서 바깥쪽으로 0.5인치 빗맞은 타격에서는 121mph로 줄어든 공 속도로 5% 비거리 손실 이외에 회전축 경사각이 −9도로 커지므로, 표적 좌측으로 약 10yd 벗어나는 휘어드는 구질(draw)이 된다.

보통 6I의 중심깊이는 4mm보다 작아서 실제 이보다는 정도가 훨씬 덜하고 중심깊이가 음(−)이 되면 반대의 현상이 생긴다. 예를 들어 중심깊이가 4mm이면 PGA 투어 선수의 6I의 0.5인치 안팎으로 빗맞은 타구에서의 회전축 경사각은 1.7도로 스위트 스폿으로 정상 타격할 때의 페이스각 0.7도에 해당한다.

위에 설명한 페이스각이 0이 아닌 상태에서 빗맞은 아이언 타구에서의 수평 탄도 특성인 구질로부터 경기자가 실전에서 인지할 수 있는 타격감은 아래와 같다.

- 페이스각이 작을 때는 공이 휘는 방향과 빗맞은 쪽이 중심깊이가 양(+)이면 반대가 되고 음(−)이면 같다. 하지만 구질로부터 실제 충격점의 위치 감지를 일반화하기가 어렵다. 특히 아이언 번호에 따라 중심깊이의 부호가 바뀌는 세트에서는 더욱 분별이 어렵다.

- 페이스각이 크면 중심깊이에 관계없이 공이 휘는 방향과 빗맞은 쪽이 같아진다. 따라서, 실제 타구 상황에서 중심깊이나 아이언 번호와 관계없이 구질로부터 타면 정렬 상태를 알 수는 있어도 빗맞은 충격점의 위치를 가늠하기는 어렵다.

빗맞은 우드 타구와 비교해서 빗맞은 아이언 타구가 불리한 점은 아이언 헤드의 MOI가 우드의 2/3 정도로 작아 그만큼 빗맞은 타격에 대한 관용성이 떨어지고 타면이 작아서 고반발 지역이 협소하여 스위트 스폿을 벗어나면 반발계수가 급격히 작아진다. 따라서, 아이언 헤드 설계 시 이를 보완하기 위해 약간 빗맞더라도 반발계수 손실로 공 속도가 줄어들지 않도록 가변 타면 두께, 컵형 페이스 설계 등의 개념을 도입하여 고반발 지역을 넓히고 배면 공간(cavity back)과 주변 가중(perimeter weighting) 등의 설계 개념을 적용하여 헤드의 MOI를 크게 한 아이언 클럽이 유리하다.[47]

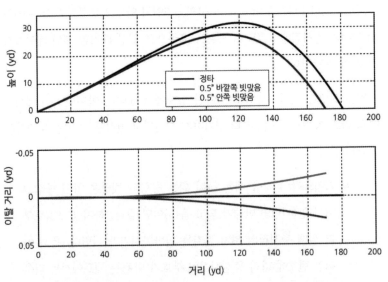

그림 4.7.6 정상과 안팎으로 빗맞은 6I 타구의 탄도 (옆오름 곡률 반지름 40")

옆오름 곡률 반지름이 40인치, 중심깊이가 4mm인 6I로 PGA 투어 선수의 정상 타격과 안팎으로 0.5인치 빗맞은 타격의 탄도를 비교한다. 작은 각 효과로 보상할 수 있을 정도로 아이언 클럽에서의 기어 효과가 작음을 보여준다. 안팎으로 빗맞은 타격의 탄도는 서로 대칭이다.

---

47) 제3.4절 '고반발 지역이 넓은 클럽' 참조.

만약 빗맞은 아이언 타구의 구질을 개선하기 위해 우드처럼 옆오름 곡률을 도입하여 볼록 타면으로 설계하면 어떨까? 앞서 중심깊이 4mm인 6I 헤드에 안팎으로 0.5인치 벗어난 충격점에 0.7도의 각 효과를 주려면, 옆오름 곡률 반지름을 40인치(1m)로 하면 된다. 맨눈으로는 감지하기 어려운 미세한 곡률이다. 이때의 충격과 탄도 특성은 그림 4.7.6과 표 4.7.3에 보였듯이, 작은 기어 효과를 작은 각 효과로 보상하여 빗맞은 타격에 대해서도 이론적으로는 이상적인 구질을 구현할 수 있다.

표 4.7.3 빗맞은 PGA 투어 선수 6I 타구의 탄도 특성(옆오름 곡률 반지름 40")
(TOUR-M6, 92mph 헤드 속도, 23.8도 회전 로프트, −4.1도 영각)

중심깊이 (mm)	충격점 위치	COR	공속도 (mph)	발사각(도) 수직	발사각(도) 수평	역회전 (rpm)	회전축 경사(도)	높이 (yd)	비거리 (yd)	이탈거리 (yd)	착각각 (도)	비행시간 (초)
	중앙	0.74	127	14.0	0	6236	0	32	181	0	46	6.4
4	0.5" 바깥쪽	0.70	121	13.8	0.002	6172	-0.02	28	171	-0.023	44	6.0
	0.5" 안쪽	0.70	121	13.8	-0.002	6172	0.02	25	171	0.023	44	6.0

일반적으로 기어 효과 즉, 각 효과로 보상해야 할 곡률은 헤드 질량, 속도와 중심깊이에 비례하는 대신 헤드의 MOI에 반비례한다.[48] 그중에서도 중심깊이의 영향이 월등히 우세하다. 그러면, 아이언 헤드의 타면은 우드처럼 곡률을 주어 볼록하게 만들지 않고 아직도 편평하게 제작하는 이유는 무엇일까? 클럽 설계자 처지에서 생각해보자.

- 우드와 비교해서 아이언 클럽은 길이가 짧고 헤드 속도도 느려서 타구 정확성이 높아 구질 변화가 심하지 않다. 또, 비거리가 작아서 빗맞은 타격에서 기어 효과에 의한 표적 이탈거리도 작다.

---

48) A. Penner, "The physics of golf: The convex face of a driver," American Journal of Physics, 69(10), 2001, p.1073-1081. 예로 6I 헤드를 드라이버 헤드와 비교하면 30% 더 무겁지만, 부피가 작아 MOI는 절반 수준으로 작고, 헤드 속도는 20% 정도 작고, 중심깊이는 1/5 이하로 작다. 6I 헤드의 중심깊이는 보통 양(+)의 값을 가지지만 제조사와 모델에 따라 음(-)의 값을 가진다.

- 곡률에 영향을 주는 핵심 변수인 중심깊이는 보통 −2mm~+7mm 로 매우 작아서 기어 효과도 그만큼 작다.[49] 드라이버의 곡률 반지름은 10~13인치인데 아이언에 필요한 곡률 반지름은 20 인치보다 크다.

- 같은 아이언 세트라도 구조상 번호별로 중심깊이가 다르므로 번호별로 곡률을 달리해야 하는 설계 및 제조상의 번거로움이 있다. 그림 2.6.4에 보인 2003년 출시된 테일러메이드 RAC 아이언 세트를 예로 들면, 중심깊이 6mm인 3번 아이언의 곡 률 반지름은 30인치(76cm), 중심깊이 2mm인 9번 아이언의 곡률 반지름은 80인치(약 2m)라야 한다. 특히 문제는 중심깊이 가 음(−)인 짧은 아이언이나 웨지라면 볼록 타면이 아니고 오목 타면이라야 하는데 오목 곡면의 클럽은 USGA와 R&A의 공인을 받을 수 없다.[50]

결론적으로 아이언 클럽에는 기어 효과를 보상하기 위해 타면에 굳이 곡률을 주어 설계 제작할 필요는 없어 보인다.

실제 타구 상황에서는 제2.4절 '스위트 스폿'에서 설명했듯이, 클럽 헤드가 선 속도뿐 아니고 회전 속도를 갖고 공에 충격을 가한다. 헤드의 회전 속도를 반영한 PGA 투어 선수의 6I 타구에서의 탄도 특성을 그림 4.7.7, 표 4.7.4에 보였는데, 헤드의 회전 속도를 고려하지 않은 그림 4.7.3, 표 4.7.1과 비교하면, 바깥쪽과 안쪽으로 빗맞을 때의 탄도 특성 차이가 생기고 구질이 조금 더 나빠지는 경향이 있다. 특히 바깥쪽 빗맞을 때의 비거리

---

49) 중심깊이가 7.4mm 이하인 클럽에는 전통적으로 곡률을 주지 않는다. R. Maltby, Golf Club Design, Fitting, Alteration and Repair: the Principles and Procedures, 4th ed., Ralph Maltby Enterprises, Inc., 1995, p.446.

50) The R&A and USGA, The Equipment Rules, Jan. 2019, p.55.

는 3yd 개선되지만 안쪽 빗맞을 때의 비거리 손실은 그만큼 더 커진다. 제 4.8절 '빗맞은 우드 타구와 옆오름'에서 상세히 설명하겠지만, 헤드의 무게 중심을 턱 쪽으로 이동시키면 이러한 안팎으로 빗맞은 타구에서의 비거리 불균형을 개선할 수 있다.

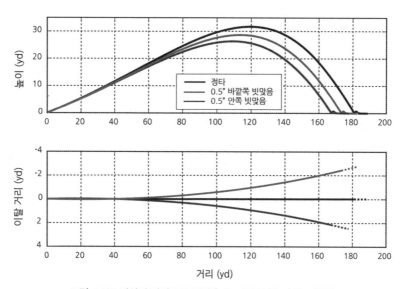

그림 4.7.7 정상과 안팎으로 빗맞은 6I 타구의 탄도(헤드 회전)

중심깊이가 4mm이고 헤드 회전 속도가 560rpm일 때, PGA 투어 선수의 6I 정상 타격과 안팎으로 0.5인치 빗맞은 타격의 탄도 특성을 비교한다.

표 4.7.4 빗맞은 PGA 투어 선수 6I 타구의 탄도 특성(헤드 회전)

(TOUR—M6, 92mph/560rpm 헤드 선 속도/회전 속도, 23.8도 회전 로프트, −4.1도 영각)

무게중심 깊이(mm)	충격점 위치	COR	공속도 (mph)	발사각(도) 수직	발사각(도) 수평	역회전 (rpm)	회전축 경사	높이 (yd)	비거리 (yd)	이탈거리 (yd)	착지각 (도)	비행시간 (초)
	중앙	0.74	127	14.0	0.2	6231	0	32	181	0	46	6.4
4	0.5" 바깥쪽	0.70	122	13.9	0.4	6170	-1.9	29	174	-3.6	45	6.1
	0.5" 안쪽	0.70	119	13.7	0.1	6169	1.8	26	168	3.2	43	5.9

아이언이나 웨지와 달리 우드 특히 드라이버 헤드의 타면(face)은 '배불뚝이'다.[51] 헤드의 타면이 아이언처럼 편평하지 않고 좌우 볼록 곡면의 옆오름(bulge)이 있는 까닭은 안팎(heel-toe)으로 빗맞은 타격 때 생기는 기어 효과로 표적선(target line)에서 심하게 벗어나는 골프공의 탄도를 볼록 곡면의 각 효과로 보상하여 표적선 쪽으로 유도하기 위함이다. 같은 이치로 위아래로 앞오름(roll)이 있는 이유도 위(아래)로 빗맞은 타격 때 발사된 골프공의 역회전이 감소(증가)하여 탄도가 지나치게 낮아(높아)지는 기어 효과를, 각 효과로 보완하기 위함이다. 여기서는 우선 옆오름의 기능을 설명하고 앞오름에 관해서는 다음에 설명한다.

옆오름 곡률은 안팎으로 빗맞은 타격 시 헤드의 비틀림 저항인, 헤드 무게중심을 지나는 수직축에 대한 MOI에 반비례한다. 즉 이 MOI가 커지면 기어 효과가 작아지므로 각 효과도 작아지도록 옆오름 곡률 반지름을 크게

---

51) 제4.9절 '우드에 앞오름이 없다면?' 참조.

즉, 곡률을 작게 한다. 1990년대 중반 이후 질기고 강한 타이타늄 소재의 등장으로 드라이버 헤드의 부피가 커지고 MOI가 커지면서 빗맞은 타격에 대한 헤드의 비틀림, 즉 기어 효과가 감소함에 따라 옆오름 곡률 반지름이 이전의 10~12인치(25~30.5cm)에서 13인치(33cm)로 늘어나는 추세다. 오름 곡률과 헤드 속도, MOI, 무게중심 깊이나 높이와의 관계는 그리 간단하지 않다.[52]

빗맞은 아이언 타구의 탄도 특성은 앞서 자세히 설명했다.[53] 여기서는 타면 정렬이 잘 된 상태에서 안팎으로 빗맞은 우드 타구에서의 탄도 특성을 살펴보자. 아이언 타구와 달리 무게중심이 깊은 우드 타구에서 코(바깥) 쪽으로 1인치(2.5cm) 빗맞으면 옆오름 곡률 때문에 빗맞은 충격점에서 타면이 5도까지 열린 상태에서 타구가 이루어지는데, 이보다는 깊은 무게중심을 순간 회전 중심으로, 헤드가 바깥쪽으로 젖혀지면서 타면과 맞물려 있는 공에는 반대로 안쪽으로 횡회전 속도 성분을 주게 된다.[54] 이때의 횡회전 속도 성분은 열린 타면의 각 효과에 의한 바깥쪽 방향 횡회전 속도 성분이 기어 효과에 의한 안쪽 방향 횡회전 속도 성분보다 약간 작도록 설계된 옆오름에 의해서 수평면에서의 탄도 특성인 구질이 향상된다. 예를 들어 옆오름이 없이 편평한 타면의 드라이버로 타구할 때 코(틱) 쪽으로 빗맞게 되면 기어 효과로 타격된 공에 안(바깥)쪽으로 횡회전 속도 성분이 크게 걸려서 페어웨이를 가로질러 건너편 풀숲 지역으로 심하게 휘어드는(나가는) 악성 구질이 생긴다. 헤드 무게중심이 타면 가까이에 있는 아이언 타구에서는 상상할 수 없는 악성 구질이다. 그림 4.8.1에는 코(toe)와 틱(heel) 쪽으

---

52) A. Penner, "The physics of golf: The convex face of a driver," American Journal of Physics, 69(10), 2001, p.1073-1081.
53) 제4.7절 '빗맞은 아이언 타구의 탄도' 참조.
54) 빗맞은 우드 타구에서 나타나는 클럽 헤드와 골프공의 특이한 회전 현상으로 이를 '기어 효과'라고 한다. 제2.9절 '빗맞은 타격과 기어 효과' 참조.

로 0.5인치 빗맞은 타격을 예로 들었는데 구질이 서로 대칭이다.

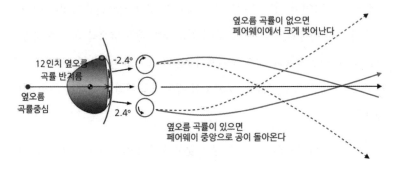

옆오름 곡률이 없으면
페어웨이에서 크게 벗어난다

12인치 옆오름
곡률 반지름

-2.4°

옆오름
곡률중심

2.4°

옆오름 곡률이 있으면
페어웨이 중앙으로 공이 돌아온다

그림 4.8.1 우드 타면의 옆오름 곡률이 구질에 미치는 영향

무게중심이 깊은 드라이버를 포함한 우드 헤드의 타면은 배불뚝이 형상을 하고 있다. 그 이유는 아이언과 달리 빗맞은 타격에 의한 큰 기어 효과로 횡회전이 크게 걸려 빗맞은 반대 방향으로 공이 심하게 휘기 때문이다. 이 기어 효과를 각 효과로 보상하기 위해서 옆오름 곡률을 준다.

고의로 왼쪽으로 휘어드는 구질(draw)을 구사하는 한 가지 확실한 방법은 코 쪽으로 약간 빗맞은 타격을 하는 것이다.[55] 이 때는 페어웨이 중앙을 조준하고 0.5인치 바깥쪽으로 빗맞게 되면 타면의 곡률 때문에 2~3도 열린 타면으로 공을 타격하므로 초기에는 페어웨이 오른쪽을 향해서 발사되지만 기어 효과에 의한 횡회전 속도 성분 때문에 결국은 페어웨이 중앙 쪽으로 휘어 들어오게 된다. 반대로 오른쪽으로 휘어나가는 구질(fade)을 구사하려면 턱 쪽으로 약간 빗맞은 타격을 하면 된다. 주의할 점은 스위트 스폿으로부터 지나치게 빗맞은 타격, 특히 안쪽으로 빗맞은 타격은 헤드 속도와 반발계수의 손실이 커서 거리가 오히려 줄어들 수 있다. 장타상이 걸린 홀에서 타구자세(set-up) 시 평소보다 1~2cm 뒤로 물러서서 스윙하면 코 쪽으로 그만큼 빗맞게 되어 휘어드는 구질이 되기 쉽다. 또 한 가지 이

55) 오른손잡이 기준으로 기술한다. 제5.8절 '장타 치기' 참조.

점은 스위트 스폿 기준 타구자세와 비교해서 안쪽으로 빗맞은 타격의 확률이 그만큼 줄어들어 큰 비거리 손실을 피할 수 있다. 빗맞은 타격에 대해 아이언보다 우드의 관용성이 좋은 이유는, 우드에는 옆오름 곡률이 있어 빗맞은 타격이라 하더라도 타구 방향성에 대한 보상기능이 있고 고반발 지역이 넓어 반발계수 손실이 작아 공 속도 손실도 작기 때문이다.

이러한 클럽 타면 설계에서 옆오름 또는 앞오름이 필요한 근본 원인은 클럽 헤드의 무게중심이 깊기 때문이다. 따라서, 우드 헤드 타면 설계에만 적용하고, 헤드의 무게중심이 수 mm밖에 안 되어 기어 효과가 무시되는 아이언에는 적용하지 않는다. 우드 헤드 타면 곡률 반지름의 크기는 헤드 속도에 반비례하고, 헤드의 MOI에 비례하고, 헤드 중심깊이에 반비례한다. 예를 들어 헤드 속도가 빠른 프로선수 용 드라이버의 곡률 반지름은 11인치 정도로 곡률이 심하고 헤드의 부피를 460cc 근처로 크게 만들어 MOI도 키우고 무게중심도 깊게 하여 실수 관용성이 큰 주말 경기자의 드라이버 헤드 곡률 반지름은 13인치 정도로 비교적 편평하다.

그림 4.8.2는 표준 드라이버 TOUR-LD를[56] 이용한 LPGA 투어 선수의 정상 타격에서의 탄도를 보인다. 여기서, 헤드 속도와 회전 속도는 94mph과 630rpm, 회전 로프트는 12.3도, 영각은 3도로 올려치기이다. 이때의 공 발사속도는 139mph, 역회전 속도는 2,611rpm, 발사각은 10.1도이고 비거리 218yd인데 이때의 헤드 속도와 회전 속도를 유지하고 똑바른 탄도를 구현하자면 수평 스윙 진로를 안쪽에서 바깥쪽으로 1.2도 밀어치면 된다.[57] 이를 LPGA 투어 선수의 드라이버 표준 스윙이라고 하자.

---

56) 클럽 명세는 표 2.6.2 '표준 드라이버와 6번 아이언 명세' 참조.
57) 부록 E '스윙 진로와 구질' 참조.

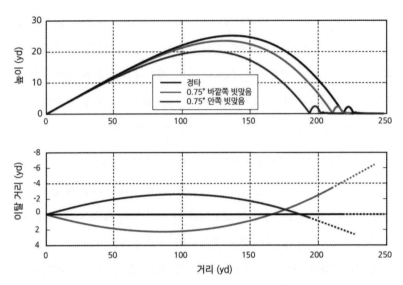

그림 4.8.2 LPGA 표준 드라이버 헤드의 옆오름 곡률이 부족할 때의 탄도
(TOUR-LD로 표준 스윙, 13" 옆오름 곡률 반지름, 중립축 무게중심)

타면 중앙에서 0.75인치 안팎으로 빗맞은 타격의 탄도 특성으로 기어 효과가 각 효과
보다 너무 커서 표적선 반대 방향으로의 이탈 거리가 크다. 또 바깥쪽으로 빗맞을 때
보다 안쪽으로 빗맞을 때의 비거리 손실이 너무 크다. 그림에서 점선은 달린거리(run)
를 나타낸다.

그림 4.8.2와 표 4.8.1은 옆오름 곡률 반지름이 표준 드라이버보다 1인
치 긴 13인치일 때 LPGA 투어 선수 드라이버 표준 스윙으로 안팎으로
0.75인치 빗맞은 타격의 탄도를 보인다. 이때, 골프공의 회전축이 10도 가
까이 표적선 쪽으로 지나치게 기울어져 표적선을 가로 질러 멀리 지나가는
바람직하지 않은 탄도 특성을 보인다. 특히 턱 쪽으로 빗맞은 타격에서의
비거리 손실이 코 쪽으로 빗맞은 타격과 비교해서 2배가량 된다. 즉, 코 쪽
보다 턱 쪽 빗맞은 타구의 관용성이 매우 나쁜 셈이다. 그 이유는 기본적
으로 충격 직전 타면 정렬을 위한 헤드의 회전 속도로 빗맞은 정도가 같더
라고 턱 쪽 충격점에서의 헤드 속도와 반발계수가 코 쪽 빗맞은 충격점보다

모두 작기 때문이다.[58] 이 문제는 헤드 설계의 개선과 관련해서 다시 설명
하기로 한다.

표 4.8.1 빗맞은 LPGA 투어 선수 드라이버 타구의 충격조건과 탄도 특성
(TOUR-LD 표준 드라이버, LPGA 표준 스윙, 페어웨이 스팀프 지수 5; 동 마찰계수 0.4)

옆오름 곡률 반지름	충격점 위치	COR	공속도 (mph)	발사각(도) 수직	발사각(도) 수평	역회전 (rpm)	회전축 경사	높이 (yd)	비거리 (yd)	이탈거리 (yd)	사거리 (yd)	비행시간 (초)
13" (무게중심 중앙)	중앙	0.83	139	10.1	0	2610	0	25	218	0	248	5.8
	0.75" 바깥쪽	0.80	136	10.1	-0.6	2619	-10.5	24	210	-3.4	241	5.6
	0.75" 안쪽	0.78	128	10.0	5.2	2588	9.1	20	194	0.5	226	5.2
12"(무게중 심 중앙)	0.75" 바깥쪽	0.80	136	10.1	-1.0	2605	-8.7	24	211	0.4	242	5.6
	0.75" 안쪽	0.78	128	10.0	5.6	2574	7.2	20	194	-2.9	227	5.2
12" (무게중심 안쪽 6mm)	중앙	0.83	139	10.1	0	2610	0	26	220	0	249	5.9
	무게중심	0.83	137	10.1	1.5	2617	5.8	25	215	0.4	245	5.8
	0.75" 바깥쪽	0.79	133	10.1	-3.9	2568	-7.9	22	206	1.8	237	5.5
	0.75" 안쪽	0.80	133	10.1	2.7	2612	8.5	22	204	-0.9	235	5.5
LPGA 평균			140	10.2		2611		25	218			

그림 4.8.3과 표 4.8.1은 옆오름 곡률 반지름만 표준값인 12인치로 줄
여서, 즉 곡률을 크게 해서 빗맞은 타격에서 그만큼 각 효과를 크게 했을
때의 탄도 특성을 보인다. 앞서 13인치 옆오름 곡률 반지름의 경우와 비교
해서 안팎으로 빗맞은 타격에서 표적선 근처에 착지점이 모이는 개선된 수
평면 탄도 특성을 보이지만, 아직도 수직면 탄도 특성은 거의 변함이 없다.

---

58) 헤드 타면 상의 헤드 속도 분포와 반발계수 분포가 좌우 대칭이 아니므로 그 차이만큼 영향
을 준다. 예를 들어 코 쪽으로 빗맞을 때는 헤드 속도의 이득과 반발계수 손실이 비슷해서
공 속도 손실이 거의 없지만, 턱 쪽으로 빗맞을 때는 헤드 속도의 손실과 반발계수의 손실
이 겹쳐 공 속도 손실이 크다. 제2.4절 '스위트 스폿' 참조.

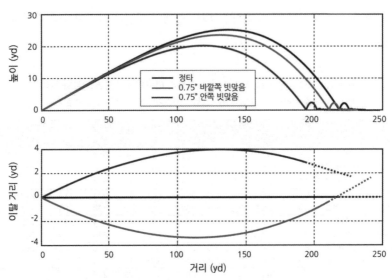

그림 4.8.3 LPGA 표준 드라이버 헤드의 옆오름 곡률이 적절할 때의 탄도
(TOUR-LD로 표준 스윙, 12" 옆오름 곡률 반지름, 중립축 무게중심)

타면 중앙에서 0.75인치 안팎으로 빗맞은 타격의 탄도 특성으로 기어 효과와 각 효과
와 비슷해서 탄도가 모이는 경향을 보인다. 그러나 아직도 바깥쪽으로 빗맞을 때보다
안쪽으로 빗맞을 때의 비거리 손실이 너무 크다.

그림 4.8.4와 표 4.8.1은 드라이버 헤드의 무게중심만 중앙에서 턱 쪽
으로 6mm 옮겨서 최적화한 LPGA 표준 드라이버 TOUR-LD 타구의
탄도 특성을 보인다. 안팎으로 0.75인치 빗맞은 타격, 정중앙과 무게중심
타격 모두에서 개선된 탄도를 보인다. 사거리 기준 표적 이탈거리가 표적선
에 2yd 이내로 모이고, 코 쪽으로 빗맞은 타격에서는 5yd의 비거리 손실
이 생기지만 턱 쪽으로 빗맞은 타격에서는 10yd의 큰 비거리 이득이 생긴
다. 따라서 안팎으로 비슷하게 빗맞은 타격에 대한 실수 관용성을 비슷하
게 맞춘 셈이다.

무게중심을 턱 쪽으로 이동시키면 타면 중앙에서 같은 거리의 안팎으로

빗맞은 타격이라도 코 쪽이면 무게중심과 충격점 사이의 거리가 무게중심 이동 거리만큼 멀어져 반발계수는 감소하지만, 헤드의 회전 속도에 의한 충격점에서의 헤드 속도가 커지므로 공 속도 손실이 거의 없는 반면, 턱 쪽이면 무게중심과 충격점 사이의 거리가 그만큼 가까워져 헤드의 회전 속도에 의한 충격점에서의 헤드 속도 손실도 줄어들고 반발계수도 커져 공 속도 이득이 커진다. 또 무게중심을 턱 쪽으로 옮기면 휘어나가는 구질(fade)을 개선할 수 있다.[59]

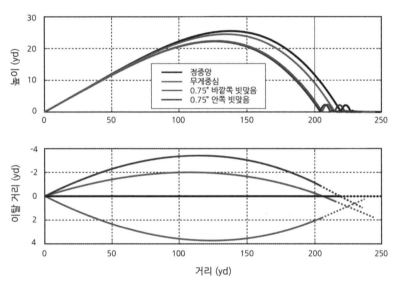

그림 4.8.4 최적화한 LPGA 표준 드라이버의 탄도
(TOUR-LD, 12" 옆오름 곡률 반지름, 무게중심 턱 쪽 6mm)

헤드의 무게중심을 턱 쪽으로 6mm 옮겨서 빗맞은 타격의 탄도를 개선했다. 특히 턱 쪽 빗맞은 타격에 대한 실수 관용성을 개선하였다.

헤드 최적 설계 관점에서 무게중심을 턱 쪽으로 이동시키는 예로는 2004

---

59) 제3.7절 '드로우 전용 아이언' 참조.

년 출시한 당시 대형 드라이버 헤드의 명품으로 잘 알려진 캘러웨이(Callaway)
의 GBB-II로 헤드의 무게중심이 타면 중앙에서 뒤쪽으로 34mm, 틱 쪽으
로 6mm, 위쪽으로 6mm 치우쳐 있다.[60]

60) P. Dewhurst, The Science of the Perfect Swing, Oxford University Press,
2015, p.180.

우드의 헤드 타면(face)이 아이언처럼 편평하다면 어떤 현상이 생길까? 물론 타면이 편평할 때, 안팎으로 빗맞은 우드 타구에서는 기어 효과가 예상외로 커서 지나치게 안쪽으로 휘어드는 구질이 된다. 이때 옆오름(bulge)을 도입하여 타면을 볼록하게 하면 빗맞은 충격점에서 보강된 각 효과로 기어 효과를 완화하여 수평면에서의 탄도 특성인 구질을 개선할 수 있다. 이 주제에 대해서는 제2.9절 '빗맞은 타격과 기어 효과'와 제4.8절 '빗맞은 우드 타구와 옆오름'에서 상세히 설명했다.

한편 로프트각만큼 이미 각 효과가 큰 우드 타구에서 위아래로 빗맞은 타격에서는 기어 효과가 로프트각 효과보다 상대적으로 작을 수밖에 없다. 따라서 위아래로 빗맞은 우드 타구에서의 기어 효과를 각 효과로부터 분리해서 비교하기가 난처하다. 특히, 눈에 쉽게 띄는 수평면에서의 탄도 특성인 구질과 수직면에서의 탄도 특성을 연관시키기도 어렵다. 따라서, 여기서는 먼저 앞오름이 없는 편평한 타면의 우드 타구에서 위아래로 빗맞을 때의 기어 효과가 탄도 특성에 미치는 영향, 특히 문제점을 이해하기 위해 구체적인 사례를 들어 설명한다. 그런 후에 다음 절에서는 앞오름(roll)을 도입하여 이 문제를 개선할 수 있음을 보이려고 한다.

기어 효과를 효과적으로 설명하기 위해 LPGA 투어 선수의 드라이버 타구와[61] 비슷한 예로 그림 4.9.1처럼 타면 위아래로 빗맞은 타격 상황을 살펴보자. 타구 조건은 헤드 속도 94mph, 영각 3도(올려치기), 회전 로프트[62]

---

61) 표 1.4.2 'LPGA 투어 선수 평균 데이터' 참조.
62) 드라이버의 공칭 로프트는 이보다 작지만, 타구 순간 헤드 무게중심 편심으로 인한 원심력과 샤프트 채찍질 효과 등으로 샤프트가 C자 모양으로 굽어지면서 회전 로프트가 증가한다. 제5.3절 '원심력과 헤드의 고개숙임'과 제5.5절 '샤프트의 채찍질 효과' 참조.

12.3도이다. 여기서는 편의상 영각 0도, 즉 스윙 진로 기준으로 발사각을 정하고 드라이버 타면은 편평하다고 가정한다. 드라이버의 중심깊이는 3.5cm이고 스위트 스폿에서의 반발계수는 0.83이다.

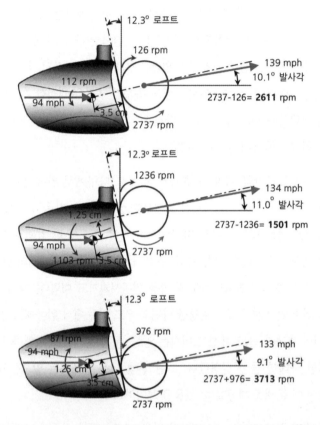

그림 4.9.1 LPGA 투어 선수의 정상 및 위아래 빗맞은 드라이버 타구의 충격 특성
(TOUR-LD 표준 드라이버에서 앞오름이 없는 편평한 타면 가정)

먼저 편평한 타면의 스위트 스폿에 정상적으로 타격한 경우를 고려하자. 이때 12.3도의 회전 로프트를 갖는 완만한 경사 타면을 따라 위쪽으로 공이 미끄러지면서 생기는 평균 마찰력의 영향, 즉, 순수한 각 효과로 골프공

은 2,737rpm의 역회전 속도를 갖는다. 한편, 평균 마찰력 때문에 크지는 않지만 기어 효과로 헤드가 반시계방향 112rpm으로 뒤로 젖혀지고 이에 맞물린 골프공은 시계방향 126rpm의 순회전(top spin) 속도를 얻는다.[63] 이 두 효과가 합쳐져 최종적으로 골프공은 2,611rpm의 역회전 속도를 갖고 발사된다. 이때의 발사속도는 139mph, 발사각은 10.1도이다.[64] 이때 LPGA 투어 선수처럼 영각 3도로 올려 치면 그림 4.9.2와 표 4.9.1에 보였듯이 비거리는 219yd, 착지각은 34도, 비행시간은 5.9초이다.

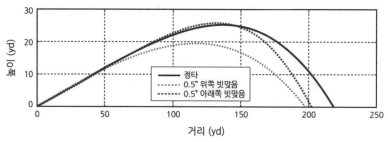

그림 4.9.2 LPGA 투어 선수의 정상 및 위아래 빗맞은 드라이버 타구의 탄도
(TOUR-LD 표준 드라이버에서 앞오름이 없는 편평한 타면 가정; 헤드 회전 속도 무시)

드라이버 타면이 편평하고 위아래로 빗맞을 때 생기는 가상 탄도로 영각 3도로 올려 친 경우이다. 위로 빗맞은 타격은 발사각은 크지만, 역회전이 작아 체공 시간이 짧아진다. 아래로 빗맞은 타격은 발사각이 작아 낮게 출발하지만 큰 역회전으로 양력이 커서 솟아오르는 탄도가 특징이다. 위아래로 빗맞은 타격 모두 정상 타격과 비교해서 비거리 차이가 크다. 이러한 빗맞은 우드 타구에 대한 관용성을 높이기 위해서 우드 타면을 곡면으로 설계한다.

편평한 타면의 스위트 스폿에서 위쪽으로 0.5인치(1.25cm) 빗맞은 타격에서는 헤드가 반시계방향 1,103rpm으로 더 뒤로 젖혀지고 기어 효과로 골프공은 시계방향 1,236rpm의 순회전 속도를 얻는다. 한편, 헤드의 뒤

63) 기어 효과에서 헤드의 회전 속도와 공의 회전 속도와의 관계식은 부록 D '기어 효과' 참조.
64) P. Dewhurst, The Science of the Perfect Swing, Oxford University Press, 2015, p121-123.

로 젖혀지는 회전 운동과 반발계수의 감소로 골프공의 발사 속도는 5mph 정도 줄어들고 각 효과에 의한 골프공의 역회전 속도는 정상 타격과 같이 2,737rpm이다. 각 효과와 기어 효과가 합쳐지면 골프공의 역회전 속도는 1,501rpm으로 작아지는 대신 발사각은 11도로 커진다. 골프공의 탄도는 매우 작은 역회전 속도 때문에 양력을 충분히 받지 못해서 전체적으로 낮게 깔리는 탄도가 된다. 역시 영각 3도로 올려치면 비행시간은 4.8초밖에 걸리지 않아 정상 타격과 비교해서, 비거리는 20yd 정도 줄어들지만 착지각이 28도로 작아 달린거리는 10yd 이상 늘어난다.[65]

표 4.9.1 위아래로 빗맞은 LPGA 투어 선수 드라이버 타구의 탄도 특성
(TOUR-LD 드라이버, 94mph 헤드 속도, 12.3도 회전 로프트, 3도 영각)

헤드	충격점 위치	COR	공속도 (mph)	발사각 (도)	역회전 (rpm)	높이 (yd)	비거리 (yd)	착지각 (도)	비행시간 (초)
	중앙	0.83	139	13.1	2611	25	219	34	5.9
편평 타면	0.5" 위쪽	0.80	134	14.0	1501	20	198	28	4.8
	0.5" 아래쪽	0.78	133	12.1	3713	26	202	39	6.1
LPGA 평균			140	13.2	2611	25	218	37	

편평한 타면의 스위트 스폿에서 아래쪽으로 0.5인치 빗맞은 타격에서는 헤드가 시계방향 871rpm으로 숙이고 기어 효과로 골프공은 위쪽으로 빗맞은 타격과 비슷한 회전 속도 976rpm을 얻지만, 방향이 반대인 역회전이 된다. 골프공의 발사 속도는 위쪽으로 빗맞은 타격보다는 조금 큰 133mph, 각 효과도 같은 역회전 2,737rpm이다. 각 효과와 기어 효과가 합쳐지면 골프공의 역회전 속도는 무려 3,713rpm으로 위쪽으로 빗맞은 타격과 비교해서 2배 이상의 역회전 속도가 생긴다. 대신 발사각은 9.1도로 작아진다. 영각 3도로 올려치면 골프공의 탄도는 매우 큰 역회전 속도 때문에 가파르게 솟아오르며 공중에 오래 머물다가 급격히 낙하하는 탄

---

65) 달린거리(야드, run) 차이는 대략 (1.5~2)(착지각 차이, 도)이다. 제#4.4절 '비거리가 늘면 달린거리는 줄어든다' 참조.

도 특성으로 비행시간이 6.1초로 길어지고 비거리는 위로 빗맞은 타격보다 4yd 정도 길어지지만 착지각은 39도로 커져 달린거리가 15yd 정도 짧아져 사거리는 오히려 10yd 이상 짧아진다. 결론적으로 타면이 편평한 우드로 타구 한다면 위아래로 빗맞을 때의 비거리(사거리) 손실이 예상외로 크다.

위에 보인, 스위트 스폿에서 0.5인치 위아래로 빗맞은 타격의 탄도 특성과 스위트 스폿으로 정상 타격한 이상적인 탄도 특성을 비교하면 다음과 같은 결론을 내릴 수 있다.

- 위로 빗맞은 타격에서는 기어 효과에 의한 역회전이 로프트각의 각 효과 만에 의한 역회전의 40% 이상으로 과도하다. 발사각은 약간 크지만, 공 속도가 줄어들어 탄도를 개선하려면 빗맞은 충격점에서의 추가 각 효과를 크게 해서 발사각과 역회전을 크게 해야 한다.

- 아래로 빗맞은 타격에서는 기어 효과에 의한 역회전이 로프트각의 각 효과에 의한 역회전을 도와 골프공의 역회전이 지나치게 커져 솟아오르는 구질을 보인다. 추가로 각 효과를 줄여서 발사각은 좀 더 작아져도 덜 솟아오르는 구질로 바꾸면 탄도가 개선된다.

빗맞은 우드 타구라도 실수에 대한 관용성을 높여 탄도를 개선하고 착지점이 표적선에서 크게 벗어나지 않게 하면서 비거리 손실을 줄이려면 빗맞은 타격에 의한 과도한 기어 효과를 각 효과로 적절히 조정해야 하는데 그 방안으로 편평한 우드 헤드 타면에 곡률을 주게 된다. 안팎으로 빗맞는 공의 탄도를 개선하기 위해서 **옆오름**(bulge)을 도입하듯이, 위아래로 빗맞은 공의 탄도를 개선하기 위해서 앞오름(roll)을 도입한다. 헤드 MOI가 작았던 예전과 비교해서 요즘 출시되는 대형 드라이버 곡률 반지름은 11~13인치 (28~33cm)까지 커지는 추세인데, 이 경우 스위트 스폿으로부터 상하좌우로 0.5인치 빗맞을 때 ±2.2~2.6도의 각 효과를 가감하는 셈이다.

4.10 앞오름을 이용한 우드 타구

아이언이나 웨지와 달리 우드 특히 드라이버 헤드의 타면(face)은 '배불뚝이'다.[66] 헤드의 타면이 아이언처럼 편평하지 않고 위아래로 앞오름(roll)이 있는 이유는 위(아래)로 빗맞은 타격 때 '기어 효과'로 발사된 골프공의 역회전이 많이 감소(증가)하여 탄도가 지나치게 낮아(높아)져 비거리가 짧아지는 것을 방지하도록 '각 효과'를 크게(작게) 하기 위함이다. 제4.8절 '빗맞은 우드 타구와 옆오름'과 다른 점은 기본적으로 클럽 회전 로프트만큼의 큰 각 효과와 연직 방향으로 중력이 작용하는 탄도 특성뿐이고, 위아래로 빗맞은 타격에 따른 추가적인 각 효과와 기어 효과가 충격과 탄도 특성에 미치는 영향은 비슷하다.

1990년대 중반 이후 질기고 강한 타이타늄 소재의 채택으로 드라이버 헤드의 부피가 커지고 MOI가 커지면서 빗맞은 타격에 대한 헤드의 비틀림, 즉 기어 효과가 감소함에 따라 헤드 앞오름의 곡률 반지름이 9~12인치에서 점차 늘어나는 추세다. 대신 타면의 높이도 55mm 정도로 커지면서 타면 중심에서 로프트각이 10도라면 위 끝과 아래 끝에 빗맞을 때 로프트가 13도와 7도로 크게 변한다. 따라서 티 높이나 스윙 진로의 형태와 높이에 따라 골프공의 발사각이 무려 6도 이상 차이 날 수 있다. 따라서 위아래로 빗맞게 되면 탄도 특성이 크게 변하게 된다. 이를 보완하고 헤드의 무게중심이 갈수록 낮아지는 추세에 맞추어 타면 아래 끝에서 위로 1/2~2/3 높이까지는 곡률 반지름을 20인치 이상으로 키워 곡률을 줄이고 나머지 윗부분도 15인치로 편평도를 높이기도 한다.

---

66) 제4.9절 '우드에 앞오름이 없다면?' 참조.

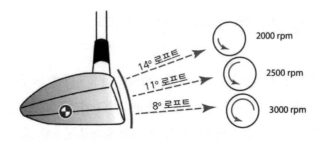

그림 4.10.1 위아래로 빗맞은 타격의 회전 로프트와 역회전 속도 변화

발사각은 영각에 따라 달라지는데, 영각이 0도라면 발사각은 회전 로프트의 75% 정도가 된다.
- 위로 빗맞으면 발사각은 높으나 각 효과와 기어 효과가 반대되어 역회전이 작아진다.
- 스위트 스폿에 정상 타격하면 발사각과 역회전이 표준으로 정상 탄도 특성을 보인다.
- 아래로 빗맞으면 발사각은 낮으나 각 효과와 기어 효과가 상승작용을 하여 역회전이 커진다.

보통 정타일 때 발사되는 골프공의 역회전은 주로 회전 로프트에 비례해서 커지며 이를 '각 효과' 또는 '쐐기 효과'라고 한다. 그림 4.10.1에 보였듯이 타면 위쪽, 회전 로프트가 더 큰 쪽으로 타격해도 스위트 스폿으로 타격할 때와 비교해서 역회전 속도가 오히려 줄어드는 이유는 빗맞은 타격에서의 골프공의 회전 속도는 로프트각에 비례하는 역회전과 함께 위로 빗맞을 때 무게중심을 회전중심으로 헤드가 뒤로 젖혀지면서 생기는 '기어 효과' 만큼 순회전이 같이 걸리기 때문이다. 옆오름이 있을 때 안팎으로 빗맞으면 추가로 3~4도의 각 효과가 생기는 것과 비교해서 앞오름이 있을 때 위아래로 빗맞아도 정타 시의 회전 로프트 11도에 ±3~4도의 각 효과가 추가되므로 기본적으로 기어 효과보다는 7~15도에 해당하는 각 효과가 크다. 따라서, 타면의 위로 빗맞은 골프공도 정타와 비교해서 줄어들기는 해도 여전히 역회전이 제법 걸린 상태에서 발사된다. 반대로 아래로 빗맞은 골프공은 정타와 비교해서 발사각은 작아지고 역회전은 더욱 커진다.

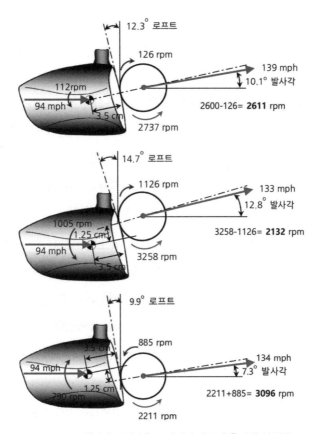

그림 4.10.2 위아래로 빗맞은 드라이버 타구의 충격 특성 변화

TOUR-LD 표준 드라이버에 곡률 반지름 12"의 앞오름(roll)을 도입하여, 위아래로 빗맞은 타격 시의 충격 특성을 변화 시켜 탄도를 개선한다.

(위 그림) 타면 중앙에 정상 타격하는 경우로 표준 충격 특성을 보인다.

(가운데 그림) 타면 중앙에서 위로 0.5인치 빗맞은 타격으로 편평한 타면과 비교해서 발사각은 1.8도, 역회전 속도는 40%가량 증가한다.

(아래 그림) 타면 중앙에서 아래로 0.5인치 빗맞은 타격으로 편평한 타면과 비교해서 발사각은 1.8도, 역회전 속도는 20%가량 감소한다.

그림 4.10.2는 LPGA 투어 선수의 드라이버 타구를 구체적으로 모사한 예시로 스위트 스폿에 정상적으로 타격할 때는 타면의 곡률 여부와 관계없

이 충격과 탄도 특성은 같고, 곡률의 영향을 받는 0.5인치 위아래로 빗맞은 타격에 대해서는 기어 효과와 각 효과에 의한 골프공의 회전 특성이 개선됨을 보여준다. 사용한 드라이버는 TOUR-LD 표준 드라이버로 앞오름(roll)과 옆오름(bulge) 곡률 반지름은 12인치, 스위트 스폿에서의 반발계수는 0.83이다. 그림 4.10.3과 표 4.10.1은 LPGA 투어 선수처럼 영각 3도로 올려칠 때의 충격과 탄도 특성을 보였는데, 그림 4.9.2와 표 4.9.1에 보인 편평한 타면의 경우와 비교해서 곡률 반지름 12인치의 앞오름 도입으로 다음과 같은 탄도 특성의 개선이 이루어짐을 알 수 있다.

- 0.5인치 위로 빗맞은 타격에서는 공 속도가 1mph 감소하지만 발사각이 1.8도 커지고 역회전 속도가 증가하여 탄도가 높아져서 비거리 이득이 12yd로 현저히 개선된다. 대신, 착지각이 7도 정도 커져서 달린거리가 10yd 이상 줄어든다.

- 0.5인치 아래로 빗맞은 타격에서는 공 속도가 1mph, 발사각이 1.8도 감소하고 역회전 속도가 감소하여 탄도가 낮아지지만, 비거리 이득은 거의 없는 대신, 착지각이 8도 정도 작아져 달린거리가 12yd 이상 늘어난다. 아래로 빗맞은 타격은 위로 빗맞은 타격과 비교해서 뚜렷한 탄도 개선이 없어서 타면 중앙 위쪽은 제대로 곡률을 주되, 아래쪽은 곡률 반지름을 크게 하거나 편평하게 하는 이중 곡률 앞오름 설계를 도입하기도 한다.

위의 드라이버 타구에서의 충격과 탄도 특성 분석은 LPGA 투어 선수의 실제 표준 스윙에서 헤드의 회전 속도를 무시한 결과이지만, 주요 특성에 큰 영향을 주지 않는다. 중심깊이가 큰 우드에서도 모두 타면에 곡률을 주어 빗맞은 타격에 대한 관용성을 높인다.

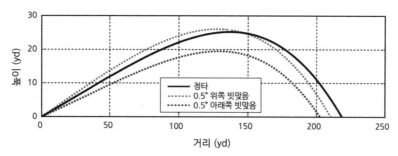

그림 4.10.3 위아래로 빗맞은 드라이버 타구의 탄도 특성 변화

앞오름 곡률 반지름 12인치인 TOUR-LD 표준 드라이버로 LPGA 투어 선수가 3도 올려칠 때, 정상 타격과 위아래로 0.5인치 빗맞은 타격의 탄도를 비교한다. 앞오름이 없는 편평한 타면의 드라이버 타구와 비교해서 위로 빗맞은 타격의 비거리 개선이 뚜렷하다.

표 4.10.1 위아래로 빗맞은 LPGA 투어 선수 드라이버 타구의 탄도 특성
(TOUR-LD 드라이버, 94mph 헤드 속도, 12.3도 회전 로프트, 3도 영각)

헤드	충격점 위치	COR	공속도 (mph)	발사각 (도)	역회전 (rpm)	높이 (yd)	비거리 (yd)	착지각 (도)	비행시간 (초)
앞오름 곡	중앙	0.83	139	13.1	2611	25	219	34	5.9
률 반지름	0.5" 위쪽	0.80	133	15.8	2132	26	210	35	5.7
12인치	0.5" 아래쪽	0.78	134	10.3	3096	20	203	31	5.5
LPGA 평균			140	13.2	2611	25	218	37	

클럽의 기어 효과 관련해서 최근에 출시되는 발사 시 공의 역회전을 줄여서 달린거리를 길게 하여 사거리를 늘릴 수 있는 드라이버의 역학적 원리는 이렇다. 우선 드라이버 헤드에서 강성을 유지해야 하는 부분은 타면과 일체로 제작되는 바닥면과 옆면이고 윗부분(crown)은 가벼운 소재로 만든다. 그런데도 대부분의 드라이버 헤드는 타면이 공칭 로프트 만큼 기울어져 있고 이 타면의 중심에서 타면에 수직으로 내린 직선인 중립축(neutral axis)의 위쪽에 헤드의 무게중심이 놓이게 된다.[67] 따라서 그림 4.10.4에 보였듯이

---

67)　제2.6절 '헤드 무게중심과 타구 성능' 참조.

타면 중심을 지나는 중립축보다 무게중심을 낮게 할 수 없는 경우가 대부분으로 타면 정 중앙에 타격하더라도 결국은 무게중심 아래로 빗맞은 타격이 되어 역회전이 커진다. 즉 스위트 스폿이 타면 정 중앙보다 위에 놓이게 된다. 따라서 타면 정 중앙 위로 빗맞은 타격을 유도하면 스위트 스폿에 맞는 정타에 가깝게 되고 기어 효과의 방향을 바꾸어 역회전 속도도 상대적으로 줄이는 방법이다. 주의할 점은 지나치게 위로 빗맞은 타격을 시도하면 충격점에서의 헤드 속도와 반발계수가 줄어들어 공 속도의 손실이 커져서 실효성이 떨어진다.

드라이버 타구의 탄도를 높여 사거리를 늘리기 위해서는 공의 발사각을 크게 할 필요가 있으며 이때 가장 손쉬운 방법은 평소보다 티를 높게 하여 타면의 위쪽으로 공을 타격하는 것이다. 발사각은 커지면서 기어 효과에 의해서 역회전이 줄어 착지점이 멀어지고 달린거리가 길어진다. 이때 앞오름 위쪽 타구만으로도 탄도가 낮아 거리가 나지 않을 때는 높은 티를 쓰되 티의 위치를 평소보다 표적 방향(전방)으로 공 2~3개 거리(8~13cm)만큼 옮기고 타구하면 최소 8~12yd 드라이버 거리가 늘 수 있다.[68] USGA에서 허용한 최대 높이인 10cm의 높은 티의 위치를 평소보다 전방으로 공 2~3개 거리 옮기면 표준 스윙 원호의 하사점에서 20cm 정도 티가 앞에 오게 되어 2~3도 정도 유효 로프트각이 증가한 올려치기가 되어[69] 발사각은 커지는 대신 기어 효과로 역회전이 줄어들어 비거리는 늘지만 달린거리 변화는 매우 작아진다. 이때 역회전을 더 줄이려면 로프트가 작은 드라이버를 선택하면 된다. 제5.8절 '장타 치기'에서 실제 예를 들어 드라이버 헤드 설계 관점에서 자세히 설명한다.

---

68) Frank D. Werner, Understand Your Driver, Origin Inc., 2010, Chapter 5: Tee Forward for More Distance.
69) 이종원, 골프역학 역학골프, 청문각, 2009, 제8.4절 '공을 띄우는 법' 참조.

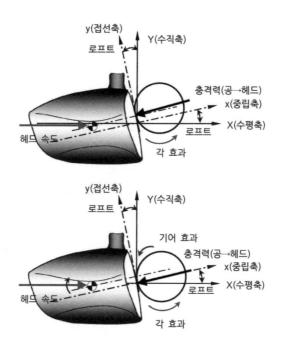

그림 4.10.4 무게중심이 중립축 위쪽에 있는 드라이버의 충격 특성

대부분의 드라이버는 무게중심이 수평축 아래에 있더라도 중립축 위쪽에 있게 되는데 심하면 12mm(약 0.5인치) 위쪽에 있다. 이때

(위 그림) 타면 정 중앙에서 위로 빗맞은 타격은 충격력이 무게중심을 지나므로 오히려 공 속도 손실이 없고 역회전 속도도 크지 않다. 발사각은 약간 커진다.

(아래 그림) 타면의 중앙에 타격해도 충격력이 무게중심 아래를 지나기 때문에 충격 순간 헤드가 앞으로 고개를 숙이게 된다. 따라서 크지는 않지만 기어 효과가 발생하여 역회전이 커지게 된다. 이때 공 속도 손실도 생긴다.

제5장
스윙과 충격

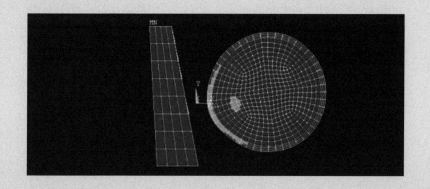

언젠가 어느 골프 전문가 W 씨와 친선 골프대회에서 함께 라운딩할 기회가 있었다. 장타상이 걸린 홀에 와서 대화 중에 '왜 휘어드는 구질(draw)의 타구가 휘어나가는 구질(fade)의 타구보다 거리가 더 나는가?'에 대한 W 씨의 논리가 경이로웠다.

골프공의 역회전 속도는 헤드 타면(face)의 유효 로프트(dynamic loft)에 영각(angle of attack)을 뺀 회전 로프트(spin loft)에 비례한다.[1] 즉, 같은 유효 로프트라도 내려치기(descending blow)를 하면 영각이 음(−)이 되어 회전 로프트가 커서 골프공의 역회전 속도가 커지고, 올려치기(ascending blow)를 하면 영각이 양(+)이 되어 회전 로프트가 작아져 골프공의 역회전 속도가 작아진다. 그런데 W 씨의 이론은 이를 확대하여 해석해서, '휘어나가는 공의 거리가 짧은 이유는 내려치기 때문이다. 따라서 회전 로프트가 커져서 역회전 속도가 커지므로 페어웨이 착지 후 후진 방향으로 회전이 걸리기 때문에 앞으로 나가지 못한다. 휘어드는 구질(draw)을 구사할 때는 올려치기를 하므로 골프공에 순회전(top spin)이 걸려서 착지 후 전진 방향으로 회전하게 되므로 달린거리(run)가 멀어지게 된다'라는 것이다.

한마디로 틀린 자의적 해석으로 골프가 아닌 탁구나 테니스 경기에서는 맞는 말이다. 탁구에서 커트 볼은 배트를 아래쪽으로 내려쳐서, 회전 로프

---

1) 영각은 충격 직전 스윙 진로가 수평면과 이루는 각으로 올려 치면 내리스윙 중 헤드가 스윙 원호의 바닥을 지난 후 위로 올라가며 공에 충돌하므로 영각이 양(+)이 되어 그만큼 발사각이 증가한다. 내려치기는 올려치기와 비교하여 발사각이 줄어드는 대신 회전 로프트가 커지므로 역회전이 증가하여 탄도를 높이는 효과가 생긴다. 제2.7절 '회전 로프트와 감소 로프트'와 이종원의 역학골프 1: 각도 알고 타수 줄이기, 좋은땅, 2011, 제2.8절 '회전 로프트 각과 역회전' 참조.

트를 크게 하여 역회전을 극대화하기 때문에 공이 높이 뜨고 상대편 테이블에 착지한 후 탁구공의 전진이 둔해진다. 드라이브를 걸 때는 배트를 위로 올려쳐서 영각을 크게 하여 회전 로프트를 음(-)으로 할 수 있기 때문에 역회전이 아닌 순회전이 탁구공에 걸려서 상대편 테이블에 떨어진 후 탄도도 낮게 깔리며 **빠른** 속도로 전진한다.[2] 테니스에서도 유사한 경험을 할 수 있는 데 이 모두 골프와는 달리 허리 높이에서 배트나 라켓으로 공을 올려치거나 내려칠 수 있기 때문이다.

골프에서는 탁구나 테니스에서처럼 드라이브를 걸어 순회전을 절대 줄 수 없을 뿐 아니라 순회전을 주게 되면 비행 중 골프공의 체공 시간을 길게 해주는 양력(lift force)이 거꾸로 연직 하방으로 작용해서 급격히 낙하하게 된다. 탁구나 테니스에서처럼 공을 공중에 높이 띄운 채 올려쳐서 드라이브를 걸 수 있지만, 지면에 낮게 꽂은 10cm도 안 되는 짧은 티에 골프공을 올려놓고 클럽 공칭 로프트가 10도나 되는 드라이버로 올려쳐서 드라이브를 건다는 것은 불가능하다. 따라서 골프에서는 골프공에 절대 순회전을 걸 수도 없고 또 그렇게 해서 이득도 전혀 없다.[3] 다만, 휘어드는 구질이 휘어나가는 구질에 비해 역회전 속도가 작아서 달린거리가 멀어지는 이유는 휘어드는 구질을 구사하기 위해서 샤프트를 안쪽으로 비틀어 타면을 닫으면 로프트가 감소하고 이에 비례해서 역회전이 감소하기 때문이다. 휘어드는 구질이든지 휘어나가는 구질이든지 헤드 속도가 같고 스윙 진로가 같고 충격 시 로프트가 같으면 탄도는 완전히 표적선 기준 좌우 대칭으로

---

2) 이종원의 역학골프 1: 각도 알고 타수 줄이기, 좋은땅, 2011, 제2.5절 '역회전과 탄도특성' 참조.
3) 무게중심이 매우 낮고 로프트가 2도인 퍼터를 이용한 퍼팅에서는 기어 효과를 극대화해서 미미하지만, 순회전을 거는 것이 이론적으로는 가능하다. 그러나 이 특수한 상황에서의 순회전도 처음부터 순수 구름운동을 시작하는데 필요한 순회전 속도의 6% 미만으로 턱없이 부족하다. P. Dewhurst, The Science of the Perfect Swing, Oxford University Press, 2015, p.230.

같게 된다. 즉, 비거리, 달린거리, 높이, 표적 이탈거리 등 모든 탄도특성이 같게 된다.[4]

경기자 대부분은 드라이버 타구에서 골프공을 티에 올려놓고 타구하므로 늘 공을 올려치는 것으로 잘못 이해하고 있으나 통계에 의하면 오히려 내려치는 경기자도 많은 것으로 조사되고 있다. 내려치는 스윙에서는 역회전 속도가 증가하나 발사각(launch angle)이 감소하고, 올려치는 스윙에서는 그 반대의 경향이 있다. 올려치는 스윙에서는 드라이버 헤드가 스윙 원호의 하사점(바닥, 6시 방향)을 통과한 후 상승 궤도에서 타격하고, 내려치는 스윙에서는 스윙 원호의 하사점 전 하강 궤도에서 타격한다. 체중 이동을 동반하는 스윙은 내려치는 경향이 우세하며, 체중 이동을 하지 않는 스윙에서는 자연 올려치기 쉽다. 세계 장타대회 출전 선수는 대부분 로프트 7도 이하의 드라이버로 올려쳐서 발사각은 크게 하면서 역회전은 작게 하여 비거리와 달린거리를 극대화한다.[5]

PGA와 LPGA 투어 선수의 평균 통계자료를 보면 PGA 투어 선수는 클럽과 관계없이 1.3~5도로 내려치며 LPGA 투어 선수도 드라이버 타구만 3도로 올려칠 뿐, 페어웨이 우드 포함 다른 클럽으로 타구할 때는 0.9~3.1도로 내려친다. 투어 선수는 샤프트 전진(forward shaft lean) 상태에서 자연스레 내려치는데 그 이유는 공 속도를 빠르게 하면서도 타구의 일관성, 안정성과 제어성능을 향상할 수 있기 때문이다.[6]

로프트각이 작은 드라이버 타구의 특징은 역회전 속도가 작은 것인데 올려치기 또는 쓸어치기의 장점은 내려치기와 비교해서 발사각이 커져서 비

---

4) 제5.8절 '장타 치기' 참조.
5) 제5.9절 '세계 장타 대회' 참조.
6) 제2.7절 '회전 로프트와 감소 로프트' 참조.

거리와 사거리 모두 향상될 수 있기 때문이다. 작은 역회전 속도와 낮은 발사각을 갖는 골프공의 비거리는 상대적으로 짧아진다. 결론적으로 내려치기와 올려치기의 효과는 역회전 속도보다는 발사각에 직접 영향을 준다.

샤프트가 길면 비거리가 늘어난다?

1980년대만 해도 드라이버의 평균 길이가 43.5인치였다고 한다.[7] 그러나 현재 PGA 투어 선수의 평균 드라이버 길이는 44.5인치로 늘어났고 45인치 이상 되는 드라이버도 출시되고 있다. 클럽, 특히 드라이버의 길이가 길어진 이유는 두 가지로 볼 수 있다.[8]

첫째는 경기자 대부분이 갖는 '장타 병' 때문에 제조사들이 앞다투어 길이가 긴 드라이버를 출시하면서 마치 성능이 좋은 것처럼 과대 선전한 탓이고, 둘째는 기존의 120g 정도의 무거운 스틸 샤프트를 30~95g의 그래파이트와 경량 스틸로 대체하는 과정에서, 샤프트는 가벼워져도 200g 대의 헤드 질량은 그대로 유지하려다 보니[9] 소위 '스윙무게(swing weight)'를 전과 같게 하기 위한 가장 간단하고 값싼(어찌 보면 가장 무책임한) 대응책이 샤프트의 길이를 0.25~1인치 늘이는 것이기 때문이다. 스틸 샤프트보다 그래파이트 샤프트 길이가 0.25~1인치 긴 이유도 경기력에 따른 배려라기보다는 무게가 다른 샤프트를 사용하면서도 스윙무게를 맞추기 위한 제조사의 편법으로 보면 무리가 없다.

표준 길이 44인치의 드라이버 길이가 1인치 길어지면 손잡이 끝(butt)에서 5인치 떨어진 손목 회전 중심으로부터 헤드까지의 거리가 약 2.5% 증가하지만, 클럽의 MOI(mass moment of inertia, 질량 관성모멘트)는 약 5%, 스윙무게는 약 3% 증가하게 되어, 내리스윙 중 스윙 토크에 대한 저항이 그만큼 커지게 된다. 따라서 충격 시 헤드 속도는 0.5%밖에 증가하지 못하

---

7) F. Thomas and V. Melvin, Dear Frank⋯: Answers to 100 of Your Golf Equipment Questions, Doubleday, 2008, p.9 참조.
8) 이종원, 역학으로 배우는 골프, 한승, 2010, 제3.15절 '드라이버 길이와 비거리' 참조.
9) 제2.1절 '변치 않는 헤드 무게' 참조.

여, 드라이버 비거리나 사거리 증가도 그다지 기대하기 어렵다. 설사, 비현실적이지만 스윙무게와 클럽의 MOI를 그대로 유지하고 샤프트 길이만 1인치 늘인다면 3~4%의 헤드 속도 이득이 생길 수 있고, 이에 따라 약 5yd의 비거리 향상이 기대된다는 주장도 있다.[10] 그러나 길어진 드라이버의 타구 정확성이 자연 감소하게 되므로 빗맞은 타격(off-center hit) 빈도가 커지게 된다. 스위트 스폿(sweet spot)으로부터 0.5인치 빗맞을 때, 비거리 손실은 3~10yd로 알려졌으므로,[11] 개념적으로 긴 드라이버와 표준 드라이버의 비거리 확률밀도를 그리면 그림 5.2.1과 같다. 즉, 긴 드라이버의 최대 비거리는 표준 드라이버보다 크지만, 평균 비거리는 오히려 작아질 수 있으며, 빗맞을 확률이 매우 커져 타구 정확성과 안정성이[12] 나빠지며 자연 타수도 나빠지게 된다.

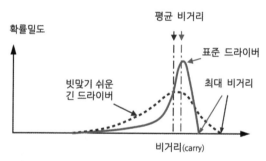

그림 5.2.1 긴 드라이버와 표준 드라이버의 비거리 확률밀도

비거리에 대한 가상 확률밀도로, 샤프트 길이가 알맞은 드라이버와 긴 드라이버로 타구 할 때의 효과를 비교한다.

---

10) 샤프트 길이가 1인치 늘어나면 헤드 속도가 약 2~3mph(0.9~1.3m/s) 증가하며 드라이버 거리는 약 3.5~5.5야드 증가한다는 주장도 있다. Golf Science (ed. Mark F. Smith), The University of Chicago Press, 2013, p.67 참조.

11) T. Wishon (with T. Grundner), Ten things you thought you knew about golf clubs, Fireship Press, 2008, p.14.

12) 타구 안정성은 확률밀도 선도에서 평균 비거리(carry) 기준으로 한 분산(variance)으로 판별할 수 있다. 물론 분산(산포도)이 작을수록 타구 안정성이 높아진다.

그러면 최적화된 드라이버 길이는 얼마인가? 물론 개인의 체력, 신체 조건, 경기력 차이에 따라 결정되겠지만 대략 45인치를 초과하는 것은 무리인 것 같다. 타이거 우즈(Tiger Woods)를 비롯한 많은 투어 선수가 왜 43.5인치에 지나지 않는 짧은 드라이버를 쓰는가 하는 사실을 새겨 봄 직하다. 최근에는 그래파이트는 물론 스틸 샤프트의 경량화가 가속되고 있고 또 스윙무게도 성인 남자 기준 과거의 D0~D2에서 D2~D5로 상향 조정되는 추세에 따라 샤프트 길이가 46인치인 드라이버도 자주 눈에 띈다.

현재 USGA와 R&A가 퍼터를 제외한 모든 클럽의 길이를 48인치 이하로 규제하고 있음으로, 아무리 샤프트가 긴 클럽이 좋다는 주장이 있더라도 이보다 더 긴 공인된 클럽은 보기 어렵게 되었다. 예외적으로 매년 열리는 세계 장타대회에서는[13] 대회 초창기 60인치의 긴 샤프트를 허용하기도 했지만 2005년부터는 50인치 이하로 제한하고 있다. 당연한 결과지만 장타대회 출전 선수들의 평균 페어웨이 안착률은 매우 낮다. 예를 들어 세계 최 장타 기록은 2007년 세계 장타대회 중 마이크 도빈(Mike Dobbyn)이 세운 551yd지만 공식 우승 기록은 이에 한참 못 미친 385yd이다. 그만큼 엄청난 장타를 칠 때는 타구의 정확도와 안정성이 나빠진다. 평소 그의 평균 드라이브 거리는 350~450yd라지만 페어웨이 안착률은 물론 그린 적중률(green in regulation)도 그다지 좋지 않다고 한다.

결론적으로 샤프트의 길이가 길어지면 헤드 속도는 늘 수 있지만 빗맞을 확률이 커져 공 속도와 발사각, 특히 회전축 경사각에 일관성과 제어성이 떨어져 결국 비거리뿐 아니라 페어웨이 안착률도 나빠질 수 있다. 샤프트 무게도 샤프트 길이와 연동되므로 샤프트 길이와 무게는 비거리 증대와 타구의 안정성이라는 모순되는 2개의 목표를 최적화하도록 결정해야 한다.

---

13)   제5.9절 '세계 장타 대회' 참조.

타이거 우즈가 43.5인치의 짧은 드라이버를 선호하는 이유도 드라이버 거리를 조금 더 늘려서 얻는 이득과 페어웨이 안착률을 높여서 얻는 이득 사이에서 타협점을 찾았다고 할 수 있다. 반대로 세계 장타대회 출전 선수는 페어웨이 안착보다는 경이로운 한 방 장타의 열망 때문에 50인치 길이의 드라이버를 마다하지 않는다.

샤프트 가는 쪽 끝(tip)에 조립된 헤드는 역스윙 끝(back swing top)에서 잠시 정지했다가 내리스윙(down swing)에서 헤드가 원호를 그리며 가속하여 충격 순간 최대 속도에 도달한다. 이 과정에서 헤드의 무게중심에 헤드 순간 속도의 제곱에 비례하는 큰 원심력이 스윙 원호 바깥쪽으로 작용한다. 이 원심력으로 탄성이 있는 긴 샤프트가 굽힘 변형을 한다. 내리스윙 중 샤프트를 휘게 하는 원인은 이 원심력 이외에 내리스윙 중 헤드의 가속 과정에서 발생하는 샤프트의 채찍질 효과가 있다. 샤프트 채찍질 효과에 관한 자세한 설명은 따로[14] 하기로 하고, 여기서는 원심력의 영향을 위주로 설명한다.

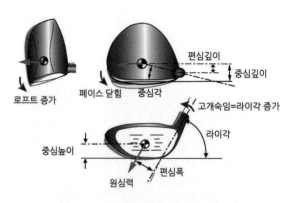

그림 5.3.1 충격 순간 원심력과 헤드 각도 변화

무게중심이 깊어지고(또는 중심각이 커지고) 높아지면 샤프트 축선으로부터 무게중심의 편심인 중심거리가 커진다. 따라서 충격 직전 샤프트 축선 기준, 무게중심에 작용하는 원심력에 의한 모멘트가 증가하여 샤프트가 휘어져 유효 라이각이 커지는 클럽 헤드의 고개숙임이 심해진다. 이때 타면도 닫히고 유효 로프트가 커지는 부수적인 효과도 생긴다. 편심은 무한대로 큰 원심력에 의한 샤프트 휨 크기에 해당한다.

---

14)   제5.4절 '샤프트의 채찍질 효과'에서 자세히 설명한다.

그림 5.3.1에 보였듯이, 충격 직전 스윙 원호(swing arc) 바깥쪽으로 클럽 헤드의 무게중심에 작용하는 큰 원심력으로 샤프트가 휘는 현상은 샤프트 축선 기준 클럽 헤드의 무게중심 위치인 편심 폭과 편심 깊이와 이에 작용하는 원심력의 방향을 이해하면 쉽게 알 수 있다. 먼저 우드 헤드의 무게중심은 타면(face)에서 뒤쪽으로 중심깊이, 바닥으로부터의 중심높이와 샤프트 축의 연장선으로부터의 중심거리로 표시하는데 이 중 중심거리를 샤프트 축에 대한 편심이라고 부르며, 원심력으로 샤프트가 휘는 원인이 된다.[15] 만약 편심이 없다면, 즉 헤드의 무게중심이 샤프트 축 상에 있다면 헤드의 무게중심에 원심력은 작용하지만, 이 원심력만으로는 샤프트가 전혀 휘지 않는다. 아직은 편심이 없는 우드나 아이언 클럽은 없다.[16]

무게중심이 깊어지면 편심도 커져 우드에서는 그림 5.3.2처럼 편심 깊이에 비례해서 스윙 평면에서 C자 모양으로 앞쪽으로 샤프트가 휘면서 회전 로프트가 커지고[17] 편심 폭에 비례해서 스윙 평면의 수직면에서도 처지게 되어 유효 라이각이 커질 뿐 아니라 샤프트 축을 중심으로 비틀려 클럽 헤드가 약간 닫힌다. 이때 아이언이든 우드든 편심 된 헤드의 무게중심에 작용하는 큰 원심력으로 충격 직전 스윙 평면에 수직 방향으로 헤드가 고개를 숙이듯이 아래쪽으로 샤프트가 처지는 현상을 고개숙임(shaft droop, toe down)이라고 한다.[18] 한편, 샤프트가 스윙 평면상에서 앞으로 휘는 현상을 샤프트 전진(lead), 뒤로 처지는 현상을 샤프트 지연(lag)이라고 부른다. 예를 들어 선수의 스윙 형태와 박자(tempo) 등에 따라 산포가 크기는

---

15) 제2.6절 '헤드 무게중심과 타구 성능' 참조.
16) 2009년 PGA Show에서 Sports Illustrated로부터 'Most Innovative Putter for 2009'로 명명된 Axis 1 퍼터는 예외다. 이 퍼터는 모양이 매우 특이한 대신 퍼터 헤드의 무게중심이 타면의 중앙에 있을 뿐 아니라 샤프트 축의 연장선에 놓이는 완전히 균형 잡힌 퍼터이다.
17) 제5.4절 '샤프트의 채찍질 효과' 참조.
18) 이종원, 골프역학 역학골프, 청문각, 2009, 제3.3절 '원심력에 의한 샤프트 변형' 참조.

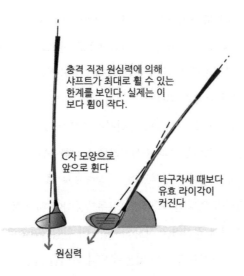

충격 직전 원심력에 의해
샤프트가 최대로 휠 수 있는
한계를 보인다. 실제는 이
보다 휨이 작다.

C자 모양으로
앞으로 휜다

타구자세 때보다
유효 라이각이
커진다

원심력

그림 5.3.2 원심력과 샤프트 휨

독자의 이해를 돕기 위해 원심력이 무한대로 큰 경우를 예시하였다.

내리스윙 시 편심 된 우드 헤드의 무게중심에 큰 원심력이 걸려서 충격 직전 샤프트를 그림처럼 C자 모양으로 휘게 할 뿐 아니라 코(toe)가 아래쪽으로 처지게 한다. 타구자세에서의 라이각보다 실제 충격 시 라이각이 5~6도 커진다. 아이언은 무게중심 깊이가 우드보다 얕지만, 편심 깊이와 폭은 큰 차이가 없어서 원심력에 의한 C자 모양 휨이 조금 작을 뿐, 전진 휨과 고개숙임 현상은 우드와 비슷하다.

실제 우드든 아이언이든 C자 모양 전진 휨은 원심력 이외에도 샤프트 채찍질 효과의 영향으로 더 커진다.

하지만 PGA 투어 선수의 드라이버 타구에서는 약 500N(~50kg 무게)의 원심력에 의해 타면 기준 헤드의 중심각 26도 방향으로 2.1cm가량의 휨이 생기는데 이 휨은 코-틱 방향의 고개숙임 1.9cm(3/4인치)와 타면-배면 방향 전진(lead) 휨 0.9cm(1/3인치)에 해당한다. 이 경우를 표 3.6.1의 드라이버에 적용하면, 원심력이 무한히 클 때 최대 가능한 휨인 헤드의 중심거리 3.9cm의 54%에 해당한다. 전진 휨의 또 다른 원인은 앞서 언급한 샤프트 채찍질 현상에 따른 샤프트 휨으로, PGA 투어 선수의 드라이버 타구에서는 대략 1.2cm(1/2인치)로 오히려 원심력에 의한 전진 휨 0.9cm보다 크고 총 전진 휨은 2.1cm(5/6인치) 정도 된다. 이때 헤드의 전체 휨은 2.8cm로 조금 늘어난다.

목 편심

편심깊이

샤프트 축선

그림 5.3.3 아이언에서의 편심 깊이

1/2샤프트 목 편심(hosel off-set)을 갖고 무게중심이 타면 바로 뒤에 있는 아이언의 편심 깊이를 보인다. 편심 깊이에 비례해서 원심력에 의한 샤프트 전진 휨이 커진다. 그러나 우드와 달리 편심 깊이는 아이언 클럽 설계에 따라 편차가 심하다. 예를 들어 목 편심이 커지거나 무게중심이 깊어지면 편심 깊이도 커진다.

중심거리, 즉 편심이 우드보다 조금 작은 아이언 헤드도 원심력에 의해서 샤프트의 전진 휨과 고개숙임이 생긴다. 헤드 두께가 얇은 아이언 헤드의 무게중심은 자연 타면 근처에 있어 중심깊이가 작지만 그림 5.3.3에 보였듯이 샤프트 축선 기준 편심인 중심거리는 우드와 비교해서 조금 작을 뿐이다. 그러나 우드 타구 때보다는 헤드 속도가 느려서 그만큼 작아진 원심력에 의해 결국 스윙 평면에서 앞쪽으로 휘거나 타면이 닫히는 현상은 우드보다 크지 않다. 예를 들어 헤드 속도 94mph의 PGA 투어 선수의 5I 타구에서는 원심력의 영향으로 대략 1.7cm(2/3인치)의 고개숙임과 0.6cm(1/4인치)의 전진 휨이 생긴다. 샤프트 채찍질 현상에 따른 추가 전진 휨은 PGA 투어 선수의 5I 타구에서는 대략 0.6cm(1/4인치)로 원심력에 의한 전진 휨과 비슷하며 총 전진 휨은 드라이버 타구의 57%인 1.2cm(1/2인치) 정도 된다.

중 상급자가 드라이버 타구에서 충격 직전 순간적으로 팔에 느끼지는 원심력은 300N(~30kg 무게) 정도로, 이 큰 원심력과 샤프트 채찍질 효과의 영향으로 샤프트가 휘어져 샤프트 끝(tip)에서 헤드의 처짐이 약 3cm가 되면 헤드의 처짐각은 7~8도가 되는데, 이는 유효 라이각을 5~6도, 회전 로프트를 3~5도 크게 하는 효과가 있다. 물론 샤프트의 휨은 원심력뿐 아니라 샤프트의 굽힘 강성(flex), 비틀림 강성(torque), 굽힘 힌지(kick point), cpm 등에 따라 달라지지만, 보통 헤드 속도에 맞추어 샤프트를 고르기 때문에 충격 순간의 샤프트 휨에는 큰 차이가 없다.

경기자 대부분이 클럽 헤드의 코(toe)가 약간 들린 상태(upright lie)로 타구자세를 취하는 이유는 실제 충격 시 원심력으로 유효 라이각이 5~6도 커지는 현상을 경험적으로 이해하고 있기 때문이다.[19] 만약 정상적으로 타구자세(set-up)를 취하면 충격 직전 작용하는 큰 원심력으로 헤드 쪽 샤프트가 아래쪽으로 휘어져 코가 낮은 상태(flat lie)에서 타구하기 쉽다. 아이언은 우드보다 무게중심이 깊지 않아 중심각이 작기 때문에 충격 직전 샤프트가 아래쪽으로 처지는 고개숙임과 비교해서 원심력에 의한 스윙 평면상에서의 전진 휨은 우드보다 작다.[20]

드라이버 타구에서 충격 직전 원심력과 샤프트 채찍질 효과로 샤프트가 휘는 현상을 정리하면

- 타면에 평행인 평면(스윙 평면에 수직인 면)에서의 처짐 현상은 '고개숙임'이라고 하며, 유효 라이각을 증가시킨다. 예를 들어 실제 라이각이 60°인 드라이버로 타구자세에 들어갈 때 코가 5~6° 들린 상태에서 타구자세를 취해야 충격 시 유효 라이각이 실제 라이각과 비슷해져 타면 정렬이 좋아진다. 그림 5.3.4

---

19) 이종원의 역학골프 1: 각도 알고 타수 줄이기, 좋은땅, 2011, 제7.2절 '코가 들린 상태로 타구자세를 하는 이유' 참조.

20) 제5.4절 '샤프트의 채찍질 효과' 참조.

에 보였듯이 코가 들린 상태(upright lie)로 타구자세를 하는 이
유이다.

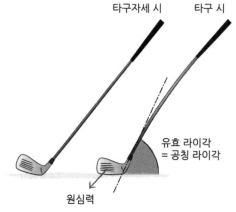

그림 5.3.4 원심력에 의한 유효 라이각 증가

(왼쪽 그림) 많은 경기자는 공칭 라이각 보다 작은 유효 라이각 상태, 즉 클럽
헤드의 코가 약간 들린 상태(upright lie)에서 타구자세를 취한다.
(오른쪽 그림) 충격 직전에는 편심된 헤드의 무게중심에 큰 원심력이 작용하
여 샤프트가 굽혀져 유효 라이각이 증가하므로 결국 공칭 라이각으로 타
구하는 효과가 생긴다.

● 샤프트의 처짐으로 인한 샤프트의 유효 길이는 0.6cm 정도
  짧아진다.[21]

● 굽힘에 의한 휨과 함께 샤프트의 비틀림 변형이 발생한다. 이
  때의 비틀림 변형으로 헤드 페이스각이 2° 정도 닫히는 현상
  (shut face)이 생긴다.[22]

● 타면에 수직인 면(스윙 평면)에서의 샤프트의 휨은 원심력뿐 아니

---

21) R. Maltby, Golf Club Design, Fitting, Alteration and Repair: the Principles
   and Procedures, 4th ed., Ralph Maltby Enterprises, Inc., 1995, p.429.
22) *ibid.*, p.436.

라 샤프트 채찍질 효과로 전진 휨이 아이언 타구는 1.2cm(1/2
인치), 우드 타구는 2.1cm(5/6인치) 정도의 전진 휨이 생겨서, 대
략 유효 로프트를 3~5° 증가시킨다.[23]

우드든 아이언이든 샤프트의 휨 또는 처짐은 모두 편심 된 헤드의 무게
중심에 작용하는 원심력과 샤프트 채찍질 효과 때문에 생기며 회전 로프
트와 유효 라이각이 증가하고 타면이 닫히는 효과가 있다. 이러한 변화는
클럽 헤드의 중심거리가 커지면 더 심해지고 중심각이 커지면 유효 라이각
은 작아지는 대신 유효 로프트는 커진다.

23) R. D. Milne and J. P. Davis, The role of the shaft in the swing," J. Biomechanics,
     Vol.25, No.9, 1992, p.978.

5.4 샤프트의 채찍질 효과

    클럽 맞춤(fitting), 특히 샤프트 맞춤에 어지간히 신경을 쓰는 상급자 중에는 샤프트의 '채찍질 효과'를 맹신하는 수가 있다. 결론부터 말하자면, 샤프트의 채찍질 효과로 샤프트 반동 속도(shaft kick speed)가 생기기는 한다. 하지만 그 효과로 인한 충격 시 헤드 속도 증가는 의외로 미미하다.

그림 5.4.1 카메라의 마법: 충격 직후 스윙 포착 사진

충격 직후인데도 드라이버와 아이언 샤프트의 C자 모양 전진 휨을 극적으로 보여주는 사진으로 샤프트 채찍질 효과처럼 오인할 수 있다. 그런데, 충격 직전과 달리 충격 직후는 오히려 샤프트가 ⊃ 모양으로 반대로 휘어야 한다. 모두 고속 카메라의 초점면 셔터 기술의 한계 때문에 샤프트의 휨이 왜곡되어 찍힌다. 카메라를 거꾸로 들고 촬영하면 충격 직전이라도 샤프트가 모두 ⊃ 자 모양으로 뒤로(반대로) 휘게 보인다. (월간골프 사진 제공, swing sequence, 2012년 7, 8월호 p.103)

    이제는 프로 선수의 스윙 순서(swing sequence) 모음 사진이나, 느린 속도로 재생한 고속 촬영 동영상을 볼 수 있는 기회가 많다. 그래서 역스윙 끝(back swing top)에서의 헤드 무게나 내리스윙(down swing) 초반 가속 구간에서 운동에 저항하는 헤드의 관성력으로 뒤로 처졌던 샤프트가 그림 5.4.1처럼 충격 직전 C자 모양으로 앞쪽으로 휘면서 헤드가 샤프트보다 먼저 진행하는 현상을 그리 신기하게 생각하는 사람은 별로 없다. 그러나 그중에서 샤프트가 활처럼 지나치게 휘어진 사진은 고속 카메라의 셔터 속도를 빠르게 하려고 개발된 소위 '초점면 셔터(focal plane shutter)' 기술의[24] 한계로 말미암은 오류이다. 여하튼 내리스윙 초기에 뒤로 젖혀졌던 샤프트가 충격 직전, 앞쪽으로 휘어지는 영상을 보면 마치 여러 마리 말이 끄는 마차의 마부가 길고 가느다란 채찍에 스냅을 주어 내리칠 때의 '채찍질 효과(whipping/whip effect)',[25] 즉 고무줄로 만든 새총처럼 초기에 뒤로 젖혀진 채찍에 저장된 탄성에너지가 복원되면서 운동에너지로 바뀌듯이 충격 직전 샤프트의 반동으로 헤드 속도가 갑자기 빨라지는 것으로 오해할 수 있지만, 사실은 이와 다르다.

그림 5.4.2는 내리스윙 중 0.02초 시간 간격으로 보인 2절 기구 스윙 모형의[26] 스윙 궤도 위치에 샤프트의 휨 해석 결과를[27] 합성한 것으로 스윙 평면(swing plane)에서 스윙 궤도의 위치에 따른 주로 유효 로프트에 영향을 주는 샤프트의 휨 형상과 클럽 타면의 방향을 보인다. 유효 라이각에 영향을 주는 스윙 평면을 벗어나는 샤프트의 휨도 크지만 별도의 그림은 편

---

24) 수평으로 길고 가늘게 낸 틈으로 빛이 통하도록 한 불투명 판을 위에서 아래 방향으로 로만 셰이드(커튼)를 내리듯이 고속으로 필름 앞을 통과시키는 최신 고속 촬영 기술로 피사체의 윗부분이 먼저 찍히고 아랫부분이 시차를 두고 나중에 찍힌다. 카메라를 거꾸로 들고 촬영하면 충격 순간 헤드가 오히려 샤프트 뒤로 뒤처져 굽어지는 이상한 영상이 잡힌다.

25) 영어 단어 'whip' 자체는 채찍을 뜻하지만, 원래는 'buggy whip'에서 온 말로 여러 마리의 말이 끄는 마차의 마부가 말을 재촉하면서 휘두르는, 가늘고 긴 막대의 끝에 가죽 끈을 단 채찍을 가리킨다.

26) T. P. Jorgensen, The Physics of Golf, 2nd ed., Springer-Verlag, 1999.

27) R. D. Milne and J. P. Davis, "The role of the shaft in the swing," J. Biomechanics, Vol.25, No.9, 1992, p.978.

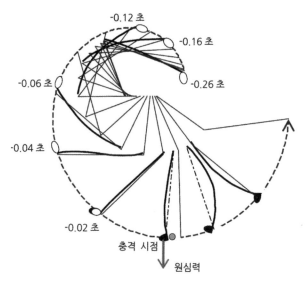

-0.12 초
-0.16 초
-0.06 초
-0.26 초
-0.04 초
-0.02 초
충격 시점
원심력

그림 5.4.2 드라이버 스윙 궤도와 스윙 평면 상에서의 탄성 샤프트 변형

역스윙 끝에서 내리스윙에 들어가기 위해 가속하면 샤프트의 지연 휨이 커지다가 대략 충격 시점 기준 -0.11초 근처에서 최대 지연 휨이 생긴다. 대략 클럽이 수평을 향하는 -0.04초 시점에서는 휨이 오히려 작아지면서 타면이 표적선을 향해 정렬하기 위해 회전하기 시작한다. -0.02초 시점에는 원심력에 의한 고개숙임으로 샤프트 휨이 커지고 헤드 타면 회전이 빨라지면서 충격 시점에서는 고개숙임이 작아지는 만큼 전진 휨이 커진다. 편심 된 헤드 무게중심에 작용하는 원심력으로 내리스윙 중 타면-배면 방향과 코-턱 방향의 샤프트 휨이 복잡하게 연성된다.

의상 생략했다. 헤드 타면은 내리스윙 전반에는 대략 경기자의 정면을 향하다가 클럽이 수평을 지향할 무렵부터 충격 시점에서의 표적 정렬을 위해 90도 회전한다. 샤프트의 휨은 내리스윙 초기 가속 과정에서는 헤드가 주로 코-턱(toe-heel) 방향으로 고개쳐듬(toe up) 상태에서 샤프트가 뒤로 젖혀진 지연 휨(lag bend)이 커진다. 충격 0.04초 전부터 타면이 표적을 향해 정렬하기 위해 회전하는 구간에서는 헤드 속도도 급속히 빨라져 원심력의 영향이 커지면서 헤드가 코-턱 방향의 고개숙임(toe down)으로 바뀌고 타면-

배면(face-back) 방향 C자 모양의 전진 휨(lead bend)이 생긴다. 충격 직전에는 코-턱 방향의 고개숙임이 작아지는 만큼 타면-배면 방향 전진 휨이 커진다. 내리스윙 내내 바뀌는 타면 방향과 헤드 속도 변화에 따라 샤프트 축선에 대해 편심 된 헤드의 무게중심에 작용하는 원심력과 관성력의 영향이 복잡하게 얽혀서 샤프트 휨을 결정한다.

충격 직후에는 헤드가 충격력을 받아 급격히 감속하면서[28] 샤프트는 다시 뒤로 처지는 지연 휨이 생기므로 그림 5.4.1과 같은 마법은 일어나지 않는다. 충격 직후 0.04초 이후에는 또다시 전진 휨으로 바뀌는 주기 0.08초의 감쇠가 매우 큰 클럽 전체의 감쇠 자유진동(damped free vibration)과[29] 유사한 거동을 보이나 그나마 한 주기도 안 되어 금시 멈춘다.

샤프트 제조사 트루 템퍼(True Temper)가 1990년대에 일시 판매하다가 중단한 샤프트랩(ShaftLab)은 샤프트 표면에 부착한 변형률 게이지(strain gauge)를 활용하여[30] 내리스윙 중 샤프트 굽힘 변형, 즉 휨 측정을 기본으로 한 샤프트 맞춤(fitting) 시스템이다. 또 최근에는 8개의 카메라를 이용한 광학식 운동 측정 장치인 기어스골프(Gears-Golf) 측정 및 분석 시스템은 스윙 중 인체 각 부분의 운동뿐 아니라 샤프트의 굽힘 변형도 3차원 정밀 측정한다.

---

28) 드라이버 타구에서는 충격 직후 헤드 속도는 충격 직전 헤드 속도의 약 70%로 급격히 줄어든다.
29) 대략 감쇠 고유 진동수 750cpm에 해당한다.
30) 샤프트가 간단한 C자 형상으로 굽힘 변형을 할 때는 변형율 게이지로 샤프트 휨을 추정할 수 있으나, 샤프트의 굽힘 형상이 S자로 휘어지는 충격 0.04초전 부근에서는 휨 추정에 오차가 클 수 있다.

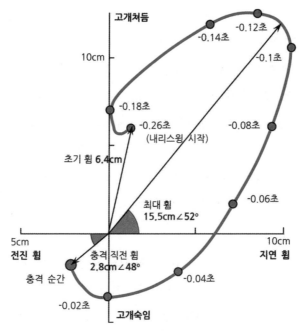

그림 5.4.3 내리스윙 중 샤프트 휨의 변화

전진-지연은 타면-배면 방향을, 고개숙임-고개쳐듬은 코-턱 방향을 나타낸다. 코-턱 방향으로 6.4cm의 고개쳐듬에서 내리스윙이 시작되고 충격 시점 기준 0.11초 전에 타면-배면 방향 기준 52도 방향으로 최대 15.5cm 휨이 생긴다. 충격 시점 기준 0.06초 전부터는 고개쳐듬에서 고개숙임으로 휨이 바뀌고 0.02초 전에는 원심력에 의한 고개숙임이 편심 폭에 가까운 최대값이 되고, 타면-배면 방향으로는 지연에서 전진으로 휨의 방향이 바뀐다. 마지막 0.02초 동안에는 고개숙임은 줄고 대신 전진 휨이 커진다. 여기 보인 구체적인 수치는 PGA 투어 선수 9명의 평균값으로 선수마다 차이가 있다.

실제 내리스윙 중 측정된 샤프트 휨의 세세한 변화는 경기자마다 독특한 스윙 형태와 박자(tempo)에 따라 개인차가 큰 편이지만 전체적인 경향은 엇비슷하다. 그림 5.4.3은 트루 템퍼가 측정한 PGA 투어 미국 선수인 피터 제이컵슨(Peter Jacobsen)의 내리스윙 중 샤프트 휨 형태를 바탕으로 PGA

투어 선수 9명의[31] 내리스윙 시작, 최대 휨 시점 및 성분 크기, 충격 직전 휨 성분 크기에 대한 평균치를[32] 반영하여 축척을 약간 조정(scaling)한 그림으로 PGA 투어 선수의 드라이버 타구에서의 전형적인 내리스윙 형태를 보인다. 먼저, 내리스윙 내내 샤프트의 유효 로프트에 영향을 주는 타면-배면(face-back) 방향의 전진-지연 휨(lead-lag bend)과 유효 라이각에 영향을 주는 코-턱(toe-heel) 방향의 고개쳐듬-고개숙임(toe up-down)이 합성되어 전체 샤프트 휨이 결정되는 것을 알 수 있는데, 특히 샤프트의 휨 모양과 타면의 방향 변화를 자세히 보인 그림 5.4.2와 대조하면 일목요연하게 잘 이해할 수 있다.

역스윙 끝(back swing top), 즉 내리스윙 시작 직전에는 헤드 타면이 표적선과 거의 직각을 이루는 타면-배면 방향 보다는 주로 중력이 작용하는 코-턱 방향으로 샤프트가 연직면에서 아래로 6.4cm 처진 고개쳐듬 상태에 가깝다. 내리스윙 초기, 클럽을 각 가속할 때 헤드 타면이 향한 방향이 크게 바뀌지 않음으로 타면-배면 방향 휨은 크지 않고 주로 코-턱 방향으로 고개쳐듬 상태의 뒤로 처짐(toe-up bend)이 더욱 증가한다. 그 이후 코-턱 방향 고개쳐듬과 함께 타면-배면 방향의 지연 휨도 커지기 시작하다가 팔이 수평을 지향하는 충격 직전 약 0.11초 전에는 샤프트의 휨이 최대가 되어 15.5cm까지 뒤로 처진다. 클럽이 대략 수평을 향하게 되는 0.06초 전에는 고개쳐듬에서 고개숙임으로 휨의 방향이 바뀌고 타면-배면 방향이 표적을 향해 본격적으로 정렬하기 위해 헤드가 회전하기 시작하면서 타

---

31) 1990년대 측정에 참여한 나머지 8명의 PGA 선수는 토미 아머(Tommy Armour), 러스 코크란(Russ Cochran), 존 쿡(John Cook), 밥 에스테스(Bob Estes), 데이비드 러브3세(Davis Love III), 그렉 노먼(Greg Norman), 아놀드 파머(Arnold Palmer), 코리 파빈(Corey Pavin)이다.

32) D. Tutelman, "Lessons from ShaftLab," Oct. 2007 (Last modified Nov. 2017). https://www.tutelman.com/golf/shafts/

면-배면 방향의 지연 휨이 작아지다가, 충격 0.02초 전에는 큰 원심력의 도움도 받고 또 손목풀기(wrist uncocking) 이후 속도가 느려지는 손목과 비교해서 헤드의 전진 속도가 훨씬 더 빨라지므로 샤프트 지연 휨이 전진 휨으로 점차 바뀐 후, 코-턱 방향의 고개숙임은 감소하는 대신 타면-배면 방향은 헤드가 오히려 샤프트 앞쪽으로 전진(lead)하여 샤프트가 C자 모양으로 휘면서 유효 로프트를 크게 한다.[33] 충격 직전의 샤프트 휨 방향은 헤드 타면 기준으로 뒤쪽으로 48도가 된다.

앞서 PGA 투어 선수 9명의 스윙 중 측정한 휨 결과의 평균치를 보면 충격 직전에는 타면-배면 방향의 샤프트 전진 휨이 2.1cm, 코-턱 방향 고개숙임은 1.9cm로 샤프트 휨 총 크기는 2.8cm, 휨 방향은 타면 접선 방향 기준 48도 뒤로 향하게 된다. 이 경우를 표 3.6.1의 드라이버에 적용하면, 26도인 헤드 중심각보다 더 뒤쪽으로 샤프트가 굽혀진다. 순수한 원심력만으로 샤프트가 휘어진다면 충격 직전에는 샤프트의 휨 방향이 중심각과 일치해야 한다. 충격 직전 샤프트 휨 방향이 중심각보다 22도가량 더 뒤쪽을 향한 이유는 탄성이 있는 샤프트가 채찍처럼 반동으로 진동하지는 않지만, 충격 직전 약 0.11초 전에 최대 15.5cm까지 스윙 반대 방향으로 처질 때 샤프트에 축적된 탄성 에너지가 타면이 표적선에 정렬되는 충격 직전 빠른 스윙에서 원심력과 헤드에 작용하는 관성력의 도움으로 최대 처짐 15.5cm의 18%인 2.8cm 정도 복원되면서 전진 휨도 같이 2.1cm 증가하는데 이중 원심력에 의한 전진 휨은 0.9cm, 샤프트 반동에 의한 전진 휨은 나머지 1.2cm 정도이다. 이때 2.1cm의 전진 휨은 원심력만으로 가능

---

33) 샤프트의 제원에 따라 다르지만, 보통 전진 휨은 최대 7cm까지 커지기도 하는데, 1cm마다 유효 로프트가 1도 가량 증가한다. S. J. MacKenzie and E. J. Sprigings, "Understanding the role of shaft stiffness in the golf swing," Sports Eng., 12, 2009, p.13-19.

한 최대 전진 휨인 편심 깊이 1.7cm보다 0.4cm 크다는 의미로[34] 이는 원심력 효과와 함께 샤프트 채찍질 효과도 샤프트 전진 휨에 이바지한다는 사실을 뒷받침한다.

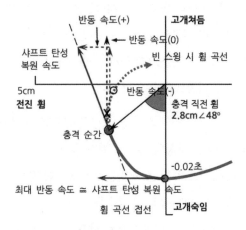

그림 5.4.4 샤프트 반동 속도

점선으로 연장한 샤프트 휨 곡선은 충격 없이 빈 스윙을 계속할 때의 휨 변화를 보인다. 충격 시점이 좀 늦춰져 X 시점에서 충격하면 반동 속도가 0이 되고 이보다 더 늦추어지면 샤프트 반동 속도가 음(−)이 된다. 샤프트 반동 속도는 헤드 속도에 미치는 영향보다 유효 로프트, 유효 라이각, 유효 페이스각에 미치는 영향이 크다. 특히 X 시점보다 충격 시점이 0 시점으로 늦추어지면 반동 속도가 음이 되고 유효 로프트도 감소하여 발사각도 낮아진다. 반동 속도를 최대로 하려면 충격 시점을 0.02초 앞당겨야 하는데 대신 헤드 속도가 줄어들게 된다.

설사 샤프트가 가느다란 채찍처럼 진동하더라도 충격 시 헤드 속도에 추가되는 샤프트 진동에 의한 속도를 가장 크게 하려면 그림 5.4.4에 보였듯이 충격 시점에서 샤프트 탄성 복원 속도의 전진 휨 방향 성분인 반동 속도를 크게해야 한다. 그러나 실제는 충격 시점이 헤드가 샤프트보다 먼저 진

---

34) 드라이버 헤드의 타면 하단의 앞날(leading edge) 기준 무게중심 깊이가 타면 중앙 기준으로 3.85cm라도 샤프트 축선 기준 무게중심, 즉 편심 깊이는 1.7cm이다. 아이언과 달리 우드는 대개 타면의 앞날이 샤프트 축선보다 앞으로 나와있다.

행하는 전진 휨이 최대, 즉 샤프트 반동 속도가 최소가 되는 시점(반환점 X) 직전이고 샤프트 최대 휨의 18%만 탄성 복원된 상태이므로 채찍질 효과에 의한 샤프트 반동 속도가 그리 크지 않다.[35] 또 반환점 X 근처에서의 충격 시점의 작은 변동에 따라 샤프트 반동 속도도 양(+)의 값에서 음(−)의 값으로 매우 예민하게 변할 수 있다. 따라서, 샤프트가 최대로 휜 상태에서 저장된 샤프트의 탄성 에너지가 내리스윙 중 감쇠가 매우 큰 상태에서 반주기 정도 진동하다가 충격 직전 일부 헤드의 운동 에너지로 복원되는 과정에서 샤프트 반동 속도를 최대로 하려면 이론적으로는 충격 시점을 0.02초 전, 즉 지연 휨에서 전진 휨으로 바뀌는 시점으로 앞당겨야 하는데 타면 정렬이 제대로 되기 전일뿐 아니라 헤드 속도도 아직 제 속도에 도달하기 이전이므로 이득이 전혀 없다. 반대로 충격 시점이 조금 늦추어지면 그만큼 헤드는 더 가속할 시간이 생기지만 샤프트 반동 속도가 음으로 바뀌므로 헤드 속도에 이득이 없거나 오히려 손실이 생길 수 있다.

참고로 앞서 9명 PGA 투어 선수의 5번 아이언(5I) 타구에서는 충격 전 0.11초에 최대 휨 크기 7.9cm(지연 휨 5cm, 고개쳐듬 5.6cm)로 뒤로 처지는데 드라이버 타구와 비교해서 50%로 줄어든다. 한편, 충격 직전 샤프트 휨은 2.3cm(전진 휨 1.5cm, 고개숙임 1.7cm)로 최대 휨의 29%가 복원되는 셈인데, 드라이버 타구와 비교해서 원심력에 의한 고개숙임은 약간 작은 정도지만 원심력과 샤프트 채찍질 효과가 비슷하게 작용하여 생긴 1.5cm의 전진 휨은 5I 헤드의 편심 깊이 1.5cm와 비슷하다.[36] 이는 앞서 드라이버 타구보다 약간 작은 수치이다.

---

35) Frank D. Werner, Understand Your Driver, Origin Inc., 2010, p.79 및 p.92 참조. 그네의 속도는 그네가 수직 위치에 왔을 때, 즉 원호의 하사점에 도달할 때 가장 크며 그네가 하사점을 벗어나 앞뒤로 기울어지면 줄어든다. 전통 그네를 타는 여인의 치맛자락이 앞뒤로 흩날리는 것을 보면 그네의 속도 변화를 가늠할 수 있다.

36) 목 편심(hosel off-set)이 없는 프로선수 용 5I 헤드의 편심 깊이는 1.2~1.8cm 정도이다. 목 편심이 있으면 편심 깊이는 더 커진다.

그러면 충격 직전 샤프트 전진 휨이 헤드 속도에 미치는 영향은 얼마나 되나? 충격 직전 샤프트의 전진 휨으로 얻어지는 추가 속도를 샤프트 반동 속도(shaft kick speed)라고 하는 데 샤프트 제조 회사의 드라이버 타구 시험 에서는 10mph 정도의 이득을 주장하기도 하지만 실제로는 이상적인 스 윙이라도 반동 속도가 헤드 속도에서 차지하는 비율이 5% 이하로 작기도 하지만, 결과적으로는 헤드 속도를 증가시키지는 않는다. 트루 템퍼가 측 정한 PGA 투어 선수의 샤프트 반동 속도는 스틸 샤프트를 장착한 평균 헤드 속도 113mph의 드라이버 타구에서는 1~4.5mph, 평균 헤드 속도 94mph의 아이언 타구에서는 1~3.5mph정도로 모두 헤드 속도의 4% 미 만이다. 샤프트 반동 속도가 4% 또는 5%에 그친다고 하더라도 왜 최종 헤 드 속도는 그만큼 증가하지 않는가?

샤프트 굽힘 강성(flex)이 작을수록 샤프트 반동 속도는 약간 커진다. 예를 들어 샤프트 굽힘 강성이 X-flex인 드라이버 타구에서 헤드 속도 110mph 인 프로 선수의 경우, 샤프트 굽힘 강성을 S-flex로 낮추어 바꾼 후 타구 할 때 샤프트 반동 속도가 2~3mph 정도 되는데, 놀랍게도 최종 헤드 속 도는 그대로 110mph 또는 그 이하가 될 수 있다.[37] 때로는 최종 헤드 속 도 손실까지 있을 수 있다. 그 이유는 충격 전 헤드가 전진 휨에 의한 샤프 트 반동 속도만큼 가속하려 해도 이에 대한 반작용으로 손목에 샤프트 굽 힘 반대 방향의 회전 저항인 모멘트가 커져 샤프트의 각 속도가 감소하면 서 충격 시 헤드 속도를 그만큼 감소시키기 때문이다.[38] 즉 뉴턴(Newton)의

---

37) 수치 모형 해석 결과, 반동 속도가 헤드 속도의 11~17%까지 차지하지만, 최종 헤드 속도 는 샤프트의 굽힘 강성과 관계없이 일정하다. S. J. MacKenzie and E. J. Sprigings, "Understanding the role of shaft stiffness in the golf swing," Sports Eng., 12, 2009, p.13-19 참조.

38) 내리스윙 초기 15~20N-m 손목잠금 토크가 가해지는데, 충격 직전 샤프트 전진 휨 에 저항하기 위해 약10N-m의 반 모멘트와 약 10N의 반력이 손목에 가해진다. W. McNally, Forward Dynamic Simulation of a Golf Drive: Optimization of

제3 법칙인 작용–반작용 법칙에 따라 샤프트 손잡이에서의 추가적인 반작용 모멘트 없이는 샤프트가 더 굽혀질 수 없다. 굽힘 강성이 다른 샤프트로 바꾼다 해도 최종 헤드 속도에 미치는 영향은 거의 없고, 샤프트를 가늘고 긴 낚싯대처럼 탄력이 있게 만들면 오히려 효과가 저감된다고도 알려졌다.

샤프트의 주요 역할은 충격 시 안정적으로 클럽 헤드를 표적선에 정렬시키는 것인데 샤프트 굽힘 강성이 작아지면 반동 속도와 함께 손잡이의 반 모멘트도 증가해서 결국 최종 헤드 속도는 증가하지 않을 뿐 아니라, 충격 시 헤드의 표적선 정렬 안정성과 제어성이 떨어지는 큰 단점이 있다. 왜냐하면 어느 정도 제어하기 쉬운 헤드 속도와 달리, 충격 직전 샤프트가 휘는 정도는 스윙 형태, 특히 가속 방법이나 손목잠금 및 손목풀기 형태와 시점(timing) 등 변동성이 큰 변수에 민감하기 때문이다.[39]

골프 스윙에서 채찍질 효과를 제대로 내려면 굽힘 탄성이 좋은 샤프트 끝에 매달린 헤드가 반복해서 진동해야 하는데, 고무 재질의 손잡이(grip)뿐 아니라 손잡이를 잡고 있는 두 손의 감쇠가 커서 진동 에너지를 대부분 흡수하므로 헤드의 진동을 전혀 감지할 수 없다. 예를 들어, 클럽을 아무리 세게 손으로 꽉 쥔 상태라도 클럽을 공중에서 흔들어 보면 헤드가 전혀 진동하지 않는다. 클럽 헤드를 샤프트 대신 가늘고 긴 탄성이 좋은 낚싯대에 매달고 스윙한다면 잠시 진동할 수는 있다. 앞서 설명했듯이, 충격 직전 샤프트는 전진 휨에서 충격 직후 헤드가 충격력을 받아 급격히 감속하면서 지연 휨으로 바뀌는 진동을 하지만 이 역시 감쇠가 매우 커서 금시 멈춘다. 샤프트의 굽힘 강성을 표시하는 한 방법인 분당 진동수 cpm(cycle per

Golfer Biomechanics and Equipment, M.S. thesis, the U. of Waterloo, Canada, 2018 참조.

39) D. Tutelman, "Lessons from ShaftLab: Lessons from the data," Oct. 2007 (Last modified Nov. 2017). https://www.tutelman.com/golf/shafts/ShaftLab3.php#kickvelocity

minute) 측정 시험에서는 정해진 헤드 질량을 샤프트의 가는 끝(tip)에 부착한 후 손잡이 부분을 단단한 바이스에 고정한 상태에서 진동수를 측정하는데 이는 실제 경기 상황과는 전혀 다르다. 따라서, 이렇게 측정한 샤프트의 고유 진동수인 cpm은 샤프트의 굽힘 강성을 간접적으로 확인하는 한 방법일 뿐 내리스윙 중 샤프트의 공진 주기와는 관련이 없다.

결론적으로 드라이버와 아이언 타구에서 충격 직전 클럽 헤드에 미치는 원심력과 샤프트 채찍질 효과를 요약하면

- 샤프트 채찍질 효과로 생기는 샤프트 반동 속도가 추가되어 최종 헤드 속도가 커지는 현상은 거의 없다.

- 샤프트의 고개숙임은 주로 샤프트 축선에 대해 편심 된 무게 중심에 작용하는 원심력의 영향으로 우드와 아이언 타구에서 비슷하게 나타난다.

- 샤프트의 전진 휨은 원심력과 채찍질 효과가 상승 작용을 하여 커진다. 드라이버 타구에서 충격 직전 원심력과 채찍질 효과가 총 전진 휨에 미치는 영향은 비슷하다. 특기할 사항은 우드와 아이언 타구에서의 샤프트 채찍질 효과에 의한 전진 휨은 비슷하나, 충격 직전 아이언 타구에서 원심력이 전진 휨에 미치는 영향은 기껏해야 아이언 헤드의 편심 깊이 정도이다.

- 따라서, 그림 5.4.5에 보였듯이 샤프트 전진 휨은 드라이버 헤드 중심깊이와 비교해서 크게 벗어나지 않는다.[40] 앞서 9명의 PGA 투어 선수 중에서 샤프트 전진 휨이 가장 큰 경우는 3cm로 원심력만에 의한 최대 전진 휨 1.7cm보다 훨씬 크다.

---

40) 제2.6절 '헤드 무게중심과 타구 성능' 참조.

아이언 타구에서는 샤프트 전진 휨이 1.5cm로 얕은 편심 깊이보다는 약간 크다.

그림 5.4.5
충격 시 드라이버 샤프트 최대 전진 휨

드라이버 타구 시 편심 된 헤드 무게중심에 작용하는 원심력과 샤프트 반동 효과로 샤프트가 스윙 평면에서 'C'자 모양으로 휘기는 하지만, 손잡이(grip) 축이 헤드 무게중심을 크게 벗어날 정도로 샤프트 전진 휨이 크지 않다.

● 편심 헤드에 작용하는 원심력에 의한 충격 직전 샤프트의 휨은 헤드의 회전 로프트(spin loft), 유효 페이스각(effective face angle)과 유효 라이각 모두에 직접 영향을 미치지만,[41] 샤프트 채찍질 효과에 의한 샤프트 전진 휨의 주 역할은 헤드의 회전 로프트를 증가시키는 것이다. 결국, 이 유효 로프트 증가 효과를 샤프트 채찍질 효과(whip effect) 또는 샤프트 반동(shaft kick)이라고 부르는 셈이다.[42]

샤프트는 제조 공정상 원주 방향으로 굽힘 강성이 고루 같은 제품은 드물다. 아니 엄밀한 의미에서 그런 이상적인 샤프트는 이 세상에 없다. 정밀 기계 가공 공정에서도 진원 가공이 어려운 이치와 비슷하다. 과장하자

41) 제5.3절 '원심력과 헤드의 고개숙임'과 이종원의 골프역학 1: 각도 알고 타수 줄이기, 좋은땅, 2011, p82, p210 참조.
42) 골프에서는 가끔 공학적 용어를 오용하는 사례가 있다. 대표적으로 샤프트의 비틀림 강성 관련한 '샤프트의 비틀림각'을 '토크(torque)'라고 부르는데 공학에서는 전혀 다른 뜻으로 '샤프트를 비트는 모멘트'를 의미한다.

면 모든 샤프트는 굽힘 강성 분포 관점에서 단면이 타원인 샤프트와 비슷해서 타원의 장축과 단축을 따라 굽힘 강성이 약간 차이가 난다. 보통 샤프트의 뼈대(spine)는 굽힘 강성이 가장 큰 장축 방향을 일컫는데, 가장 쉽게 휘는 방향은 굽힘 강성이 가장 작은 타원의 단축 방향으로 고유 굽힘 위치(natural bending position, NBP)라고도 불리며, 뼈대와 직각을 이룬다.[43] 일관성있는 편한 스윙을 원한다면 되도록 뼈대를 실제 충격 직전의 샤프트 휨 방향과 직각으로 정렬시키는 것이 좋다. 이를 위해서는 충격 시 샤프트 휨 방향을 정확히 이해해야 한다. 앞서 설명했듯이, 충격 시 샤프트 휨은 원심력과 샤프트 반동이 동시에 작용하는 표적선 방향 휨과 원심력이 주원인인 헤드 고개숙임에 의한 표적선 직각 방향의 휨으로 나눌 수 있다. PGA 투어 선수의 드라이버 타구에서는 대략 중심각이 23°인 드라이버 헤드에 조립된 샤프트의 충격 시 휨 방향은 타면 접선 방향 기준 표적 후방으로 48도이고 무게중심보다 뒤쪽 25도 방향, 즉 전진 휨과 고개숙임이 각각 2.1cm, 1.9cm 된다. 따라서, 샤프트 뼈대 정렬(shaft spine alignment) 방식의 하나인 고유 굽힘 위치(NBP)를 표적선을 향해 정렬하도록 하면 실제 고유 굽힘 위치에서 48도 어긋나게 되므로 절대 추천할 만한 샤프트 정렬 방법은 못 된다. 물론 품질관리 과정에서 엄선한 뼈대가 거의 없는, 즉 뼈대와 고유 굽힘 위치 방향의 굽힘 강성 차이가 매우 작은 샤프트가 가장 이상적이지만 값이 비싼 것이 흠이다. 이 외에도 샤프트 구매 시 고려할 사항은 샤프트의 잔류 굽힘 변형(residual bend)으로 당연히 작을수록 좋다. 흔히 당구장에서 좋은 큐를 고르기 위해 큐를 당구대 위에서 이리저리 굴려보며 큐의 잔류 굽힘 변형 정도를 확인하는 것과 같은 이치이다.

유독 우리나라에서 샤프트 품질이나 맞춤의 중요성을 강조하기 위해서,

---

43) D. Tutelman, "All about spines," Feb. 2008. https://www.tutelman.com/golf/shafts/allAboutSpines1.php

마치 샤프트가 헤드 속도를 올리는 '엔진'이라거나[44] 구차하게 '변속기'로 비유하는 것은 적절치 않다. 결국, 샤프트는 경기자가 스윙 중 클럽에 가하는 힘과 토크를 헤드에 효율적으로 전달하는 역할을 하며 헤드를 적절한 시점에 적절한 충격 위치로 이동시키는 중요한 수단이라는 해석이 더 적절하다. 충격 직전 샤프트는 헤드와 달리 감속하게 되어 운동량도 감소하므로 헤드의 가속에 도움이 되지 않고 75g에서 50g 정도의 가벼운 샤프트로 바꾸어도 헤드 속도에 미치는 영향이 1% 미만에 그친다는 주장도 있다.[45] 샤프트의 굽힘 힌지(bend point)를 굳이 '반동점(kick point)'이라는 별명을 붙여 마치 샤프트가 충격 직전 채찍질 효과로 헤드 속도를 급속히 올리는 듯한 오해를 불러일으키는 것도 용어 남용의 한 예이다.[46]

샤프트 굽힘 강성(flex), 비틀림 강성(torque)과 굽힘 힌지(kick/bend-point) 맞춤 때 흔히 헤드 속도만 고려해서 결정하기도 한다. 예를 들어 헤드 속도가 빠르면 S-flex를, 보통이면 R-flex 하는 식이다. 그러나, 이보다는 내리스윙 초기 가속 정도, 손목풀기 시점, 스윙 박자(tempo) 등의 스윙 형태도 고려해서 정하는 것이 합리적이다.[47] 그래야 타구의 정확성, 일관성, 구질 제어성과 함께 타구 느낌(feel)도 향상된다.

---

44) 제2.1절 '변치 않는 헤드 무게'에서는 전혀 다른 관점인 샤프트의 질량 효과와 관련해서 이 주제를 논의했다.

45) P. Dewhurst, The Science of the Perfect Swing, Oxford University Press, 2015, p.41-42와 p.47 참조.

46) 굽힘 모멘트가 가장 큰 위치를 뜻하는 'kick point'와 'bend point'도 마치 그 위치에 힌지가 있어서 샤프트가 쉽게 굽어지는 것으로 구분 없이 설명하지만 공학적으로는 두 용어를 구분해야 할 뿐 아니라 내리스윙 중 샤프트가 실제로 휘는 상황을 전혀 반영하지도 않는다.

47) T. Wishon (with T. Grundner), Ten Things You Thought You Knew about Golf Clubs, Fireship Press, 2008, p.23-25.

체중 이동과 하체근육

　드라이버 타구에서 내리스윙(down swing) 중 체중(무게중심)을 표적 방향(왼발 쪽[48])으로 이동하면서 타구하면 거리가 얼마나 느나? 물론 아이언이나 우드 타구에서도 흔히 체중 이동을 하면서 타구하지만 예외로 비교적 짧은 표적거리에서 정확한 그린 공략이 중요한 웨지 타구에서는 체중 이동을 하지 않는 것이 보통이다. 경험적으로는 클럽과 관계없이 내리스윙 시 체중 이동을 하게 되면 헤드 속도가 늘어 거리가 늘어나고 올려치기보다는 내려치기가 되기 쉽다. 반대로 체중 이동에 어려움을 겪는 초보자는 헤드 속도가 제대로 나지 않는 이외에 오른발에 체중을 그대로 두고 스윙을 하게 되므로 자연 올려치게 되어 탄도가 높아져 더욱더 비거나 사거리가 줄어들게 된다.

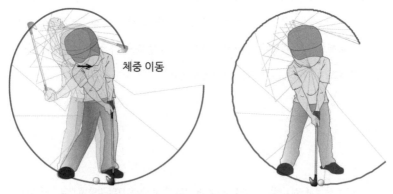

그림 5.5.1 체중 이동 할 때와 하지 않을 때의 스윙 궤도

2절 기구 스윙 모형의 클럽과 팔의 위치를 0.02초 간격으로 보였다. 체중 이동 때와 비교하여 체중 이동을 하지 않을 때 전체 내리스윙 시간과 충격 시점이 약 10% (0.03초) 늦어져 올려치는 경향이 생긴다.

---

48)　편의상 오른 손잡이 기준으로 기술하였다.

그림 5.5.1처럼 프로선수의 스윙을 2절 기구로 모형화하여 역학적으로 분석한 결과에 의하면[49] 내리스윙 시 팔과 클럽으로 이루어지는 2절 기구는 양어깨의 가운데 아래틱을 중심으로 회전 운동을 하게 된다. 이때 경기자에 따라 회전 중심이 고정되지 않고 표적 전방(왼발) 쪽으로 30~40cm까지 이동하게 되고 내리스윙 시 충격 시점이 10% 정도인 약 0.03초 빨라진다.[50] 물론 내리스윙 중 순간적(0.3초 이내)으로 체중 이동을 시작하고 또 멈추어야 하므로 체중 이동의 타이밍을 잘 맞추어야 하는 어려움이 있다.

체중 이동에 의한 헤드 속도 증가율은 6~10%로 드라이버 거리도 그만큼 차이가 나게 된다. 하체를 움직이지 않고 상체만으로 스윙하게 되면 아무리 상체 근육이 발달한 사람이라도 헤드 속도를 내는 데 한계가 있다. 그 이유는 스윙에 동원되는 근육량에 따라 골프공에 실리는 에너지가 비례하기 때문이다. 타격한 공에 실리는 에너지의 92%는 팔-어깨에 의해서 생성되며, 손목 토크에 의한 일은 8%에 지나지 않는다.[51] 인체의 큰 근육 1kg이 한 번 수축할 때 낼 수 있는 동력(단위 시간당 에너지 생성률)은 약 0.28마력으로[52] 프로선수가 스윙할 때 필요한 동력은 최대 약 2마력이 소요되므로 약 7.2kg의 수축 근육이 필요한 것으로 알려졌다. 인체 근육의 절반이 수축 운동을 할 때 나머지 절반은 이완되어 동력 생성에 직접 참여하지 않고, 또 수축 근육이 스윙에 이바지하는 효율을 고려하면 스윙에 동원되는 최소 근육량은 무려 15kg이 된다. 몸무게 73kg인 성인 남자는 약 30kg의 근육을 갖고 있으며, 이중 상체에 약 13kg, 하체에 17kg이 배분되어 있

49) T. P. Jorgensen, The Physics of Golf, 2nd ed., Springer-Verlag, 1999.
50) 이종원, 골프역학 역학골프, 청문각, 2009, 제3.1.5절 '지지점 이동' 참조.
51) R. D. Milne and J. P. Davis, The role of the shaft in the swing," J. Biomechanics, Vol.25, No.9, 1992, p.979.
52) A. Cochran and J. Stobbs, The Search for the Perfect Swing, The Golf Society of Great Britain, 1968.

으므로[53] 15kg의 근육을 동원하려면 팔과 어깨의 근육만으로는 턱없이 모자라며, 다리, 허벅지, 엉덩이, 허리 및 등의 근육도 함께 동원해야 한다. 팔과 어깨의 근육만을 써서 스윙하게 되면 스윙 토크가 현저하게 줄어들게 된다.[54] 많은 골프 선수들이 상체 근육 못지않게 하체근육을 단련하기 위해 역도 등 하체근육 증강 훈련을 게을리하지 않는 이유이기도 하다.

상체가 부실한 경기자라도 내리스윙 중 체중 이동을 적절히 함으로써 자연스레 절반 이상의 근육을 가진 하체를 효율적으로 움직인다면 골프공에 실리는 에너지를 보충할 수 있다. 하지만 어쨌든 골프공에 실리는 에너지의 대부분은 상체 특히 인대를 포함한 어깨 근육이 주도한다.

53) C. B. Daish, The Physics of Ball Games, The English Universities Press, Ltd., 1972, p.36. 이 책에서는 골프 스윙에 필요한 동력을 5kW, 근육 1kg이 낼 수 있는 동력을 250W로 계산하여 스윙에 필요한 근육량을 무려 20kg으로 추정한다.
54) T. P. Jorgensen, The Physics of Golf, 2nd ed., Springer-Verlag, 1999.

손목풀기 효과[55]

손목 힘이 좋은 경기자는 손목잠금(wrist-cocking)을 충격 시점까지 최대한 유지하여 헤드 속도를 증가시킬 수 있지만, 여성이나 노약자 등 손목 힘이 약한 경기자는 일찍 손목을 풀기 때문에 헤드 속도를 낼 여유가 없는 것으로 알려졌다. 그렇다면 손목풀기(wrist-uncocking)는 언제 해야 하고 레슨 프로들이 흔히 권하듯이 말 그대로 가능한 한 클럽 헤드가 타구 직전 위치에 올 때까지 최대한 손목잠금 상태로 스윙 – 이를 흔히 **지연 타격**(late hitting)이라고 한다 – 해야 헤드 속도를 극대화할 수 있나?

2절 기구 스윙 모형으로부터 계산된 내리스윙 동작을 보면[56] 충격 시점까지 걸리는 총 0.25~0.35초의 내리스윙 동작 시간 중 초기 0.02초 동안은 약 20N-m의 손목잠금 토크를 가하여 클럽이 가속되면 오히려 토크가 줄어들다가 대략 0.15~0.2초 후에 손목풀기에 들어가게 된다. 한 마디로 나머지 0.1~0.15초 동안의 스윙 부분에서는 클럽을 내던지듯이 보내는 스윙 운동을 하며 타구하게 된다. 따라서 전 스윙 운동에 걸리는 시간의 전반에 손목잠금 토크를 가하게 되고 후반에는 손목풀기를 하게 되지만 스윙 각도로 보면 초기 헤드 속도가 느려서 팔이 겨우 수평 위치(9시 방향)에 도달하기 전에 이미 손목풀기가 진행된다고 할 수 있다.

실제는 손목풀기 이후에도 미미한(1N-m 이하의) 손목잠금 토크가 가해진다고 하지만 프로 선수들이 헤드 속도를 증가시키기 위해서 충격 직전까지 손목풀기를 늦춘다는 통상의 해석은 잘못된 것으로 볼 수 있다. 손목풀기

---

55) 이 글의 원전은 이종원, 역학으로 배우는 골프, 한승, 2010, 제3.2절 '손목 잠금과 풀기 시점의 논쟁'이다.

56) 이종원, 역학으로 배우는 골프, 한승, 2010, 제5.1절 '스윙 궤도' 참조.

를 실제로 충격 시점까지 늦추려면 큰 역 손목잠금 토크를 가해주어야 하므로 손목에 큰 부상을 일으킬 수 있을 뿐 아니라 도리깨질이나 도끼질과 마찬가지로 손목풀기를 늦추면 헤드 속도는 오히려 줄어들게 된다. 손목풀기를 늦춘다는 것은 손목풀기를 미리 하지 말고 적정 시점까지 지연시키라는 의미로 해석해야 하고 손목풀기는 내리스윙의 각도로 평가하기보다는 스윙 시간으로 평가해야 타당하다. 손목풀기의 적정 시간은 내리스윙에 걸리는 시간의 60%인 초기 0.15~0.2초 후에 맞추어 이루어져야 헤드 속도를 최대로 높일 수 있다. 굳이 스윙 각도로 따지자면 내리스윙 시 팔이 수평이 된 시점에서는 손목풀기를 시작해야 한다.

'내리스윙 내내 가능한 한 오래 손목잠금을 유지하도록 정신 집중을 해야 한다'고[57] 주장하여 조기 손목풀기를 경계하면서도 '내리스윙 중 원심력과 중력의 작용으로 손목이 자연스럽게 풀리게 되어있고 이를 역행할 수 있는 사람은 이 세상에 없다'고 함으로써[58] 무리한 손목잠금의 지연(lag)을 경계하기도 한다. 따라서 지연 타격보다는 자연 타격(natural hitting)이란 표현이 더 적합하다고 할 수 있으며 너무 일찍 손목풀기를 하는 초보자들의 잘못된 스윙 습관을 교정하기 위한 상대적 표현이라고 할 수 있다. 자연 타격이란 그림 5.6.1처럼 능숙하게 도끼질하는 나무꾼의 스윙을 연상하면 된다.

또 한 가지 초보자나 손목 힘이 약한 경기자가 착각하는 것으로 헤드 속도를 올리기 위해서 내리스윙 초기에 반동을 이용하기도 하는데 이러한 스윙 형태는 조기에 손목풀기를 유도하여 오히려 충격 시점 훨씬 전에 최대 헤드 속도에 도달하고 막상 충격 직전에는 헤드 속도가 줄어드는 역효과를

---

57)   Bobby Clampett, The Impact Zone: Mastering Golf's Moment of Truth, St. Martin's Press, 2007, p.76.
58)   *ibid.*, p.64.

낸다. 따라서, 역스윙 끝(back swing top)에서 잠시 멈춘 후에 반동 없이 내리스윙 시 가속해야 적시에 손목풀기가 되고 충격 시에 최대 헤드 속도를 얻을 수 있다.[59)]

그림 5.6.1 도끼질과 손목풀기

도끼질할 때 지연 타격하듯이 끝까지 손목 잠금을 풀지 않으면 손목에 무리가 생겨 크게 다칠 위험이 있을 뿐 아니라 도끼의 속도가 오히려 느려져 나무를 제대로 찍을 수 없게 된다. 나무는 손목의 힘이 아니라 도끼의 속도로 찍어야 한다. 따라서 도끼의 속도를 크게 하려면 도끼질 중간에 손목을 풀어주어 도끼를 뿌려주듯이 놓아 주어야 한다. 골프 스윙도 마찬가지다.

59) S. M. Nesbit, "A three dimensional kinematic and kinetic study of the golf swing," J. Sports Science and Medicine, 4, 2005, p.499–519.

5.7 사거리 증가는 드라이버 성능 향상 때문?

최근 골프 장비, 그중에서도 특히 드라이버의 괄목할 만한 성능향상으로 비거리나 사거리가 많이 증가하는 것으로 알려졌으며, 페어플레이(fair play) 스포츠 정신에 따라 골프 장비 제조사 간의 드라이버 거리 무한 경쟁을 제한하기 위한 USGA와 R&A의 노력도 치열하다고 할 수 있다. 예를 들어, 헤드 타면(face)의 반발계수(COR) 또는 특성 시간(CT, characteristic time), 헤드 부피와 MOI, 골프공의 크기, 무게, 반발계수와 비거리 제한 규정을 만들어 드라이버의 과도한 비거리/사거리 향상을 제한하려는 노력 등이다.[60]

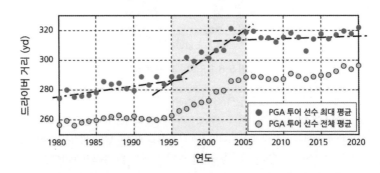

그림 5.7.1 PGA 투어 선수의 최대 평균 드라이버 거리 연도별 통계

최근 15년간은 오히려 사거리가 줄어들거나 변하지 않는 경향을 보인다. 1995~2005년 10년간의 큰 사거리 증가율은 골프 장비의 비약적 성능향상과 관련이 있어 보인다. (http://www.pgatour.com/stats.html 자료 활용)

그림 5.7.1은 1980년부터 2020년까지 PGA 투어 선수의 최대 평균 드라이버 거리에 대한 자료를 보이는데, 지난 40년간의 사거리 연평균 증가

---

60) 제2.2절 '반발계수와 스프링 효과' 참조. 더 자세한 내용은 이종원, 골프역학 역학골프, 청문각, 2009, 제2.2.2절 '반발계수', 제2.2.3절 '임피던스 부합' 및 제7.2.4절 '임피던스 부합과 반발계수 극대화' 참조.

율은 약 0.4%로 매년 평균 약 1yd 증가한 셈이지만,[61] 타이타늄 소재의 고반발 드라이버와 단단한 핵(core)의 골프공이 등장한 1995년부터 2005년까지 10년의 사거리 연평균 증가율은 1%로 매년 평균 약 3yd씩 매우 빨리 증가하다가 최근 15년은 오히려 증가세가 크게 둔화하는 경향을 보인다. PGA 투어 선수의 평균 드라이버 거리 통계도 최대 평균 사거리 통계와 비슷한 경향을 보인다. 그동안 골프 장비 설계 및 제조 기술, 클럽 및 골프공 맞춤 기술과 선수 훈련 프로그램이 지속해서 발전해 온 덕분에 평균 드라이버 거리가 300yd를 넘는 PGA 투어 선수가 2000년 초의 1명에서 2015년에는 26명으로 많이 늘었음에도 불구하고, PGA 투어 선수의 평균 드라이버 거리가 2005년 이후 정체되고 있는 이유는 호쾌한 장타 실력보다는 정교한 근접 경기(short game) 실력이 승패를 가르기 때문으로 보인다.[62]

표 5.7.1 던지기 경기 종목 세계 기록 거리 증가율

경기 종목	세계 기록 거리 증가율 (%/10년)
해머	7.8
원반	5.4
투창	8.9
투포환	5.7
평균	7.0

표 5.7.1은 던지기 기록과 관련 있는 육상경기의 1995년부터 2005년까지 10년간 세계 기록의 증가율을 보인다.[63] 이 표가 의미하는 바는 비교적

---

61) 이종원, 역학으로 배우는 골프, 한승, 2010, 제3.16절 '사거리 증가는 드라이버 성능 향상 때문인가?' 참조 (2009년 이후 자료 보완). John Wesson, The Science of Golf, Oxford University Press, 2009, p.250에서 언급한 연평균 1% 증가율은 다소 과장된 면이 있다.

62) D. Dusek, "Average driving distance on PGA Tour hasn't changed much in more than a decade," Golfweek, December 22, 2015. https://golfweek.usatoday. com/2015/12/22/average-driving-distance-pga-tour-hasnt-changed-much-decade/

63) John Wesson, The Science of Golf, Oxford University Press, 2009, p.250.

장비의 성능 향상이 없는 던지기 육상 경기 종목이라도 선수의 기량과 체력의 향상으로 세계 기록 연평균 증가율이 약 0.7%는 유지된다는 것을 알 수 있다. 이 결과와 지난 40년간의 드라이버 최대 평균 사거리 증가율 0.4%와 비교하면 최근 드라이버 거리 증가는 장비 성능 향상 탓도 있지만, 그보다는 주로 골프 선수의 전반적인 경기력 향상과 체력 강화 덕분이라고 할 수 있다. 비록 최근 25년간 골프 장비의 소재, 설계 및 제조 기술에 꾸준한 발전이 있었음은 사실이나 이와 더불어 경기력에서의 변별력을 유지하려는 스포츠 정신에 따른 각종 규제로 클럽의 성능 향상이 크게 제약을 받는 점도 간과해서는 안 된다.

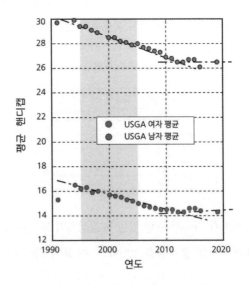

그림 5.7.2 USGA 회원 평균 핸디캡 추이

음영 처리한 년도가 비교적 골프 용품 설계기술이 비약적으로 발전한 기간이다.

그림 5.7.2는 USGA 일반 회원의 연도별 평균 핸디캡 조사 결과로 코스 난이도와 유효 라운드 등을 고려한 USGA 핸디캡 지수(handicap index)가

1994년 남성과 여성 경기자 평균 16.5와 29.9에서 2010년 14.5와 26.9로 각각 2와 3이 줄었다가 2010년 이후부터 다시 서서히 늘어나고 있다. 이를 1995년부터 2005년까지 10년간의 골프용품 산업의 비약적 발전 때문이라는 주장도 있다. 한편, 드라이버 비거리가 줄지 않음에도 불구하고 2010년 이후 핸디캡 지수가 다시 약간 증가하는 이유로는 그린 공략(short game)이 쉽지 않고, 갈수록 빨라지는 그린에서의 퍼팅이 여의치 않기 때문이라는 분석도 있다.[64]

---

64) Mike Stachura, "A closer look at handicap data shows just how much golfers have improved in recent years," Golf Digest, Feb. 11, 2017. https://www. golfdigest.com/story/a-closer-look-at-handicap-data-shows-just-how-much-golfers-have-improved-in-recent-years

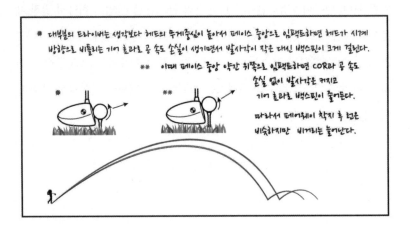

남녀노소를 불문하고 골프 애호가들의 한결같은 열망은 장타를 치는 것일 것이다. 특히 한국 남성 경기자들 사이에서는 장타력이 일종의 자존심으로 경기력 못지않게 중요하게 생각한다고 해도 과언은 아닌 것 같다. "'잘 치시네요.'란 말보다는 '장타시네요.' 란 말이 듣기 좋다"라는 예전 어느 골프 장비 제조사의 선전 문구처럼 우리 주변에는 장타 병에 걸린 경기자가 많은 것 같다. 고희를 훌쩍 넘긴 또래의 친구들조차도 '골프 박사, 그래, 어떻게 하면 장타를 칠 수 있지?'라는 질문을 수없이 한다.

다음은 어느 레슨프로가 어느 일간 소식지에 기고한 칼럼 내용이다.

> 골프 경기자는 대부분 자신의 드라이버 거리(total distance)에 만족하지 못
> 한다. 하지만 희소식이 있다. 사거리를 더 낼 수 있는 특효약이 있다. 휘어드는
> 구질(draw)을 익히면 된다. 공이 공중에 떠가는 비거리(carry)도 늘어나고, [65]

---

65) 고의 빗맞은 타격을 포함하는지 알 수 없지만, 결론부터 말하면 다 맞는 얘기는 아니다. 실제로 휘어드는 구질은 똑바른 구질과 비교해서 달린거리는 늘지만, 비거리는 오히려 줄어든다.

착지 후 많이 굴러가게(run) 한다.

과연 그럴까?

이론적으로는 스위트 스폿에 제대로 맞는 정상 타구일 때는, 스윙 진로(swing path)에 대해서 충격 시 로프트각은 변하지 않고 클럽 타면(face)만 1도 열려서 휘어나가는 구질(fade)이 되거나, 반대로 1도 닫혀서 휘어드는 구질(draw)이 되면, 즉 페이스각만 ±1도 다르면 모두 스윙 진로를 연장한 표적선(target line) 기준으로 대칭 탄도를 이루므로 표적 이탈거리, 비거리, 달린거리 모두 같아진다. 그러나, 타면 정렬 또는 여닫힘, 즉 페이스각을 조정하기 위해 경기자들이 흔히 하는 동작은 샤프트 축을 중심으로 클럽을 돌려서 페이스각(face angle)을 조정한다. 이때 샤프트 축의 회전각인 '샤프트-페이스각(shaft-face angle)'은 실제 페이스각과는 다소 차이가 있을 뿐 아니라 샤프트-페이스각의 여닫힘과 함께 로프트각(loft angle)의 변화가 동반된다.[66] 즉 샤프트-페이스각을 2도 열면 로프트각이 그 절반 수준인 약 1도 커지고 2도 닫으면 로프트각이 1도 작아져 두 탄도가 표적선 기준으로 비대칭이 되어 비거리 및 달린거리도 달라진다. 따라서 스위트 스폿에 정상 타격할 때, 휘어드는 공의 사거리가 증가하는 이유는 타면이 닫혀서라기보다는 이 때문에 작아진 회전 로프트(spin loft)로 역회전 속도가 줄고 탄도가 낮아져 비거리보다는 달린거리를 늘려서 최대 사거리를 내는 최적 로프트각과 근접했다고 해석할 수 있다.[67] 하지만 역학적 관점에서는 최적화된 로프트의 경우, 그림 5.8.1처럼 똑바른 구질이 휘는 구질보다는

---

66) 샤프트 페이스각은 저자가 도입한 용어로 헤드 페이스각과의 관계는 이종원, 골프역학 역학골프, 청문각, 2009, 제4.3.2절 '샤프트 페이스각의 영향'에 잘 정리되어 있다. 타면을 여닫는 각도가 10도 이하로 작을 때는 **(샤프트 페이스각)=(헤드 페이스각)**으로 이해해도 무리는 없다.

67) 이종원, 골프역학 역학골프, 청문각, 2009, 제9.3.4절 '휘어드는 공이 사거리가 긴 이유' 참조.

사거리가 더 길어야 한다.[68] 이상은 스위트 스폿으로 타격하는 정상적인 타구에 대한 논리로, 타면 안팎으로 빗맞은 타격의 충격 및 탄도 특성은 다르다.

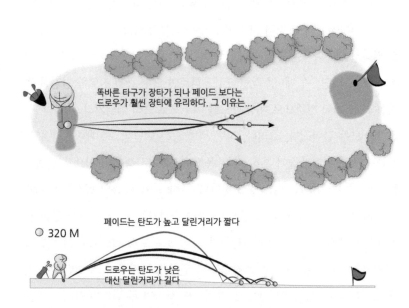

그림 5.8.1 구질에 따른 비거리와 달린거리 특성: 정타 기준

스윙 진로 기준 페이스각을 조정하여 스위트 스폿에 타격할 때, 휘어드는 공과 휘어나가는 공의 탄도를 비교해서 그린 그림으로 휘어드는 구질은 똑바른 구질과 비교해서 사거리 손실이 적지만 휘어나가는 공은 사거리가 급격히 준다. 따라서 휘어드는 공이 휘어나가는 공에 비해 사거리를 안정적으로 확보한다.

드라이버 등 우드 타구에서 휘어드는 구질을 구사하는 가장 간단한 방법은 스위트 스폿보다는 타면의 코(toe) 쪽으로 약간 빗맞은 타격을 하는 것이다. 드라이버나 우드 헤드가 아이언과 다른 점은 쓸어치기 쉽도록 바

---

68) 'Straight shots give the longest drives. That is at odds with some ideas that suggest such things as a slight hook can improve distance.' Frank D. Werner, Understand Your Driver, Origin Inc., 2010, p.27.

닥이 넓은 점과 헤드 타면이 상하좌우로 오름 곡률을[69] 갖는 점이다. 아이언과 달리 우드는 무게중심이 깊어서 우드 타면이 편평하다면 빗맞은 타격에서 기어 효과가 커서 악성 구질이 된다. 옆오름 곡률을 도입하여 우드의 타면을 볼록하게 만들면 빗맞은 충격점에 각 효과를 주어 지나친 기어 효과를 완화할 수 있다.[70] 문제는 고의 빗맞은 타격이 과연 바람직한가인데 요즘처럼 헤드 부피가 커지면서 무게중심이 깊어지고 또 헤드 타면이 넓어지면서 고반발 지역(sweet zone)이 넓어짐에 따라 유효 타격 면적이 커지므로 빗맞은 타격에 의한 반발계수 손실이 전보다 상당히 작아졌다. 우드 타구에서는 유효 타격 면적 상의 충격점 위치에 따라 헤드 속도가 차이가 나는데 특히 드라이버 타구에서는 그림 5.8.2에 보였듯이 스위트 스폿에서의 헤드 속도 100mph 기준으로 최대 ±4~5mph 차이가 생길 수 있고 반

발계수도 0.74~0.83까지 차이가 나 공 속도도 따라서 차이가 난다.[71] 예를 들어 스위트 스폿 G와 이를 기준으로 대칭 위치에 있는 코(toe) 쪽으로 18mm 떨어진 충격점 A와 턱(heel) 쪽으로 18mm 떨어진 충격점 B의 반발계수와 헤드 속도를 표 5.8.1에 정리했다. 반발계수는 헤드 속도 110mph를 기준으로 표준화해서 표시하며 로프

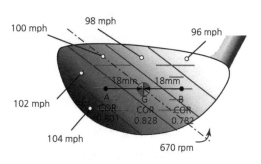

그림 5.8.2 드라이버 헤드 충격점 위치에 따른 헤드 속도와 반발계수 변화

스위트 스폿(G)에서의 헤드 속도 100mph 기준 드라이버 헤드 타면의 충격점 위치에 따른 헤드 속도 분포와 반발계수 차이를 보인다. A와 B는 스위트 스폿에서 좌우로 18mm 떨어진 지점이다.

---

69) 앞오름(roll)과 옆오름(bulge) 곡률이 있다. 제4.8절 '빗맞은 우드 타구와 옆오름'과 제#4.9절 '우드에 앞오름이 없다면?' 참조.
70) 제2.9절 '빗맞은 타격과 기어 효과' 참조.
71) 제2.4절 '스위트 스폿' 참조.

트각이 작은 클럽에서는 매 헤드 속도10mph 감소에 따라 반발계수가 0.01씩 증가하므로 이를 반영해서 헤드 속도 100mph 기준으로 반발계수를 재조정했다. 충격점에 따른 공 속도는 (1+COR)(충격점 유효 헤드 속도)에 비례하는데, 충격점 A의 헤드 속도는 충격점 G보다 2mph 빠른 것처럼 보이지만 실제 충격점 A나 B에 빗맞은 타구에서는 충격 순간 헤드가 뒤로 비틀리면서 뒤로 물러나므로 유효 헤드 속도는 정타의 충격점인 G보다 클 수 없고 또 반발계수도 작아서 충격점 A에서의 공 속도는 충격점 G보다 오히려 2mph 작아진다. 충격점 B는 헤드 속도도, 반발계수도 모두 작으므로 10mph 정도 작다. 충격점 B에서의 큰 공 속도 손실의 주원인은 유효 헤드 속도 손실보다는 반발계수 손실이라고 할 수 있다. 드라이버뿐 아니고 모든 클럽은 샤프트를 헤드에 견고하게 연결하기 위해 비교적 두꺼운 두께의 목(hosel) 구조를 가져야 하고 설사 헤드 외부에 목이 없는 특수 구조라 하더라도 대신 헤드 내부의 구조를 튼튼히 해야 하므로 자연 목에 가까운 부분의 반발계수를 크게 할 수 없다.

표 5.8.1에 보였듯이 상용 런치 모니터에서 표시하는 충돌 인자에는 맹점이 있다. 충돌 인자(smash factor)는 스위트 스폿에서 빗맞은 정도가 클수록 작아지는 충돌 효율을 의미하는데[72] 대부분의 상용 런치 모니터에서는 빗맞은 충격점에서의 실제 헤드 속도를 분별해서 측정하지 못하고 헤드 중심의 대표 속도로 공 속도를 나누어 계산한 충돌 인자를 보여주므로 코(턱) 쪽으로 빗맞은 타격에서는 충돌 인자를 과대(과소)평가하는 오류를 범할 수 있다.

---

72) 제2.3절 '충돌 인자' 참조.

표 5.8.1 충격점 위치에 따른 드라이버 타구에서 공 속도와 비거리 추정
(TOUR-LD 드라이버, 100mph/673rpm 헤드 속도/회전 속도,
12.3도 회전 로프트, 3도 영각, 무게중심 안쪽 6mm)

충격점	A	G	B	비고
위치	코 쪽으로 18mm	정중앙	턱 쪽으로 18mm	스위트 스폿과 같은 높이
구질	드로우	똑바로	페이드	주로 기어 효과 영향
COR(110mph)	0.801	0.828	0.782	헤드 속도 110mph
COR(100mph)	0.811	0.838	0.792	10mph 감소 시 0.01 증가
헤드 속도	102mph	100mph	98mph	±2mph
공 속도	146mph	148mph	138mph	최대 10mph 차이
비거리(추정)	233yd	239yd	217yd	최대 22yd 차이
실제 충돌 인자	1.43	1.48	1.41	충격점 헤드 속도 기준
계산 충돌 인자	1.46	1.48	1.38	상용 런치 모니터 표기 오류

충격점 A는 휘어드는 구질(draw)을 선호하는 경기자가, 충격점 B는 휘어나가는 구질(fade)을 선호하는 경기자가 선택하는 경향이 있는데 두 충격점 사이의 공 속도가 5.8% 정도 차이가 나서 비거리도 무려 16yd 차이가 난다. 정타로 장타를 내기 보다는 비거리 손실을 최소화하도록 안전하게 타면 약간 바깥쪽으로 타격하는 편이 좋은 이유이기도 하다.

2000년대 진입하면서 드라이버 거리를 늘리기 위해 로프트각이 큰 드라이버가 유행한 때가 있다. 프로 선수의 드라이버 로프트가 9도 정도였는 데 이전에는 일반 남성 경기자도 이를 흉내 내 로프트가 작은 드라이버를 선호하다가 발사각이 너무 낮아 비거리가 나지 않는다는 점에 착안하여 이즈음 갑자기 발사각을 높이기 위해 로프트각 10.5~12도인 드라이버가 일반 남성 경기자 사이에서 유행했었다. 그 후 클럽의 설계 제조 기술의 발달과 골프공 소재의 다변화 등으로 특히 역회전 속도의 증대에 괄목할 성과를 이루었다. 이 때문에 로프트가 큰 드라이버로 기존의 내려 치는 스윙을 고집하면 지나치게 역회전 속도가 커지는 대신 발사각은 상대적으로 작아지는 탄도 특성이 나타난다. 특히 착지 시 큰 역회전 속도로 달린거리가

줄어들어 드라이버 거리도 줄어들 수 있다. 또 역회전 속도가 크면 같은 공속도에서 항력 계수와 양력 계수 모두 증가하는 경향이 있어 비거리 단축을 더 조장한다. 따라서 요즘은 오히려 드라이버 로프트를 줄이면서도 양(+)의 영각으로 올려쳐서 역회전 속도를 현저히 줄이면서도 발사각은 크게 하는 스윙을 선호하는 추세이다. 예를 들어 LPGA 투어 선수로 2019년 1위까지 오른 고진영 선수의 드라이버 로프트는 PGA 투어 선수의 평균 드라이버 로프트각보다 오히려 0.5도 작은 9도인데, 대신 영각 3도의 올려치는 형태의 스윙을 하므로 발사각은 확보하면서 역회전 속도를 줄여서 골프공 비행 중 항력 계수와 양력 계수 모두 작게 하여 비행 중 탄도 특성은 물론 착지 후 달린거리도 개선한다.[73]

또 한 가지 공 발사각은 키우고 역회전 속도도 작게 하는 방법으로 드라이버 타면 스위트 스폿 바로 위쪽으로 고의 빗맞은 타격을 시도하는 것이다. 미소하지만 반발계수의 손실이 있어 공 속도도 조금은 줄어드는 빗맞은 타격이지만 회전과 유효 로프트가 2~3도 정도 커지지만, 기어 효과 때문에 역회전 속도는 오히려 작아져 사거리를 늘릴 수 있는 좋은 방법으로 널리 소개된다.[74] 이 주장을 검증하기 위한 한 방법으로 LPGA 투어 선수와 비슷한 타구 조건을 고려하여 공 발사 시 초기 조건을 계산했다. 표 5.8.2는 스위트 스폿, 위아래쪽으로 1cm와 2cm 빗맞은 타격의 특성을 비교했다. 역시 스위트 스폿에 맞았을 때의 공 속도가 가장 빠르다. 한편 위쪽으로 빗맞은 타격은 공 속도 손실이 그만큼 커지는 대신 역회전 속도가 줄어들고 발사각이 커진다. 아래쪽으로 빗맞은 타격은 공 속도 손실은

73) M. Stachura, "Golf equipment truths: Why you should rethink your driver loft," Golf Digest, Jan 8, 2020. https://www.golfdigest.com/story/golf-equipment-truths-why-you-should-rethink-your-driver-loft

74) 제4.10절 '앞오름을 이용한 우드 타구' 참조.

그리 크지 않지만 발사각이 작고 역회전 속도다 크다. LPGA 투어 선수 비거리는 스위트 스폿으로 타격할 때가 가장 멀고 아래로 빗맞을 때보다 위로 빗맞을 때의 비거리 손실이 오히려 조금 크다. 우리의 상식과 부합하지 않는 현상을 보인다.

표 5.8.2 LPGA 투어 선수 드라이버 타구 기준 (무게중심 중립축 상)

(TOUR-LD 드라이버, 94mph/630rpm 헤드 속도/회전 속도, 12.3도 회전 로프트, 3도 영각)

헤드	충격점 위치	COR	공속도 (mph)	발사각 (도)	역회전 (rpm)	높이 (yd)	비거리 (yd)	착지각 (도)	비행시간 (초)
타면 중앙 스위트 스폿	2cm 위쪽	0.78	125	17.4	1797	24	194	34	5.3
	1cm 위쪽	0.81	133	15.3	2145	25	210	34	5.8
중심깊이 3.5cm	스위트 스폿	0.83	139	13.1	2610	25	**218**	34	5.8
	1cm 아래쪽	0.81	138	10.8	3109	23	213	33	5.8
	2cm 아래쪽	0.77	134	8.5	3542	18	197	31	5.4
LPGA 평균			140	13.2	2611	25	218	37	

그러나, 드라이버 헤드의 무게중심은 헤드의 구조상 보통 중립축 상에 있지 않고 위쪽으로 약 1.2cm까지 치우쳐 있다.[75] 표 5.8.3에는 다른 물성치와 타구 조건은 전과 똑같고 무게중심만 중립축 위쪽 0.8cm에 있는 실제 드라이버 헤드에서 충격점 위치에 따른 탄도 특성을 LPGA 투어 선수 드라이버 타구 기준으로 비교했다.[76] 충격점이 타면 중앙보다는 무게중심이 있는 스위트 스폿에서 공 속도가 1mph 정도 크고 비거리도 가장 멀다. 충격점이 정중앙에서 무게중심에 가까운 위쪽 0.5~1cm 위치이면 공 속도 손실이 거의 없고, 역회전 속도와 발사각이 조화를 이루어 비거리가 최대이면서 안정적이 된다. 즉, 비거리가 최대가 되는 타면 중앙에서 빗맞은 충격점 위치 범위는 의외로 넓어서 타면 중앙으로부터 위로 0.2~1.2cm 빗맞을 때의 비거리 변화가 거의 없다. 즉 최대 비거리를 낼

75) 제2.6절 '헤드 무게중심과 타구 성능' 참조.
76) 비교를 쉽게하기 위해서 표 5.8.1처럼 반발계수 재조정 없이 0.83으로 고정하고 영각만 크게 조정했다.

수 있는 충격점 위치는 무게중심 높이 부근에 비교적 넓게 분포한다.

표 5.8.3 LPGA 투어 선수 드라이버 타구 기준 (무게중심 중립축 위쪽 0.8cm)
(TOUR-LD 드라이버, 94mph/630rpm 헤드 속도/회전 속도, 12.3도 회전 로프트, 3도 영각)

헤드	충격점 위치	COR	공속도 (mph)	발사각 (도)	역회전 (rpm)	높이 (yd)	비거리 (yd)	착지각 (도)	비행시간 (초)
	15mm 위쪽	0.80	133	16.0	2718	29	212	39	6.1
8mm 위쪽	10mm 위쪽	0.82	136	14.9	2947	30	218	39	6.3
스위트 스폿	스위트 스폿	0.83	138	14.5	3044	30	**220**	40	6.4
	7mm 위쪽	0.825	138	14.2	3094	30	219	39	6.4
중심깊이	5mm 위쪽	0.82	138	13.8	3194	29	218	39	6.4
3.5cm	중앙	0.80	137	12.6	3437	28	213	39	6.3
	5mm 아래쪽	0.77	135	11.4	3661	25	205	38	6.1
LPGA 평균			140	13.2	2611	25	218	37	

충격점이 타면 정중앙일 때와 비교해서 이때의 비거리 이득은 7yd 정도이다.[77] 그러나 타면 중앙을 기준으로 타격하는 경기자는 충격점이 −0.5~+0.5cm에 분포한다고 가정하면 비거리 범위가 205~218yd로 평균 비거리가 212yd 정도에 그치고, 타격의 부정확성에 따라 비거리가 13yd나 차이가 난다. 한편, 타면 중앙에서 무게중심이 위치한 위쪽으로 약 0.7cm 되는 위치를 기준으로 타격하는 경기자는 충격점이 0.2~1.2cm에 분포한다고 가정했을 때의 비거리 범위가 215~220yd로 평균 비거리가 218yd로 크면서도 타격의 부정확성에 따른 비거리 차이가 2yd 이내로 안정적이다. 결론적으로 드라이버 헤드의 중심높이에 따라 결과에 차이가 나겠지만, 무게중심이 중립축 위쪽에 위치한 보통의 드라이버로 타구할 때는 타면 중앙에서 무게중심이 위치한 위쪽을 기준으로 타격하면 비거리 증가 효과뿐 아니라 빗맞은 타격에 대한 관용성도 상당히 커진다.

---

77) 헤드의 무게중심 위치 등의 헤드 제원, 영각과 타격 직전 헤드 자체의 회전 속도 등 스윙 형태에 따라 약간의 변동이 있을 수 있다.

여기서 한가지 특기할 점으로는, 최대 비거리는 LPGA 투어 선수 평균 비거리보다 2yd 정도 크지만 착지각이 3도 정도 커서 달린거리가 5yd 정도 작아지므로 사거리는 3yd 정도 짧아질 수 있다.

장타를 열망하는 일반 경기자는 클럽 맞춤, 스윙 형태 및 박자, 충격점 선정 못지않게 중요하게 고려할 대상은 골프공이다. 보통 장타용 골프공은 저회전(low spin) 성능을 갖는데 아래와 같은 구조와 특성을 갖는다.[78]

- 일반적으로 골프공은 구조상 핵이 크고 표피가 얇고 단단할수록 저회전 성능을 가지며 드라이버 타구에서 비거리와 달린거리 모두 늘 수 있다. 대개 설린 등 비교적 단단한 아이오노머 수지를 표피 소재로 한 2겹 공이 이에 속한다.

- 핵 안쪽의 비중을 낮추고 표피 쪽의 비중을 키워 골프공의 회전 저항인 MOI를 크게 하면 저회전 성능이 좋아진다. 보통은 핵 기본 소재에 여러 가지 충전제(filler)를 배합하여 핵의 비중과 경도 분포를 조정할 수 있다. 골프공의 비중과 경도 분포 조정을 위해서는 2겹보다는 다중 겹 구조가 더 유리할 수 있다.

- 딤플의 설계에 따라 탄도가 어느 정도 영향을 받을 수 있지만, 일반인이 이러한 공기역학적 특성을 제대로 파악하기는 매우 어렵다. 단, 딤플이 골프공 표면에서 차지하는 면적률이 클수록, 딤플이 깊을수록 항력과 양력 계수 모두 작아져 비거리가 커진다고 알려졌다.[79]

---

78) 헤드 속도가 느린 경기자는 기본적으로 공을 띄우는 것이 우선이므로 저회전 보다는 오히려 고회전 골프공이 장타에 도움이 될 수 있다.

79) 딤플 형상과 크기가 한가지인 경우는 (딤플 수)×(딤플 개당 면적)/(공 표면적)이 면적율 (건축에서의 건폐율에 해당)이 된다. 몇가지 크기가 다른 딤플을 섞어서 배치하면 면적 활용율이 커져 골프공의 딤플 면적율도 자연 커진다. J. Harrison, Golf Ball Cover Story:

● 장타용 골프공은 항력 계수는 비행 중 작으면 유리하지만, 양력 계수는 발사 초기 상승 단계에서는 작을수록, 하강 단계에서는 클수록 좋다. 특히 하강 단계보다는 공 속도가 큰 상승 단계에서의 특성이 전체 탄도 특성을 좌우하는데, 이 두 공기 역학적 특성은 모두 역회전 속도에 비례하므로 역회전을 줄이면 매우 유리하다.

● 충격 시 역회전이 작은 만큼 발사각은 커지므로 로프트가 작은 드라이버가 아니면 지나친 올려치기는 오히려 해가 되고, 타구 제어성이 떨어지므로 그린 공략 시 공을 쉽게 세울 수 없다.

프로 선수와 상급자가 선호하는 고회전용 골프공은 이와 반대의 구조와 특성을 갖는다. 물론 그들에게는 장타보다는 페어웨이 안착률, 그린 적중률과 퍼팅 성공률을 높이는 것이 초미의 관심사이다.

What every golfer should know, Waterside Press, 2018, Chapter 18 참조.

세계 장타대회

기네스에 오른 세계 최장 드라이버 거리 기록은 1974년 64세의 마이크 오스틴(Mike Austin)이 미국 시니어 오픈 예선 경기(US Senior National Open Qualifier)에서 세운 516yd라고 한다.[80] 그때 사용한 드라이버는 로프트각 10도의 감나무 헤드, 길이 43.5인치의 XStiff 스틸 샤프트를 장착하였다고 한다. 그런데 내리막 경사가 제법 있는 코스였다고는 해도 아마추어 경기자인 노인이 어떻게 그런 장타를 칠 수 있었는지는 지금도 미스터리다. 장난삼아 흔히 얘기하듯이 '도로공사나 산림청의 협찬'을 그것도 여러 번 받았는지 내리막 경사에 더해 뒤바람까지 매우 심했는지 모른다.

1976년 창설된 긴 역사를 가진 세계 장타대회(World Long Drive Championship)는 미국 각지를 순회하며 매년 개최되며 2017년부터는 국내 골프용품 제조업체인 (주)볼빅이 공식 후원하고 있다. 세계 장타대회에 출전하는 선수들의 드라이버 헤드 속도는 무려 140mph 이상으로 일반 아마추어 경기자의 평균 헤드 속도 85mph의 1.6배에 달하며 최대 400yd 이상 사거리를 낼 수 있다. 지금까지 알려진 세계 최장타는 2007년 마이크 도빈(Mike Dobbyn)이 세계 장타대회 중 세운 최고의 기록인 551yd이지만 평소에는 350~450yd라고 한다. 참고로 PGA 투어 선수의 최장 평균 드라이버 거리는 325yd 이내이다.[81] 이 대회 초창기에는 60인치의 긴 샤프트를 허용하기도 했지만 2005년부터는 50인치 이하로 제한하고 있고[82] 전과 비교해서 스틸보다는 그래파이트 샤프트가 대세를 이루고 있다. 그래파이트 샤

---

80) https://en.wikipedia.org/wiki/Long_drive 참조.
81) 제5.7절 '사거리 증가는 드라이버 성능 향상 때문?' 참조.
82) USGA에서는 2005년부터 퍼터를 제외한 클럽 길이를 48인치 이하로 제한하고 있다.

프트가 상대적으로 가벼워 클럽 길이가 길어져도 스윙무게를 유지할 수 있을 뿐 아니라, XXXStiff 의 매우 큰 굽힘 강성,[83] 큰 비틀림 강성(즉 작은 torque)과 높은 굽힘 힌지(high kick-point)가 가능하기 때문이다. 헤드는 최대 허용 부피인 460cc에 가깝고 반발계수도 0.83 제한치에 가깝다. 하나 특이한 점은 클럽 로프트각이 3.5~7도로 매우 작다는 점이다. 그 이유는 로프트각에 비례하는 역회전을 줄여서 달린거리를 멀게 하려는 것인데 사거리를 극대화하는 데 필요한 발사각을[84] 유지하기 위해서는 티를 높게 하고 스윙 원호의 하사점(바닥)을 지나서 타격하는 소위 올려치기를 구사함으로써 발사각을 크게 유지할 수 있다. 즉 올려치는 각도인 영각을 평균 4.4도로 유지하여 발사각은 11도까지 올려주되 역회전은 2,000rpm 이하로 낮추는 기술이다.[85] 티 높이도 USGA와 R&A의 4인치 제한 규정을 초과한 높이 6인치(15cm)인 티도 허용되고 있어서 어느 정도의 올려치기는 구사할 수 있다. 그러나 마파람이 심한 날에는 오히려 올려치기가 해로울 수 있다. 이 대회에서는 공정한 경쟁을 위해서 대회 주최 측에서 제공하는 역회전이 작은 골프공을 사용한다. 실제 경기에서도 이 공을 그대로 사용한다면 거리는 잘 나겠지만, 역회전이 잘 걸리지 않음으로 그린 공략이나 트러블 타구가 어려울 수 있다.

세계 장타대회 중계를 보면서 안타깝게 생각하는 것은 내로라하는 결승 진출자도 몇 차례 주어지는 타구 중 대부분이 OB를 내든지 뜻밖에 짧은 드라이버 거리를 내는 것이다. 그것도 평균 페어웨이 폭의 2배인 60yd의 넓은 페어웨이에서 말이다. 한 방을 노리는 경기인 만큼 타구 방향성이나

---

83) 샤프트 굽힘 강성은 통상 L, A, R, S, X 정도로 표시하고 있으나 장타 시합용 샤프트는 가장 굽힘 강성(Flex)이 큰 X(Extra Stiff)보다 훨씬 더 큰 XXX를 사용한다.
84) 헤드 속도 150mph(67m/s에 해당)에서는 최적 발사각이 10도는 유지되어야 한다. 이종원, 골프역학 역학골프, 청문각, 2009, 제5.2.2절 '달린거리' 참조.
85) Trackman News, Analysis: long drivers of America, #6, January 2010.

안정성에 문제가 생긴다는 얘기다. 만약 PGA 투어 경기에서 드라이버 타구의 페어웨이 안착률(fairway in regulation)이 50% 이하라면 우승권 진입은 물론 예선에서마저 탈락할 가능성이 높다. 실제 PGA 투어 200순위 이내 선수 중 가장 페어웨이 안착률이 낮은 선수도 47%를 유지한다.[86] 따라서 실제 경기에서 누구도 세계 장타대회 출전자를 흉내 내는 무모한 드라이버 타구를 시도하지 않는 것만 보아도 골프 경기에서 분명 장타만이 전부가 아니라는 방증이기도 하다. PGA 투어 선수가 장타를 못 쳐서가 아니라 실수에 대한 대가가 너무 크기 때문에 타구의 안정성과 방향성을 확보하려는 전략에서 실제로 선수가 가진 최대 능력의 대략 70~80%만 발휘하여 드라이버 타구를 한다.

프로 선수는 일반 경기자와 비교해서 골프공 타격 시 부드러우면서 견고한 충격음이 있고 고회전(high spin) 골프공을 선호하는 편인데 그 이유는 타구 제어성이 좋고 특히 그린 공략 시 골프공에 큰 역회전을 걸어 그린 적중률을 높일 수 있기 때문이다. 1990년대부터 2000년대 초까지 프로 선수 사이에서는 내구성이 떨어지고 고가인 단점에도 불구하고, 유체 핵을 고무줄로 감고 부드러운 발라타 고무를 표피 소재로 한 발라타 공(Balata ball)이 유행했다.[87] 따라서, 10여 년 전까지는 드라이버 타구에서 발사각이 작은 대신 큰 역회전을 주어 드라이버 거리를 늘리는 경향이 있었다. 그러나 표 5.9.1에 보였듯이 최근에는 오히려 역회전 속도를 2,500rpm 이하로 줄이는 대신 발사각을 11~14도로 올려서 비거리와 함께 달린거리도 늘리려는 경향으로 바뀌고 있다. 실제로 PGA 투어 선수가 사용하는 드라이버의 평균 로프트는 10.5이고 1.3도 내려치는데도 발사각이 10.9도가

---

86) 제4.4절 '비거리가 늘면 달린거리는 줄어든다' 참조.
87) J. Harrison, Golf Ball Cover Story: What Every Golfer Should Know, Waterside Press, 2018, Chapter 18 참조.

되는 이유는 충격 직전 무게중심이 편심 된 드라이버 헤드에 작용하는 엄청난 원심력과 샤프트 채찍질 효과로 샤프트가 C자 모양으로 앞으로 휘어지면서 드라이버 타면이 그만큼 위로 향하기 때문이다.

표 5.9.1 드라이버 타구 특성[88]

대상	드라이버 평균 헤드 속도, mph(m/s)	영각, 도	발사각, 도	역회전, rpm
여성 아마추어	70 (30)			
남성 아마추어	85 (38)	0(쓸어치기)		
LPGA 투어 선수	94 (42)	3(올려치기)	13.2	2611
PGA 투어 선수	113 (50)	-1.3(내려치기)	10.9	2686
타이거 우즈	120~125 (55)			
세계 장타대회 출전자	140~150 (65)	4.4(올려치기)	11	<2000

1974년에 기존 발라타 공의 단점인 표피의 내구성을 보완하면서 저회전 성능을 주는 설린 소재가 처음 골프공의 표피 재료로 사용되면서 고회전 골프공과 비교해서 비거리가 눈에 띄게 개선되면서 저회전용 골프공 시대가 열렸다고 해도 과언이 아니다. 저회전 골프공의 표피 소재로 주로 채용되는 설린이나 아이오노머는 값이 싸고 내구성이 좋지만 충격감이 조금 단단한 단점이 있고 2겹 구조가 주를 이룬다. 하지만 저회전용이므로 빗맞은 타격 시, 공에 횡회전도 작게 걸리므로 실수 관용성이 좋고 또 달린거리도 길어져 장타를 열망하는 중급 경기자와 장타대회 참가 선수가 애용하는 골프공이다.[89] 타구 제어성을 더 추구하는 프로 선수나 상급자는 고가이지만 내구성도 좋고 우드 타구에서는 중회전(midium spin)과 아이언 타구에서 고회전(high spin) 성능을 내는 우레탄을 표피 소재로 채용한 골프공을 선호하는 편이다.

---

88) A. Rice, Golf statistics compiled through TrackMan Pro, Learning Center, 2009
89) 현재 세계 장타 대회의 공인구는 볼빅의 Vivid-XT로 아이오노모를 표피 소재로 한 4겹 저회전용 골프공으로 압축 강성(compression)이 95~100으로 높은 편이다.

부록
역학 원리

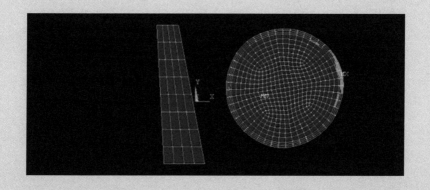

부록 A COR과 CT 시험

그림 A.1에 보였듯이, 높이 h_1 에서 자유 낙하한 공이 지면과 충돌할 때 속도를 v_1이라 하자. 지면과 충돌 접촉하는 짧은 시간 동안에 공은 압축 변형 후 원상태로 복원하면서 속도 v_2로 튀어 나가 높이 h_2까지 올라간다. 여기서 속도와 높이의 관계는 질량 $1m$인 공의 위치 에너지와 운동 에너지의 변환 식으로부터 구한다. 즉

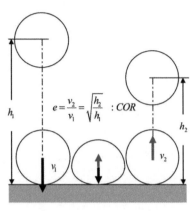

그림 A.1 공의 자유낙하와 반발운동

$$\frac{1}{2}mv_i^2 = mgh_i \qquad i = 1, 2$$

또는

$$v_i = \sqrt{2gh_i} \qquad i = 1, 2$$

여기서 g는 중력 가속도이다. 이때 충돌 전후의 속도비를 반발계수(COR)라고 하며 보통 1보다 작다. 즉, 충돌 후 높이가 충돌 전 높이보다 늘 작다. 반발계수가 1보다 작은 이유는 충돌 중 공의 변형에너지가 완전히 복원되지 못하고 일부 소산되기 때문이다. 이때 반발계수는

$$COR = \frac{v_2}{v_1} = \sqrt{\frac{h_2}{h_1}}$$

로 정의되고, 충돌 전후의 에너지 비는

$$\frac{mgh_2}{mgh_1} = \frac{h_2}{h_1} = (COR)^2$$

즉, $(COR)^2$은 복원 에너지 비, $1-(COR)^2$는 소산 에너지 비를 뜻한다. 예를 들어 반발계수가 0.7이면 복원 에너지와 소산 에너지는 비슷하게 된다. 초기 낙하 높이를 달리하면 충돌 속도도 달라지는데 반발계수도 변한다. 따라서 골프공을 대표하는 반발계수를 구하려면 충돌 속도를 지정해야 한다. USGA와 R&A는 98.6mph(44m/s)를 기준으로 규제하는데 자유낙하로 이 속도를 내려면 진공상태에서 거의 100m 높이에서 떨어뜨려야 한다. 실제로는 골프공을 압축공기식 공 발사기를 이용하여 벽에 고정한 두꺼운 철판을 향해 정면 발사한다.

그림 A.2는 골프공의 충돌 속도에 따른 반발계수와 변형량의 전형적인 비선형 특성을 보인다. 충돌 속도가 커지면 골프공의 찌그러짐도 커져 소산 에너지가 증가하므로 반발계수가 작아진다. 충돌속도가 0 근처로 작아지면 골프공의 찌그러짐도 매우 작아지지만, 반발계수는 1이 아닌 0.9로 비선형적으로 수렴한다.[1]

USGA와 R&A가 제정한 클럽 헤드의

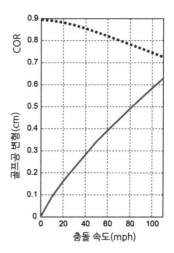

그림 A.2 충돌속도에 따른 골프공의 변형과 COR

1) A. J. Cochran, "Development and use of one-dimensional models of a golf ball," J. Sports Sciences, 2002, 20, 635-641.

COR 시험 방법은 다음과 같다. 그림 A.3처럼 우선 클럽 헤드만을 분리하여 타면(face)이 수직이 되도록 시험대에 올려놓은 후 공 발사기로 마주 보고 있는 타면을 향해 속도 v_1으로 정면 발사한다. 이때 충돌 전후 질량이 m인 공과

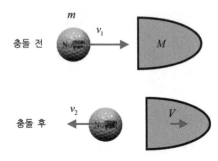

그림 A.3 골프공과 클럽 헤드의 정면충돌

질량이 M인 헤드로 이루어진 시스템에 운동량 보존 법칙을 적용하면

$$mv_1 = -mv_2 + MV$$

한편, 반발계수는 충돌 전후의 상대 속도비로 위 식을 대입하면

$$COR = \frac{V + v_2}{v_1} = \frac{m(v_1 + v_2) + Mv_2}{Mv_1} = \frac{v_2}{v_1}\left(1 + \frac{m}{M}\right) + \frac{m}{M}$$

즉 골프공과 클럽 헤드의 질량을 알고 공 발사속도와 반발속도를 측정하면 그 발사속도에서의 골프공과 클럽 헤드 조합에 대한 반발계수를 계산할 수 있다. 기존의 절대 COR 시험에서는 골프공 발사속도를 110mph로 지정하였으나 로프트 35도 이하의 클럽에 대해 최근에 제안하는 상대 COR 시험에서는 90mph로 낮추고 있다.

기존의 COR 시험 방법은 보정용 골프공을 압축공기식 발사기(air cannon)로 시험대 위에 놓인 드라이버 헤드를 향해 110mph(48.8m/s)로 발사하는 시험으로부터 직접 COR(110mph) 값을 얻는 비교적 정밀한 시험 방법이었으나 장치가 비대하고 시험 시간도 오래 걸려 실용적이지 못해서 주로 클럽 제조사들이 공인을 받기 위한 장치로 이용되어왔다. 2004년에

이르러 이를 대신할 수 있는 현장용 간이 시험 방법으로, 그림 A.4에 보였듯이, 간단한 진자식 타격 장치에 조립된 드라이버의 샤프트 중간을 고정한 후 골프공 모양의 강철 추를 매단 진자의 자유낙하를 이용하여 드라이버 헤드를 정면 타격한다. 이때 추의 후면에 장착한 가속도계(accelerometer)의 충격 진동 신호로부터 측정한 드라이버 헤드 타면과 강철 추의 접촉 시간인 특성시간(CT, characteristic time)과 기존 방식으로 얻은 COR(110mph)과의 상관관계를 이용하여 CT로부터 COR을 추정하는 CT 시험이 개발되어

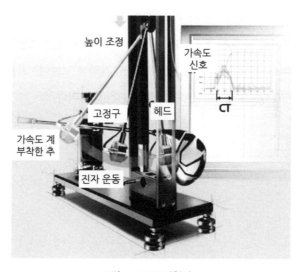

그림 A.4 CT 시험기

2004년부터 USGA와 R&A가 도입한 클럽 헤드의 CT 측정 장치로 특성 시간(CT)을 $\mu s(10^{-6}$초) 단위로 측정하여 클럽 헤드 속도 110mph로 특정 보정용 골프공을 타격할 때의 COR을 추정한다. 이때 적용하는 경험식은

$$COR(110mph) = 0.718 + 0.000436 \times CT$$

따라서 COR(110mph)이 0.83을 초과하지 않으려면 CT는 257μs 보다 작아야 한다.

활용되고 있다.[2] 이 CT 시험은 기본적으로 클럽 헤드 타면의 탄성을 측정하여 COR을 유추하는 간접 측정방식으로 기존의 직접 측정방식보다 신뢰도가 좀 떨어지기는 하지만[3] 보정용 표준 골프공이 필요 없고 샤프트를 분리할 필요 없이 직접 드라이버 헤드의 탄성을 측정할 뿐 아니라 무엇보다도 현장에서 쉽게 적용할 수 있다는 장점 때문에 최근 주목을 받고 있다. 현재는 점차 드라이버 헤드의 탄성은 CT 시험으로, 기타 클럽의 반발 특성은 기존의 COR 시험으로 측정하는 추세이다. 기존의 COR 시험도 로프트각 35도 이하의 클럽에 대해서는 보정용 골프공으로 타격하는 방법은 같으나 골프공 발사 속도를 기존의 110mph에서 90mph로 낮추고 이때 구한 COR(90mph)의 절댓값을 기준으로 공인 여부를 평가하는 대신, 이 값이 드라이버 타면과 유사하게 제작한 타이타늄 기준 보정판(Titanium Baseline Calibration Plate)의 COR(90mph) 값과 비교하여[4] 허용치 0.008을 초과하지 않으면 공인하는 개정 작업을 추진 중이다.[5]

---

2) USGA, Procedure for measuring the flexibility of a golf clubhead, USGA-TPX3004, 2008
3) 헤드 타면의 스위트 스폿에서는 CT로부터 환산한 COR 값이 정확한 편이나 스위트 스폿 주변에서는 CT로부터 추정한 COR 값이 실제값보다 큰 경향이 있다.
4) 기존 규제의 한계 COR(110mph) 값이 0.830이므로 새로 적용하는 COR(90mph) 값은 앞서 언급했듯이 0.832로 추정된다.
5) R&A, USGA, Protocol for measuring the coefficient of restitution of a clubhead relative to a baseline plate, TPX3009, April 2019.

부록 B 충돌 인자

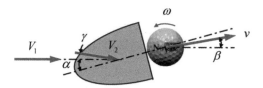

그림 B.1 클럽 헤드와 골프공의 경사 충돌

V_1은 헤드 속도로, 충돌 후 공 속도 v와의 비를 충돌 인자 또는 속칭 정타율이라고 한다. 충돌 후 헤드속도 V_2는 보통 직접 관심의 대상은 아니지만, 클럽의 로프트 때문에 충돌 후 아래쪽으로 움직인다.

그림 B.1처럼 질량 M이고 로프트각 α인 클럽 헤드가 수평 방향으로 헤드 속도 V_1으로 정지 상태의 질량 m인 골프공에 충돌할 때 골프공이 발사 속도 v와 역회전 속도 ω로 수직 발사각 β로 클럽 헤드로부터 분리할 때 클럽 헤드는 충돌 후 수평으로부터 각도 γ인 방향으로 속도 V_2로 진행한다. 이때 타면(face)에 수직인 방향에 대해서 충돌 전후 선(linear) 운동량 보존 법칙을 적용하면

$$MV_1 \cos \alpha = MV_2 \cos(\alpha + \gamma) + mv\cos(\alpha - \beta)$$

한편, 반발계수(COR)는 충돌 전후의 속도 차이 비로 정의되므로

$$COR = \frac{v\cos(\alpha - \beta) - V_2\cos(\alpha + \gamma)}{V_1 \cos \alpha}$$

위 두 식으로부터 충돌 인자(smash factor)는

$$\frac{v}{V_1} = \frac{\cos\alpha}{\cos(\alpha - \beta)}\left[\frac{1+COR}{1+m/M}\right]$$

실제 충돌에 가담하는 질량 m_s인 샤프트의 유효 질량 효과를 포함하면

$$\frac{v}{V_1} = \frac{\cos\alpha}{\cos(\alpha - \beta)} \left[\frac{1 + COR}{1 + m/(M + 0.25m_s)} \right]$$

한편, 충돌 전후 각(angular) 운동량 보존 법칙을 적용하면

$$\omega = \frac{mvr\sin(\alpha - \beta)}{I_b} = \frac{1}{\lambda}\left(\frac{v}{r}\right)\sin(\alpha - \beta)$$

또는

$$\frac{r\omega}{v} = S_p = \frac{\sin(\alpha - \beta)}{\lambda}$$

여기서 r은 골프공의 반지름이고 $I_b = \lambda mr^2$은 골프공의 질량 관성 모멘트이다. 골프공의 밀도가 균일하다면 $\lambda = 2/5$가 된다. S_p는 회전 매개변수(spin parameter)로 무차원 변수이다.

부록 C 골프공의 회전 원리

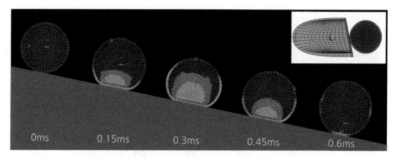

그림 C.1 드라이버 타구 시 골프공의 변형과 응력 변화
(로프트 11.5도, 헤드 속도 35m/s의 저속 충격, 2겹 골프공)

FEM 해석 결과로 클럽의 변형 상태는 편의상 생략했다.

그림 C.1은 로프트 11.5도, 타이타늄 타면의 드라이버로 아이오노머 수지 표피와 부타디엔 핵의 2겹 골프공을 헤드 속도 35m/s(78mph)로 타구 때 골프공과 타면의 마찰계수를 0.3으로 가정했을 때의 충격 현상을 3차원 수치 해석한 결과이다.[6] 충격 시점부터 0.15ms 간격으로 골프공 만의 변형과 응력 분포를 보였는데 타면 수직 방향의 골프공 변형은 상식과 부합하지만 타면 접선(평행) 방향의 골프공 변형은 매우 복잡하다. 그중 특기할 사항은 골프공 앞뒤 반구(半球)의 변형이 대칭이 아닌 현상이다. 강성이 큰 골프공의 변형량은 매우 작아 그 차이를 눈으로 구별하기 쉽지 않지만 대신 음영 농도로 나타낸 응력 분포를 자세히 보면 비대칭임을 알 수 있다. 이는 골프공이 충격 시 주로 타면 수직 방향으로는 큰 압축 후 원형 복원 형태의 탄성 변형을 하지만, 미끄럼 또는 구름 운동을 하는 강체와 달리,

---

6) W. J. Roh, C. W. Lee, "Analysis of Golf Ball Spin Mechanism at Impact by FEM," The Fourteenth International Congress on Sound and Vibration, Cairns, Australia, July 2007; W. J. Roh, C. W. Lee, "Effect of the Tangential Force on Golf Ball Spin Rate," The 15th International Congress on Sound and Vibration, Daejeon, July 2008

타면 접선(경사면) 방향으로도 수직 방향보다 더 복잡한 탄성 변형을 한다는 증거가 된다.

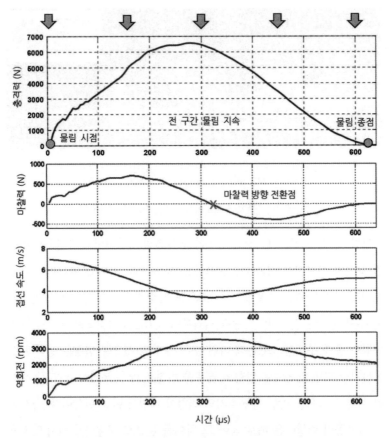

그림 C.2 드라이버 타구 시 충격력, 마찰력, 접선 속도 및 역회전 속도 변화

충격 시점부터 종점까지 전 구간에서 공의 접촉면이 타면에 물린 상태에서 공이 전체적으로 압축 변형 후 복원하는 중에 앞으로 쏠리면서 전단 변형을 지속한다. 이러한 전체 충격 구간 물림 현상은 로프트가 작고 헤드 속도가 작아 헤드의 접선 방향 초기 속도 성분이 작을 때 주로 일어난다. 여기서 접선 속도는 골프공 중심의 타면에 대한 접선 방향 상대 속도이다. 마찰력 방향 전환점(X)까지는 회전 속도가 증가하나, 그 이후는 감소한다. 물림 시점이 빠르면 마찰력 방향 전환점이 당겨져 마찰력 방향이 일찍 바뀌며 충격 종점에서의 회전 속도가 작아진다.

그림 C.2는[7] 충격 전체 구간 약 0.6ms 동안 계산한 골프공에 작용하는 충격력(타면 수직 방향)과 마찰력(타면 접선 방향), 골프공 속도(골프공 중심의 타면 접선 방향 선 속도)와 회전 속도 변화를 보인다. 클럽으로부터 골프공에 작용하는 충격력은 충돌 초기에는 서서히 커지다가 최대치인 약 6,500N에 도달하였다가 서서히 작아지는 반정현(half-sine) 함수와 유사한 형태의 전형적인 충격 현상을 보이는데 클럽 헤드 타면으로부터 골프공에 작용하는 마찰력은 전정현(full sine) 함수와 유사한 형태로 마찰력 방향 전환점(그림에 X로 표시)을 지난 충격 구간 후반에는 마찰력의 크기가 좀 작아지지만 그 방향이 반대되는 특이한 현상이 발생한다. 한 가지 특이한 현상은 충격 전체 구간에서

$$-0.16 < \frac{(마찰력)}{(충격력)} < 0.16$$

으로 절대값이 마찰계수 0.3보다 훨씬 작다. 이는 충격 시점부터 종점까지 내내 골프공의 접촉면이 미끄럼 없이 타면에 물려있다가 발사된다는 것을 의미한다. 물론 접촉면에서는 위치에 따라 미끄러지기도 하지만 전체 면적으로는 물림점을 중심으로 물려있다는 의미이다. 공학 분야에서는 접촉면의 일부에서 '미시 미끄럼(micro slip)'이 있지만 '총 미끄럼(gross slip)'은 없다고 설명한다.[8]

한편 골프공 중심의 접선 방향 선 속도는 충격 구간 전반에서는 마찰력이 병진 운동을 방해하므로 줄어들다가 마찰력 방향 전환점(그림 C.2에 X 표시)을 지난 후반에서는 마찰력의 방향이 바뀌어 오히려 골프공 접선 방

7) 노우진, 유한요소법에 의한 골프공의 충격 시 스핀 메커니즘 해석, KAIST 기계과 석사학위 논문, 2007.
8) N. Maw, J. R. Barber and J. N. Fawcett, "The oblique impact of elastic spheres," Wear, 1976, p.101-114.

향 병진 운동을 도와 커지게 된다. 반대로 골프공의 병진 운동을 방해하는 전반에서의 마찰력은 대신 골프공의 회전 운동을 도와주다가 후반에는 오히려 골프공의 회전 운동을 방해한다. 즉 충격 구간에서 골프공의 접선 속도가 커지면(작아지면) 회전 속도는 작아지는(커지는) 경향이 있다. 따라서 마찰력 방향 전환점이 충돌 구간의 뒤쪽으로 밀릴수록 충격 직후 골프공의 역회전 속도가 커지는 대신 발사각이 작아진다. 이 현상을 수식으로 정리하면[9]

$$(회전\ 속도) = \frac{(마찰\ 충격량)(골프공\ 반지름)}{(골프공\ MOI)}$$

$$(회전\ 속도,\ rpm) \sim 24{,}150 \times (마찰\ 충격량,\ N\text{-}s)$$

여기서 **마찰 충격량**(frictional impulse)은 충격 구간에서 시간에 대해 마찰력을 적분한 것으로 마찰력 전환점(X)을 기준으로

(마찰 충격량) =
(X점 이전의 마찰력 곡선 아래 면적) − (X점 이후의 마찰력 곡선 위 면적)

즉 골프공의 제원이 주어지면 골프공의 최종 회전 속도는 마찰 충격량 또는 근사적으로 평균 마찰력에 비례한다.

그림 C.3은[10] 헤드 속도 30m/s(67mph)의 웨지 타구에서 수치 해석으로 구한 마찰력 신호를 보인다. 표본으로 로프트 55도인 웨지 타구에서의 충격 현상을 설명하자. 두 물체의 접촉 운동에서 어떤 경우라도 마찰력은 (마

---

9) 각 운동량−충격 모멘트량 원리를 적용했다.
10) 노우진, 유한요소범에 의한 골프공의 충격 시 스핀 메커니즘 해석, KAIST 기계과 석사학위 논문, 2007.

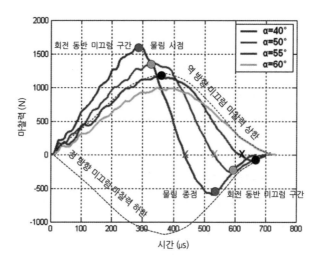

그림 C.3 웨지 타구 시 마찰력 변화와 접촉 상태

(α: 로프트, 헤드 속도: 30m/s, 2겹 골프공)

찰 계수)x(충격력) 보다 클 수 없다. 왜냐하면 두 물체 사이의 마찰력이 (마찰 계수)x(충격력)과 같아야 미끄럼 운동을 시작하고 미끄럼 운동 중에는 마찰력이 일정하기 때문이다.[11] 그림에 표시한 역 방향 미끄럼 마찰력 상한 곡선은 0.3x(충격력)이고 정 방향 미끄럼 마찰력 하한 곡선은 부호만 반대로 놓은 것으로 기본적으로 마찰력 곡선은 이 두 미끄럼 마찰력 상한과 하한 곡선 사이에 있어야 한다. 만약 마찰력의 크기가 이 두 미끄럼 마찰력 상한 또는 하한 곡선의 크기와 같은 구간이 있다면 그 구간에서만 회전 동반 미끄럼 운동을 하고 나머지 구간에서는 물린 상태에서 주로 전단 변형을 하게 된다. 로프트 55도 웨지 타구에서는 충격 시점에서 충격 구간 후반으로 밀린 물림 시점인 약 0.35ms (그림에 ● 표시)까지는 마찰력이 역 방향 미끄럼 마찰력 상한 곡선과 일치하고 물림 종점인 약 0.66ms(그

---

11)   여기서는 설명을 간단히 하기 위해 정 마찰계수와 동 마찰계수가 같다고 가정했다.

림에 ● 표시)에서 충격 종점까지는 정 방향 미끄럼 마찰력 하한 곡선과 일
치한다. 따라서, 이 두 물림점 구간 밖에서만 미끄럼 운동을 한다. 마찰력
방향 전환점(X)이 앞서 로프트 11.5도인 드라이버 타구와 비교해서 충격
종점 근처로 밀려있음으로 마찰 충격량이 클 수밖에 없어서 역회전 속도도
매우 높게 된다.[12]

로프트 40도, 50도의 웨지 타구도 55도 웨지 타구와 유사하나 로프트
가 작을수록 충격 구간이 약간 짧아지고 미끄럼 마찰력 상한과 하한이 커
지지만, 물림 시점과 종점, 그리고 마찰력 방향 전환점이 모두 일찍 일어
나서, 마찰 충격량이 작아져 충격 직후 골프공의 역회전 속도가 작아진다.
로프트 60도의 경우는 매우 특이한 경우로 충격 전체 구간에서 마찰력이
미끄럼 마찰력 상한 곡선과 일치하여 전 구간에서 진행 방향 미끄럼 운동
을 한다. 이때 55도와 비교해서 충격 구간이 약간 커지고 역회전 속도 감
소 요인인 음(-)의 마찰력도 없으나 대신 마찰력의 크기가 작아져 마찰 충
격량은 오히려 약간 작아져 충격 직후 골프공의 회전 속도도 55도와 비교
해서 약간 작아진다.

웨지의 로프트가 60도보다 크면 어떻게 되나? 역시 전 구간 미끄럼 운
동을 하지만 타면 경사가 급해지면 충격력도 마찰력도 같이 작아지므로 자
연 마찰 충격량과 함께 충격 직후 골프공의 역회전 속도도 작아진다. 헤드
속도 30m/s에서는 웨지의 최대 역회전 속도는 로프트 57도 근처에서 생
긴다.[13]

그림 C.4는 앞서 그림 C.3에 보인 로프트 40도에 대한 수치 해석 결과

---

12) 엄밀한 선형 충돌 역학 이론에서 얻은 결과와 정성적으로 같다. N. Maw, J. R. Barber
     and J. N. Fawcett, "The oblique impact of elastic spheres," Wear, 1976,
     p.101-114.
13) 그림 C.3 출처: 노우진, 개별 발표 자료, KAIST, 2007년 5월.

를 이용해서 충격 구간에서 골프공의 특이한 접선 방향 거동을 쉽게 설명하기 위해서 충돌 초기부터 특징적인 거동 단계별로 도식화했다. 충격력, 마찰력, 골프공 중심 속도 및 회전 속도는 그림 C.3을 참조하여 그 변화하는 정도를 화살표 크기로 보였다. 골프공이 충격 초기에는 골프공의 접선 속도 성분이 32m/s로 커서 타면 수직 방향으로 압축 변형을 시작하는 즉시 타면 경사면을 따라 골프공이 회전 동반 미끄럼 운동을 시작한다. 이후 마찰력이 최대치 1,600N에 도달하기 직전(그림 C.3에 ● 표시)인 0.3ms 까지는

$$\left| \frac{(마찰력)}{(충격력)} \right| = (마찰\ 계수) = 0.3$$

인 상태에서 회전 속도가 서서히 증가하는 대신 골프공 접선 속도는 서서히 감소하는 회전 운동 동반 미끄럼 운동을 계속한다. 골프공은 충격 시점부터 이때까지 약 4mm 정도 미끄러진다. 이 시점을 지나면 충격력은 계속 증가하나 마찰력은 급격히 감소하며 미끄럼 운동을 멈춘다. 이때부터 보통 접촉면이 점인 강체 구는 순수 구름 운동으로 쉽게 전환하는데, 탄성체인 골프공의 변형된 바닥 면은 점이 아니고 면적이면서 무한궤도처럼 구를 수도 없어 한점(그림 C.4에 ● 표시)이 타면에 물리는(grip, stick) 현상이 발생한다. 이 물림 현상은 실제로 말랑말랑한 탄성 공을 탁자 위에 놓고 누르면 접촉면의 면적이 커지는데 접촉면 중앙은 탁자에 물려있지만, 주변은 모두 물결이 퍼지듯이 바깥쪽으로 미끄러지며 변형하는 현상과 같다. 따라서 골프공 속도는 좀 감소하는 대신 회전 속도는 계속 증가한다. 마찰력 방향 전환점을 지나면서 최소가 되었던 골프공 속도는 다시 증가하나 최대가 되었던 회전 속도는 감소하기 시작한다. 이 구간에서는 앞쪽으로 쏠리면서 탄성 변형했던 골프공이 원래의 형태로 복원하는 도중 동시에 충격력도 작아

져 타면 수직 방향의 압축 변형도 복원되면서 마찰력이 다시 최대가 되므로 골프공은 진행 반대 방향으로 회전 동반 미끄럼 운동을 잠시 거친 후 타면으로부터 분리된다. 이 전체 과정은 마치 지문을 찍을 때 손가락을 옆으로 돌리면서 비비는 중 너무 서두르면 지문이 밀리면서 뭉개지는 현상과 유사하게 타면에 골프공의 딤플 흔적을 남긴다.

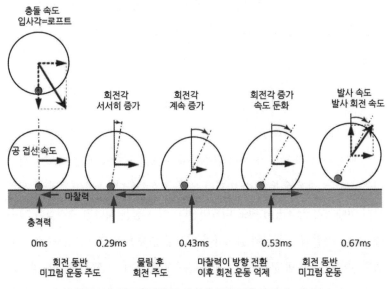

그림 C.4 골프공의 충격 시 마찰 접촉 거동: 로프트 40도

골프공이 타면에서 발사될 때의 역회전 속도의 크기는 기존의 순수 구름운동 가정 때의 역회전 속도보다 클 수도 작을 수도 있는데 이는 골프공의 타면 수직 방향 탄성계수(Young's modulus)와 접선 방향 강성계수(전단 탄성계수, modulus of rigidity) 및 표피의 소재, 골프공과 타면의 마찰계수 등에 따라 변하는 데 같은 골프공이라도 클럽의 로프트각에 따라 그 값에 차이가 난다.

앞서 그림 C.2에서 예시한 드라이버 타구에서 골프공이 발사될 때의 접

선 속도는 5.15m/s, 역회전 속도는 2,047rpm으로 반지름 2.14cm 골프
공의 순수 구름운동 시의 2,298rpm보다 11% 정도 작다. 그림 C.5는 클럽
의 로프트각과 헤드 속도를 변화시키면서 2겹 골프공을 타격할 때의 모든
가능한 경우에 대해서 수치 해석으로 구한 마찰 충격량과 회전 속도의 관계
를 보이는데 근사적으로 선형 비례하고 앞서 근사 이론식과 잘 부합한다.[14]

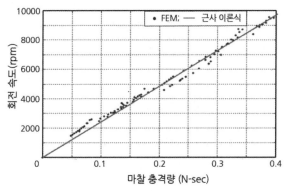

그림 C.5 마찰 충격량과 회전 속도; 2겹 골프공;

근사 이론식: (회전 속도, rpm) = 24,150×(마찰 충격량, N-sec)

---

14)   W. J. Roh and C. W. Lee, "Correlation between the linear impulse and ball
      spin rate," Engineering Graduate Symposium, U. of Michigan, Ann Arbor,
      2007.

부록D 기어 효과

제4.8절 '빗맞은 우드 타구와 옆오름', 제4.9절 '우드에 앞오름이 없다면?', 제4.10절 '앞오름을 이용한 우드 타구'에서 기어 효과에 의한 골프공의 회전 속도 변화에 대해 예를 들어 설명했다. 그런데 무게중심 깊이 3.5cm인 드라이버 헤드의 빗맞은 타격에 의한 회전 속도가 1,000rpm인데 이와 맞물려 있는 골프공의 회전 속도가 1,050rpm 정도로 타구 직후 헤드 회전 속도의 1.05배 정도밖에 되지 않는다. 골프공의 반지름이 2.14cm라면 당연히 헤드와 골프공으로 이루어진 한 쌍의 기어 속도비가 (3.5/2.14) = (1.64)로 각 효과를 제외하면 골프공의 회전 속도는 1,640rpm이 되어야 하지 않는가 하는 의문이다.

반지름이 각각 R, r인 한 쌍의 기어 A와 B가 미끄럼 없이 서로 맞물려 돌아가려면 충격점인 접촉점에서 두 기어의 접선 속도가 같아야 한다. 가장 간단한 예로 두 기어의 회전 중심이 고정되고 회전할 때는 두 기어의 반지름 비의 역수가 회전 속도비가 되며 회전 방향은 반대가 된다. 즉

$$r\omega + R\Omega = 0 \quad \text{또는} \quad \omega = -\frac{R}{r}\Omega$$

여기서, Ω와 ω는 각각 기어 A와 B의 회전 속도이다. 즉, 두 맞물린 기어의 회전 방향은 반대가 되고 그 회전 속도비는 반지름 비에 역비례한다. 따라서 작은 기어의 회전 속도가 큰 기어보다 더 빨라진다.

그러나 두 기어의 회전 중심이 회전뿐 아니고 선 속도를 갖고 움직이면 회전 속도비 계산이 그리 간단하지 않다. 그림 D.1에 보였듯이, 기어 A와

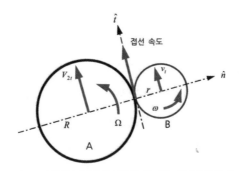

그림 D.1 움직이며 맞물려 돌아가는 두 기어의 회전 속도

여기서 A는 클럽 헤드, B는 골프공을 나타낸다. $\hat{t}$와 $\hat{n}$은 타면 접선 방향과 수직 방향을 표시한다. Ω, V_{2t}, R은 헤드의 타구 직후 회전 속도, 타면 접선 방향 선 속도 성분과 무게중심 깊이이고, ω, v_t, r은 골프공의 회전 속도, 타면 접선 방향 선 속도 성분과 반지름이다. 실제 빗맞은 타격 시 헤드 무게중심이 골프공 무게중심과 타면에 수직인 일직선 위에 없지만 기어 효과의 기본 원리는 같다.

B의 회전 중심 선 속도의 충격점에서의 접선 속도 성분 V_{2t}, v_t인 두 기어가 미끄럼 없이 맞물려 돌아갈 조건은

$$-v_t + r\omega + (V_{2t} + R\Omega) = 0$$

이 된다. 여기서 충격점에서의 접선 방향($\hat{t}$) 선 속도 성분만 고려했는데 두 기어의 접촉 시간이 매우 짧아서 이에 수직 방향($\hat{n}$) 선 속도 성분이 두 기어의 회전 속도에 미치는 영향은 무시하였다. 특수한 상황으로 두 기어의 접선 방향 선 속도의 방향과 크기가 같다면

$$r\omega + R\Omega = 0$$

의 간단한 관계식이 된다. 일반적으로는

$$r\omega = -\{R\Omega + (V_{2t} - v_t)\}$$

이므로 기어 B의 접선 속도, 즉 회전 속도는 기어 A의 회전 속도뿐 아니라 두 기어의 접선 속도의 차이 $(V_{2t} - v_t)$와 부호(방향)에 따라 커질 수도 작아질 수도 있다. 위 식은 엄밀한 의미에서 클럽과 골프공이 충돌 시 순간적으로 한 쌍의 기어처럼 미끄럼 없이 맞물려 돌아간다는 가정이 성립해야 적용할 수 있는데, 실제는 클럽과 골프공이 기어보다는 롤러(roller)처럼 어느 정도의 미끄럼을 허용한다. 따라서 두 롤러 사이의 약간의 미끄럼을 허용한다면 위 식은

$$-v_t + r\omega + k_s (V_{2t} + R\Omega) = 0$$

로 일반화 할 수 있다. 여기서 k_s는 미끄럼/스키드 인자(slip/skid factor)로 0이면 완전히 미끄러져 동력을 전달하지 못하고 1이면 일반 기어, 1보다 크면 특이하게도 과도 회전 속도 전달 현상이 생긴다. 기어 효과가 두드러지는 실제 우드 타구에서 k_s는 0.7~1.2의 범위에 있다.[15]

결론적으로 골프에서의 기어 효과는 회전 축이 고정된 한쌍의 맞물린 기어 동력 전달 시에 적용되는 이상적인 회전 속도비 식과 차이가 있다.

---

15) P. Dewhurst, The Science of the Perfect Swing, Oxford University Press, 2015, p.132-133.

부록 E 스윙 진로와 구질

우드든 아이언이든 편심 깊이가 0이거나 충격 순간 헤드의 회전 속도가 0이면 수평면 스윙 진로 기준 타면이 열리면 휘어나가는 구질이 되고 닫히면 휘어드는 구질이 된다. 그러나 편심 깊이가 0인 클럽은 드물고 내리스윙 후반 타면 정렬을 위해서 헤드가 회전하고, 충돌 순간 골프공에 기어 효과에 의한 횡회전을 주므로, 엄밀하게는 스윙 진로에 대해서 페이스각이 0이라도 똑바른 구질이 되지 않는다. 스윙 진로와 구질과의 관계를 파악하기 위해서 드라이버를 예로 들지만 모든 클럽에 그대로 적용된다.

그림 E.1은 드라이버 타구에서 충격 순간 샤프트 축, 헤드 무게중심과 타면 중앙의 속도 관계를 보인다. 헤드 무게중심의 속도(V_c)와 방위각(θ_c) 그리고 수직축에 대한 회전 속도(Ω_{cz})가 주어지면

$$V_S = \sqrt{(V_c sin\theta_c - d_s\Omega_{cz})^2 + (V_c cos\theta_c - b_f\Omega_{cz})^2}$$

$$tan\theta_s = \frac{V_c sin\theta_c - d_s\Omega_{cz}}{V_c cos\theta_c - b_f\Omega_{cz}}$$

로 부터 샤프트의 속도(V_s)와 방위각(θ_c)을 구할 수 있다. 또 이를 이용하여

$$V_f = \sqrt{\{V_s sin\theta_s - (d_f - d_s)\Omega_{cz}\}^2 + (V_s cos\theta_s + b_f\Omega_{cz})^2}$$

$$tan\theta_f = \frac{V_s sin\theta_s - (d_f - d_s)\Omega_{cz}}{V_s cos\theta_s + b_f\Omega_{cz}}$$

에서 충격점인 스위트 스폿의 속도(V_f)와 방향(θ_f)도 구할 수 있다. 여기서, d_s는 편심 깊이, d_f는 타면 중앙으로부터의 중심 깊이, b_f는 타면 중앙을

지나는 수평면에서의 타면 폭의 절반을 나타낸다.

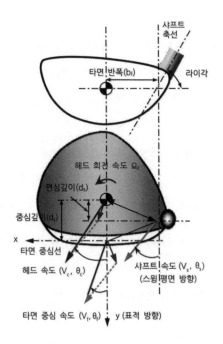

그림 E.1 헤드 회전을 고려한 타구법

우드든 아이언이든 헤드 회전이 없다면 스위트 스폿에 정타인 경우, 스윙 진로 기준 타면 정렬만 하면 공이 똑바로 날아간다. 골프공 회전축 경사각이 0이다. 그러나 실제는 내리스윙 후반에 타면 정렬 때문에 헤드가 수직과 수평축에 대해 회전하게 된다. 특히 수직축에 대한 헤드의 회전은 기어 효과로 골프공에 횡회전을 주게되어 구질에 큰 영향을 준다. 똑바른 구질을 구현하려면 타면 중심 속도의 방위각이 0가 되도록 샤프트의 방위각을 조정해서 스윙해야 하는데, 헤드의 속도 및 회전 속도, 무게중심의 위치 등 많은 변수의 영향을 받는다. 타면이 표적선(y 축 방향)에 정렬한 상태에서 샤프트가 안쪽에서 바깥쪽으로 이동하면 그만큼 타면이 스윙 진로에 대해 닫힌 상태에서 타격하게 되어 헤드 반시계방향 회전에 의한 기어 효과로 골프공의 시계방향 횡회전을 닫힌 각 효과로 상쇄하여 발사 시 공 회전축 경사각이 0도가 되도록 한다.

예를 들어 편심 깊이 17mm, 중심 깊이 35mm, 타면 중앙에서의 폭

(2b$_f$)가 90mm, 수직 및 수평축 MOI가 4,500g-㎠와 3,200g-㎠, 헤드 속도 94mph, 수평축 회전 속도 452rpm인 드라이버로 스위트 스폿에 타격할 때 똑바른 구질, 즉 회전축 경사각 0도를 얻는데 필요한 헤드 속도의 방향각은 수치해석을 통한 시행착오를 거쳐서 2.3도로 밝혀졌다. 이로부터 샤프트의 속도는 89mph, 방향각은 1.2도를 얻는다. 타면 중앙의 속도는 94mph, 방위각은 0도이다. 즉, 정타에서 똑바른 구질을 구사하려면 타면을 표적선에 잘 정렬한 후 스윙 진로를 안쪽에서 바깥쪽으로 1.2도로 하고 타구하는데 자연 타면은 스윙 진로에 대해서 1.2도 닫힌 상태에서 타격이 이루어진다. 특기할 점은 드라이버 헤드의 물성치뿐 아니라 헤드의 회전 속도에 그리 민감하게 스윙 진로가 결정되지는 않는다. 예를 들어 헤드의 회전 속도가 20% 감소하면 1.0도, 20% 증가하면 1.5도 안쪽에서 바깥쪽으로 스윙 진로를 잡아야 똑바른 구질을 얻을 수 있다.